独角兽

PRIVILEGE AND

PUNISHMENT

特权与惩罚

美国司法的阴影

How Race and Class Matter

in Criminal Court

［美］马修·克莱尔 —— 著

Matthew Clair

郭 航 —— 译

上海人民出版社

中文版序

看见美国司法光环背后的阴影

陈柏峰[①]

刑事诉讼学界有一句广为流传的名言:"刑事诉讼的历史就是辩护权扩充的历史",而谈及辩护权,影响最深的莫过于美国联邦宪法第六修正案中列举的辩护权:"在一切刑事诉讼中,被告人有权……取得律师帮助为其辩护。"美国是世界上刑事辩护制度较为完善的国家之一,其关于辩护权的宪法条款及众多知名经典判例为刑事诉讼立法和研究都提供了不少灵感。毫无疑问,美国联邦宪法为其刑事辩护制度戴上了一个耀眼的光环。有了这个光环的笼罩,美国的刑事辩护制度"看起来很美"。但本书的作者告诉人们,当你走近它,就会发现耀眼光环背后有着一大片不为人知的阴影:同样的犯罪,结局大不相同;不同的阶层、不同的种族,在司法实践中常常被差异对待;而面对刑事司法的不平等,弱势群体的抗争,可能再生产不平等。

美国联邦宪法虽然赋予每一位被告人平等的辩护权,但当这一权利从纸面走向实践时,不同阶层、不同种族的被告人真正享有的辩护权显然是不平等的。虽然法律在增进平等方面发挥了显著的作用,但是也放任或忽视了很多不平等的现象。法律将人、物和事件归于一定的类别,并按照某种标准予以调整,但并不能自动解除某些群体在社会中所遭遇的歧视性、压制性待遇。就辩护权而言,人们往往容易看到法律文本上的庄严宣告和判例中大法官们的旁征博引,却难以看到司法实践中被告人在法庭内外面临的种种困境。虽然法律平等地赋予每个被告人以"光

---

① 陈柏峰,中南财经政法大学法学院院长、国家治理学院院长、教授,第九届全国杰出青年法学家。

环",但只有部分被告人能享受这一"光环",很多被告人难以走出不平等的阴影。

看见司法的光环很容易,看见光环背后的阴影却很难。这是因为,司法的光环就以白纸黑字的方式出现在官方的文件和宣示里,往往还附有详细的数据来点缀成就。司法的阴影却藏匿于未能见诸文字的实践中,若非亲身体悟或躬身实践观察,实在难以发现。本书的研究提供了看到司法阴影的可行路径。

为了探寻被告人与律师在刑事辩护中的互动关系,马修·克莱尔博士自2015年至2019年以田野调查的方式展开了五年的法律社会学研究。他花费了100余小时旁听刑事审判,又以实习生身份担任公设辩护律师助理参加了120小时刑事庭审,旁听及经受访者讲述的案件总量达150起。他还对63位被告人、111名司法官员及法律工作者展开了访谈,所有的田野笔记去芜存菁后汇聚成了这本书。值得一提的是,作者将其研究方法和研究过程详细记述在了附录中,慷慨展示了科学的研究方法和大量实证数据。正是这样扎实的田野调查,才让作者发现美国辩护制度光环背后的阴影:宪法赋予每一位被告人享有辩护权,但不能保证每一位被告人都获得公正审判。正义也有贵贱之分,美国司法对优势阶层的诉求趋之若鹜,对穷人与有色人种的工薪阶层的正义则不屑一顾。优势阶层因顺从而能享受到优待,弱势群体则可能因质疑和抗争而遭受惩罚。

就学术研究而言,观察法治实践、建构法治理论、提出改革建议是法学研究者的使命,中西学者概莫能外。不过,由于学科特性和学术训练的原因,法学研究容易局限于法律文本和法律适用,即使观察实践也容易从法律疑难案例着手,从新闻素材中寻找灵感,从官方宣示材料收集数据材料,很难真正走出书斋,深入观察体悟法治实践。显然,无论是法律疑难案件,还是官方宣示或新闻素材,都可能失真,描述的事实可能与真正的司法实践相去甚远。试图通过它们来理解法治实践,意图窥一斑而知全豹,但实际效果可能是管中窥豹。因此,通过上述方式建构理论、提出建议,就难免脱离实际。故此,不少研究美国法治的学术成果,只看得见美国司法的光环,却看不见阴影。

如何走近真实的司法实践,本书提供了很好的示范。走近司法实践,就不能仅仅停留在对制度和程序的规范研究之中,而应深入观察法律的运行过程。法律运行过程是法律运行所要经过的程序或流程,从这些程序或流程切入,可以掌握法律运行的细节,这些细节勾连了各种相关因素和现象。通过观察法律运行的过程,就可能从微观、质性层面理解法治的运行样态,理解各种相关的法律现象,探讨各种因素的影响及其作用机制。对法律运行过程的经验研究,就是要从过程环节去观察法律运行,关注法律现象背后的诸种因素,从整体视野去理解法律现象,剖析法律运行的规律,做到真正理解法治实践。在此方面,本书是一项成功的刑事诉讼的法社会学研究,为刑事诉讼法学的研究提供了另外一种方法可能性。

本书译者是我校青年教师郭航,这是他从教以来翻译的第三本译著。我在今年夏天通读了本书初稿,并就其中的个别词汇翻译与其探讨。相信本书的出版能为刑事诉讼法学研究提供新的方法视角,也能为理解美国的刑事法律运行带来新的启示。

特此作序。

2023 年 12 月于文治楼

目 录 CONTENTS

前　言

在美国,超过六成的成年人身边会有一位亲人曾遭受牢狱之灾,在黑人族群中这一概率更是接近八成。因此,假如我哪天偶然瞥见某位亲戚在看守所关了一夜后被送上法庭接受审判的话,也不会大惊小怪。

几年前的某个夏天,我与一位同事在芝加哥参加社会学领域的研讨会。当时我们都是哈佛大学的研究生,那次提交的论文是《论初审法官如何看待刑事司法中的种族差异》——初审法官认为刑事司法中存在种族差异问题吗? 假设它的确存在,那他们是否采取了某些措施来缩小差异呢? 这些都是亟待与社会学专家们探讨的重要问题。由于在不同城市的法院调研已经成为我们的习惯,因而在会议发言结束后,我们抽空去了伊利诺伊州库克县法院旁听了庭审。相较于美国东部的法院而言,库克县法院规模庞大,其对待刑事被告人的态度也早已臭名昭著,所以我们特地来此一探究竟。

我们在当地随机选择了一处法院,穿过大厅安检以后,在各个法庭间巡睃。尽管大厅里安静得出奇,但几个法庭内却拥挤不堪。非裔和拉丁裔挤满了法庭的过道,等待着法官的传唤,看起来很是寒酸。我们找了一间比较安静的法庭坐下,几分钟后,我看到一名被告人被官员带进了法庭。这位被告人是一个二十多岁、健壮魁梧的黑人男性,看起来已经是几进宫的"常客"了。当书记员宣读他的姓名时,我发现他居然和我同姓(一个相当罕见的姓氏)。就在那一刻,我突然感觉和他多了一丝莫名的联系。我开始仔细端详他的脸,他的鼻子圆圆的有点塌,耳朵小小的,跟我和我哥长得有几分相似,看得我目瞪口呆。

我趁着午饭时间给父亲打电话,告诉他那位被告人的名字。父亲和一位姑姑核实后发现,原来他真的是我从未谋面更不曾听说的堂兄。原来,我父亲在芝加哥的非裔贫民窟长大,十几岁时在新英格兰地区寄宿学校的奖学金支持下才去外地读书,最终考上了医学院,在美国娶妻生子。但他的七个兄弟姐妹仍然生活在老家,我的堂兄弟姐妹们也没上过大学,更别提什么医学院了。

我的姑姑和叔叔们在芝加哥的同一社区工作、娱乐、恋爱,当然也都在为了维持生活而打拼。虽然他们在老家生活拮据,但总体在走向小康。我的童年是在田纳西州纳什维尔郊区度过的,父亲偶尔会带着我们回芝加哥探望亲人。我和哥哥一边大快朵颐,一边和堂兄弟们玩电子游戏,我的父母则会在简陋的厨房或者厅廊中和家人们聊一聊亲戚的近况——谁被枪打伤了正在休养恢复,谁又因为非法持有10美分大麻而坐牢了。不过随着时间的流逝,我们回老家探亲的次数屈指可数,联系也只能说是聊胜于无。

那年夏天的研讨会结束后,我回到了马萨诸塞州剑桥市,在谷歌上搜索了一下我的堂兄。出人意料的是,第一个搜索结果既不是个人链接,也不是脸书网站的个人资料,而是他对着镜头做鬼脸的警局档案照。他的人生是多面的,他对生活有着很多期待,对另一半和孩子也充满了爱,但这些都被这张档案照掩盖了,因为无论是警察、检察官、法官还是他的辩护律师都会看到这张档案照。这张照片会伴随他的每一次法庭审判出现,还会渗透到他的日常生活里。尽管我对这位堂兄一无所知,但透过他的这张照片看到了我自己的缩影。我明白,如果不是我的父亲运气好,我很可能会陷入跟他一模一样的窘境:一个黑人男孩,自幼生活在贫民窟里,在缺少财政支持的学校里读书,从小就要担心自己像家里其他小孩一样被枪支暴力夺走生命。遗憾的是,我再也没能见到这位堂兄,因为他在出庭受审后不久就不幸去世了,和我们家另一位叔叔一样死于枪杀案件。那时候我还来不及去拜访他和他的家人、了解他的生平。现在我只能后悔当初没有直接联系他。

本书的写作动机就源于这位堂兄的经历以及我与他的一面之缘。在我们了解了当前美国刑事犯罪的巨大规模之后,我那年夏天在法庭上巧遇亲属接受审判的故事也就在意料之外、情理之中了。尽管我们来自同一个家族,却过着截然不同的生活。这种反差令我沮丧,也触及了我的社会学神经。我在想:如果是我被捕了,面临着和他一样的指控,我会怎么样? 这些问题并不只是理论上的凭空假设——我在十几岁的时候就喝过酒,在一个尚未实施"大麻合法化"政策的州吸过大麻。当我读大学时,几位我认识的高年级学生因为在宿舍里藏毒而被捕。他们身上发生了什么? 他们又如何处理自己的案件呢? 相对于我堂兄这类群体而言,这些大学生精英是否享有前者无法企及的特权来保护他们免受惩罚呢?

我决定研究被告人在审前未决阶段的遭遇,审前未决阶段是指被告人在法庭上面临刑事指控,但尚未被最终判决有罪的诉讼阶段。未决阶段的被告人是一个令人惊讶的多元化群体,学者对他们在这一阶段的境遇知之甚少。研究者们经常讨论被告人的逮捕或监禁经历,但较少研究被告人在逮捕和监禁之间会遭到何种对待,也即被告人的庭审经历。我决定深入法庭,调查被告人是否承受了深植于美国社会的种族偏见,抑或在阶级特权中无端受益。虽然我再也没有机会与堂兄谈论起那天他在法庭上的遭遇,但我至少还可以与其他有过类似经历的人交流。本书的研究大多源于我对无数个遭受过和我堂哥一般惩罚的被告人的故事的倾听、分析和阐释。

我选择波士顿地区的司法系统作为调研对象。与芝加哥不同,通常认为,波士顿的法院系统更为先进,州法官(大多数由民主党州长任命)是自由派法官,公设辩护律师也享有比其他州更为充足的财政资金。2018 年,瑞切尔·罗林斯(Rachael Rollins)在我调研期间作为改革派代表在萨福克县当选地区检察官,据说该市检察官在发起指控和辩诉交易时即便不算开明,但至少表现得较为公正。与此同时,波士顿地区的监禁率相对较低,其在治安、庭审程序和监禁方面的种族差异也很明显。对波士顿地区的调研将为我们提供一个具有启发性的视角,帮助我们了解在司法宽松的法院系统里不平等和不公正案件是如何产生的。

不过,调研结果让我大吃一惊。在研究生期间,我读过很多关于种族和阶级不平等的书,从中了解到优势群体在司法程序中往往居于优位、不卑不亢、有礼有节,工人阶层和穷人则在司法程序中唯命是从。但我从实证中了解的事实并不完全符合主流学术观点,甚至与之大相径庭。我发现,工人阶层和穷人,尤其是少数族裔,经常主动寻求了解自己的法定权利,他们不仅会质疑辩护律师的专业能力,还会在法庭上主动自行辩护。与之相对的是,中产阶级更容易与律师保持信任关系,因此也更有可能接受律师和法庭的意见。在这种情况下，弱势群体会因为抗争而遭受惩罚，优势群体则会因为顺从而获得奖励。这种差异源于被告人与辩护律师之间信任关系的差异，而后者又在很大程度上取决于不同被告人在日常生活中受到的优待和不公。

我要感谢那些向我坦露受审经历的人们。他们花费了大量的时间和精力，耐心地支持我的研究。即便他们失去了染上毒瘾的朋友，切断了与家庭的联系，甚至被剥夺了自由，也依然愿意帮助我。我永远不会忘记在法庭上亲眼看见的场景：一位调研对象从我身边的候审席起立，从过道走上法庭，承认贩卖毒品的犯罪行为，平静地等待两位法警给他戴上手铐，送往监狱服刑。他曾经非常坚定地反对指控，最后却作出了认罪答辩。这是我见到的第一个认罪被告人，但肯定不是最后一个。

很多调研对象向我表达了他们对这项研究的价值期望。他们希望我的"故事集"能增强主政者的改革决心。即便他们和我一样知道自己的命运不会因此改变，但仍希望与他们处于相同境遇的被告人今后会有不同的命运。我希望未来如他们所愿。

导 论

　　德鲁（DREW）是一位 30 岁出头的非裔工人，也是监狱的常客。①在 2018 年秋天的访谈中，他说自己曾在马萨诸塞州波士顿的马塔潘和多切斯特社区多次被捕，而这两个社区都是当地的非裔贫民社区。他曾在 20 多岁时因非法持有枪支罪被判处监禁，在州监狱服刑数年。2018 年年初，他因非法闯过路口的停车标志而遭警察拦截，当警察要求搜查他的车时，他却踩下油门加速逃逸了。警察很快将其抓获，搜出一把未登记的枪支，于是他再次因非法持有枪支罪被捕。但这一次，他无论如何也不愿意坐牢。多年来，在与邻居和狱友的交谈中他了解到被告人的法定权利和刑事诉讼的程序步骤，他想用自己掌握的知识赢得这场审判，但他很快发现自己掌握的那点皮毛在刑事诉讼中并没有多大用处。实际上，他越以自己的法定诉讼权利来抗争，越会适得其反。

　　德鲁因这宗新的非法持枪罪被法庭传讯，他记得自己那天心情非常沉重。法庭为他指派的公设辩护律师是一位已经有近十年辩护资历的白人男律师，但这位律师似乎并没有把他的意见放在心上。公诉检察官要求法官把德鲁的保释金标准抬高到几千美元，因为德鲁身上还有一个非法持枪的案子没结案。但是检察官的理由并不确切，因为德鲁的前一个案子并非非法持枪，而是非法持有管制刀具。德

---

　　① 本书中大多数人使用了化名，有时受访者会自己选择化名。被告人庭审经历的细节是笔者通过旁听庭审和对他们及律师的采访时收集的。对一些被告人的生活细节笔者略作修改，比如他们的具体职业或所在社区，以便在模糊其身份的同时保留其生活特征。有关这项研究的设计、分析以及笔者如何确认受访者回忆真实性的更多细节，请参见附录。

鲁勃然大怒,他担心检察官的错误表述会成为法官抬高保释金标准的借口。他马上敦促自己的律师纠正检察官的错误,但直到法官作出裁定之前,律师都对此无动于衷。尽管法官最终将保释金设定在他能够承担的数额内,但他仍然非常生气,因为律师似乎对他和本案并不上心。

德鲁对另一位律师更为信任,这位律师名叫汤姆,同样是一位白人男性公设辩护律师。德鲁告诉我,汤姆律师因为愿意替被告人抗争而"声名鹊起"。汤姆代理了德鲁的非法持有管制刀具的案件(该案在当天晚些时候被驳回起诉)。因此,德鲁请求汤姆在非法持有枪支案中替他辩护。汤姆同意了,在接下来的几个月里,他们一直保持着愉快的合作关系。在公设辩护律师办公室的一次会议中,我看到他们花了一个半小时开会讨论德鲁的新工作、被捕的细节、警察的腐败行为。不仅如此,他们还讨论了在法庭上可以向法官提出哪些裁判请求和程序性请求,比如证据的可采性问题。德鲁仔细聆听着汤姆的分析,时不时还会激动地一边挥动他的大花臂一边控诉警察的不公。德鲁建议汤姆向法庭提出两个动议:一是以警方向大陪审团提供的证据不足为由驳回起诉;二是提出证据证明拦截逮捕他的警察表现出了种族歧视。不过汤姆并不准备提出第二个动议,他认为这将导致两人的关系"变得紧张"。

在接下来的数月中,德鲁和汤姆之间发生了一些不快,有时候甚至到了剑拔弩张的地步,不过两人关系倒是还没破裂。一次会见时,汤姆建议德鲁作出认罪答辩,他说如果德鲁认罪的话,检察官就会撤销另一项指控,而后者的强制最低刑也有好几年,这么算来,德鲁认罪后的服刑期会比不认罪而被判决有罪的服刑期短得多。但德鲁一再坚持将此案付诸审判,根本不想听从认罪建议。汤姆回忆:"他开始较真了",一周后,汤姆和德鲁再次会见时,德鲁说他们的关系正在走下坡路,他需要一个新的律师。结果又过了一周,德鲁给汤姆发短信希望重归于好。汤姆同意继续代理德鲁的案子,并且专注于赢得审前动议。

然而,在一次审前动议听证会上,他们的关系再次一落千丈。由于一名警察未出席听证会,法官便要求汤姆和检察官上前讨论此事及随后的议程。就在此时,德鲁在审判席大声问道:为什么你们在法官席上还要秘密谈话?法官没有理会他,汤姆则低声告诉德鲁稍后会告知他讨论的内容。但德鲁双手插在口袋里,紧咬着双唇,口不择言地说:"现在法庭上讨论的是我的命运!"法官让他把手从口袋里拿出来,但德鲁纹丝不动,直到汤姆转身恳求德鲁听从法官指示,德鲁才说"听到了",然后慢慢把手拿出来。正是这个不愉快的小插曲让汤姆决定不再代理德鲁的案件。汤姆后来解释:

> 我不仅管不住他,还要时时刻刻担心他的突然之举会扰乱诉讼进程,影响办案结果……他在审前动议时放言要亲自出庭作证,把警察的混账表现告诉陪审团。当时我就劝他:"你知道这不可能,因为法庭审判是有规矩的。"他却说:"我无所谓。"

当德鲁案再次开庭时,法院第三次为他指派律师。按照汤姆的说法,那位值班律师"被动"且"不太称职"。汤姆怀疑德鲁的案子"可能会无限期拖延下去"。

我在这几年对波士顿地方法院的调研中发现,对于贫困阶层和有色人种被告人而言,类似于德鲁和汤姆律师的情况比比皆是。就像德鲁一样,许多弱势群体被告人并不信任自己的辩护律师。他们总想凭借自己的违法经历,在监狱或社区中了解的法律知识来为自己辩护,而把自己的律师弃之一旁。辩护律师则夹在控审机关和被告人之间,既要顾忌检察官和法官的期望和权力,又要顾及被告人的期待。除此之外,律师经常无视和压制被告人的想法,甚至会胁迫被告人不要自作主张。律师对案件的掌控往往出于好意,真正负责任的律师认为他们的工作是在降低被告人的法律成本,而这些成本往往是因被告人行使权利才产生的。但是,在许多被告人眼中,律师对案件的掌控让他们感觉自己像是已经受到了惩罚一样,这比最后的判决结果更让人感觉危险。正因如此,弱势的被告人就陷入了这样一个困境:他们不相信律师是来帮助自己的,但当他们试图自救时,却会面临更为不利的后果。从德鲁这类人的经历可以看出,律师和被告人之间的关系对于弱势被告人至关重要。

相较而言,优势群体的被告人在面对律师和法院时的经历却截然不同。律师与被告人之间的关系对他们一样至关重要,但产生的效果却更好,来自中产阶级的阿诺德(Arnold)就是其中一例。阿诺德是一位20岁出头的黑人,他因涉嫌非法持枪罪在波士顿以西的一个法院受审,该院管辖着一个以白人为主的小镇。阿诺德和几个朋友从纽约度假后返回波士顿的家,不料在路上被一位骑警拦下。警察声称他的车是失窃车辆,这为搜查车辆提供了合理理由。经过搜查,骑警在后备厢里发现了一把无证枪支。阿诺德大吃一惊,后来他向我解释道,这是他从朋友那里借来的车,根本不知道车里有枪,事实也正是如此,这把枪上并没有发现阿诺德的指纹。阿诺德被捕时是一位职业撰稿人,他还在进行职业男篮训练——这是他大学以来的梦想。他并不信赖州政府提供的公设辩护律师,而是在篮球队经纪人和家人的帮助下,自行花费数千美元聘请了一位辩护律师。

阿诺德与他的辩护律师布雷特相处十分融洽,布雷特是一个白人小伙,虽然年纪轻轻但不苟言笑。他和阿诺德一样也在大学时打过篮球,"事实上,他对我个人和我的运动员生涯已经事先了解过了,他也曾是个运动员"。共同的经历让阿诺德甚感慰藉。阿诺德的运动员背景很重要,因为这既能与他的纽约之行搭上边,又能联系上他车里的朋友,而这些朋友碰巧就有前科在身:

> 我知道不是每个人都能理解这几者之间的相互关系,但他可以。因为大多数人不能理解为什么我身无分文也要去纽约和一群基本上都被判过重罪的人在一起。你知道吗?但他懂我,知道我受了伤,正在经历一段过渡期,从一个阶段到另一个阶段——这是我(作为)大学生球员的过渡期。

他们的共同经历让阿诺德"对他(布雷特)的工作充满信心"。布雷特律师除了承接个人业务之外,还是一名法律援助律师,法院会指派他替贫困被告人辩护。经常有人混淆马萨诸塞州的法律援助律师和免费的公设辩护律师,其实他们的主要区别在于,法律援助律师是与州政府签约的律师,按小时收费,公设辩护律师则是州政府雇员。但在许多贫困被告人的眼中,他们都是沽名钓誉者罢了。不过在阿诺德眼里,布雷特是不是法律援助律师不重要,重要的是他花费巨资让布雷特代理自己的案件会令自己更放心。阿诺德说:"花钱好办事,付了钱自然就有了信任。"

布雷特律师在代理阿诺德的案件时与他定期会见,整个过程既高效又愉快。阿诺德很担心,这是他第一次因犯下可能入狱的罪行而出庭,他不太了解法律和自己的权利,也不知道如何在各种法律中做出最佳选择,但布雷特律师填补了这些空白。他们一起尽可能地提出了所有审前动议,阿诺德说:"他比绝大多数人都懂得未雨绸缪。"在一次审前听证中,他们提出警察搜查行为不具有合理理由的动议,阿诺德说,布雷特律师当时紧紧抓住"警察撒谎"的破绽,让他印象深刻,充满希望。

虽然最后法官驳回了此项动议,但阿诺德仍然对布雷特律师抱有信心,他坚称如果他们不能以动议来终止诉讼,那就要接受正式审判。他知道虽然不认罪可能会坐牢,但自己本就无罪。布雷特律师同意了,后来他跟我说,阿诺德一车人被拦下的唯一原因就是"他们是黑人"。当检察官提出认罪协议时,布雷特律师代表阿诺德拒绝了,他们都认为自己在陪审团面前能够胜诉。

开庭当日一早,阿诺德在法院走廊里紧张地靠着母亲坐着。他穿着海军上衣,打了领带,卡其色裤子看起来很合身,外加一双棕色便鞋。他的母亲头发蓬松,穿着一套深灰色的套装。就在我们等待布雷特到庭的时候,一位中年白人男子走过来与阿诺德攀谈:"你今天来这里是有什么事吗?担任陪审员?"阿诺德礼貌地摇摇头,试图转移话题。恰在此时,布雷特来了,我们赶紧迎了上去。布雷特刚刚得知,此案的法官是前辩护律师,他迫切地想知道阿诺德是否愿意不选择陪审团审判,而由法官独任审判。阿诺德思索片刻,问布雷特:"你觉我该怎么做呢?"布雷特向他解释了独任审判的好处,由法官单独判决他是否有罪,比在几乎全是白人的陪审团那里碰运气更稳妥。阿诺德毫不犹豫地说:"好的,那就这样定了,我相信你。"

当天晚些时候,阿诺德两次被传唤出庭,第一次是由阿诺德作出希望改由法官独任审判的声明,第二次则是正式开庭。在庭审过程中,阿诺德平静地端坐在辩方席上,布雷特则作开场陈词,盘问警察,最后作结案陈词。在检察官也作完结案陈词后,法官稍作准备,便判决阿诺德无罪,他认为即便警察有正当理由要求阿诺德停车,也没有足够的证据证明阿诺德拥有那把枪。辩护席上的阿诺德如释重负,他的母亲则坐在我附近低声说:"谢谢你,法官!愿上帝保佑你!"

同样是与律师相处,同样是在法庭接受审判,阿诺德和德鲁却形成了鲜明对比。尽管二人都面临着非法持有枪支的指控,也都竭力避免遭到法律的惩罚,但他们与律师之间的关系却走向了截然不同的两端。他们在美国的社会地位,让他们产生了不同的生活阅历,最终决定了他们所能获取资源的机会也有所差异。在学者和一般人眼里,有色人种的人生经历都是相似的,当他们陷入刑事诉讼时更是如此。②虽然阿诺德和德鲁都觉得自己的案子,特别是警察对待他们的方式都涉嫌种

---

② Forman(2017).

族歧视,但阿诺德所处的阶级让他能够利用更好的资源和经验,而这正是德鲁无法企及的。讽刺的是,阿诺德并不懂法律,但他愿意听从律师的意见,足以轻松应对审判;相比之下,德鲁倒是了解自己的合法权利和法律程序,但这却加剧了他对律师的不信任,最后在法庭上缺乏指导,效果也适得其反。这些差异的根源既有阶级差异和种族歧视的因素,也与律师和其他司法官员的互动有关。除此之外,阿诺德没有犯罪前科,德鲁有犯罪前科,案件中的具体细节各不相同,也导致了两人所受待遇的不平等。毫无疑问,在这些因素的共同作用下,他们的案子最终走向了不同的结局。但是,他们与律师之间关系的质的差别才是两人结局分化的关键因素。

对于被告人而言,其与律师的关系是法庭上最为重要的关系,本书考察了种族和阶级不平等是如何渗透进这一关系并从中反映的。我对来自各行各业的被告人及在马萨诸塞州波士顿地区生活和执业的各类司法官员(包括律师、法官、警察和缓刑官)进行了采访和调研。本书通过分析他们的经历,深刻阐释了特权和不平等在法庭活动中起到的作用。目前,我们所了解的美国社会中特权的内在互动在很大程度上来源于主流机构的研究,比如学校、单位和医疗机构等。但我们明白,当中产阶级与这些机构接触时,他们往往会表现得自信和苛刻。③当被要求遵守规则时,他们会刻意强调自己的权利,无所顾忌地索要更多特权,比如要求不做家庭作业,要求医疗护理等。④与此同时,学者们认为工人阶级和贫困阶层倾向于服从权威机构,他们很少会要求政府提供临时住房或者其他额外资源。以上就是学界主流观点所认为的特权和不平等在制度运行中的状态,然而,这一观点并不能完全解释德鲁和阿诺德的上述经历。

时至今日,人们在日常生活中对刑事法庭已经习以为常。然而,特权在这里产生的效果却有所不同。在法庭上,弱势群体往往会积极行使权利来为自己辩护或寻求法官的宽宥,优势群体却对刑法知之甚少,他们服从律师的安排和法庭的权威。对于二者而言,律师与被告人的关系被赋予了不一样的含义和内容,而这正是不平等之所在。社会阶层和种族的不平等是由律师和被告人之间无数个微小的细

③　See Lareau(2011, 2015);Stephens, Markus, and Phillips(2013).
④　See Calarco(2018);Gage-Bouchard(2017);Lareau(2011);Shim(2010).

节构成的。⑤换言之,优势群体和弱势群体在刑事诉讼中不同的经历及结果本身就意味着不平等。优势群体倾向于形成阿诺德和布雷特律师这样的合作关系,弱势群体则倾向于形成德鲁和汤姆律师这样的对立关系。这两种关系本身就不平等,二者的差异则会进一步加剧这种不平等。⑥对弱势群体而言,其与律师的紧张对立关系往往会导致被告人被律师胁迫、忽略以及最后遭受惩罚。对享有特权的人而言,他们与律师的合作关系则会让他们获得律师的悉心指导、法庭的宽大处理,甚至还会获得一些回报。因此,从裁判结果来看,种族与阶级差异可能在一定程度上源于法庭潜规则,当被告人与律师之间的互动最终呈现在法官面前时,这些潜规则就会在被告人身上产生歧视性的作用。

我对上文提到的"弱势群体"的定义是:生活在警察监管力度较强的社区中,亲身经历过刑事诉讼(通常是负面冲突),与权贵阶层的交集有限,财力不足的群体。⑦"优势群体"则是指,很少与警察或司法官员产生负面冲突,能够获得有力的社会关系和财力支持的人。优势群体和弱势群体的覆盖面沿着种族(例如黑人/拉丁裔/白人)和社会经济阶层(例如中产阶级/工人阶级/穷人)的传统轴线而逐渐分化。和其他社会学家一样,我对"中产阶层"的定义是拥有四年制大学本科学历和稳定就业的人;"工人阶级/工薪阶层"则是已经稳定就业但未获得大学学历的人;"穷人"是既没有学历又没有工作的人。⑧下文一共囊括了 63 名审前阶段的被告

⑤ 这是一种描述性的主张,指出是什么让法院不平等。笔者把重点放在被告人的互动上,揭示了优势群体和弱势群体的互动有多么不同。这种说法可以理解为对不平等的微观现实的一种结构性解释。换言之,笔者提出的问题是,何种现实让司法系统具有的"因果能力"(Ylikoski 2013)被视作不平等。笔者关注的关键现实情况是律师与被告人之间的协议和分歧。有关结构性解释的更多信息,参见 Salmon(1984);I.Kohler-Hausmann(2019)。

⑥ 这是一种关于司法系统如何再现不平等结果的解释性主张,例如群体之间在解雇率、尊严、同情判断、定罪率和刑期方面的差异。上文中的构成主张将不平等定义为优势群体和弱势群体之间互动的现实差异,而解释性主张将不平等视为制度中优势群体和弱势群体之间正式和非正式法律结果的差异。本书中的数据没有统计检验律师与被告人关系的差异是否单独导致了某种结果,但数据提供了证据来支持这样的逻辑推断,即这些过程加剧了法律结果的群体性差异。了解定性数据如何为此类主张提供证据,请参阅 Gerring(2009),M.L.Small(2009)。

⑦ "优势"(Privilege)一词在流行文化中经常被使用。笔者所指的"优势"和"弱势"是指人们在日常生活中由于其社会地位(特别是他们的种族或社会阶层)而能够(或不能)获得的资源和经验(参见 Black and Stone 2005;McIntosh 1992;Lucal 1996)。具体地说,笔者侧重于在与律师建立委托关系方面重要的资源和经验(或者相反,导致抵制关系的资源/经验)。这些资源和经验包括社区治安中的种族主义和阶层、牵涉法律制度的历史、社会关系和获得财富支持的机会。

⑧ See,for example,Fiske and Markus(2012);Lareau(2011).

人。这些面临刑事指控的人既有奔波于生计的有色人种,也有白人;既有穷人,也有中产阶层;既有雄心壮志的篮球运动员,也有护士和投资顾问,他们都曾经历过人生的至暗时刻。从后文将看出,以上研究中各个种族的中产阶级(如黑人阿诺德)和白人工人阶级在律师和被告人的关系层面都能归为优势群体,而各个种族的穷人和有色人种(如黑人德鲁)往往能归为弱势群体。

本书采用情境研究法来研究所有案例。笔者仔细观察研究对象在互动中感受到的种族和阶级的不平等以及法院潜规则表现出的不平等。[9]用"优势群体"和"弱势群体"来形容人的地位处境比形容人的固定特征更贴切。[10]不过,本书没有充分探讨另一个不平等因素——性别差异。在美国,对于男性而言,尤其是贫穷的非裔和拉丁裔男性,比女性更有可能遭受从治安处罚到监禁刑的各种惩罚;对于女性而言,她们遭受的惩罚相较于其他国家公民有过之而无不及。[11]事实上,研究对象中也有 11 位女性,笔者将她们的经历和另外 52 位男性被告人归总到一起做了分析。虽然笔者没有发现男女被告人之间的系统性差异,但如果针对性别差异的研究样本更多一点的话,或许能够发现性别因素在律师与被告人关系中的真正状况,而这一研究同样可能带来颠覆常识的结果。[12]然而,本书的重点是关注种族和阶级的不平等现象——这是刑事司法制度中不平等现象的惯常特征。

本书既关注刑事司法制度中的不平等现象,也涉及其中的不公正现象。在过去的四十年中,遭到逮捕、法庭审判和监禁的人数激增,惩罚性的司法控制愈演愈烈,这导致有色人种居住的社区不仅面临着贫困和边缘化问题,还受到不成比例的

---

⑨　关于交叉性,参见 Crenshaw(1991);McCall(2005)。关于人际关系领域的支配矩阵,参见 Collins(2002)。

⑩　有关这一区别的详细理论,参见 Clair(2018,45—55)。

⑪　例如,在美国,最不受大规模刑事犯罪影响的种族性别群体是白人女性。然而,美国白人女性的监禁率高于德国、瑞典、挪威、日本和印度的平均监禁率(Gottschalk 2016,5)。

⑫　对来自不同种族和阶级背景的女性的庭审经历进行系统性比较研究可能会揭示美国社会中性别压迫的重要现实。研究证实,性别歧视和性别文化差异是妇女和女孩与司法官员互动(参见 e.g.,Chesney-Lind and Pasko 2013;Daly 1994;Levine and Mellema 2001;Steffensmeier 1980)和参与犯罪行为(参见 e.g.,Jones 2009;Peterson and Panfil 2017)的一个重要方面。考察边缘化女性,特别是黑人、拉丁裔和同性恋女性的经历,可以提供对律师与被告人关系中法律控制阴谋的细微差别的见解(参见 Jones 2009;Leverentz 2014)。然而,对性别的详细分析超出了本研究的范围。在本书访谈和观察的被告人中,只有 11 人为女性,访谈和观察更多地关注种族和阶层,而非性别。此外,分析性别问题需要查阅一系列额外的文献——需要仔细考虑有关性别不平等的学术研究。

负面影响。德鲁、阿诺德和书中其他案例中被告人的种种经历表明,美国正在经历着史无前例的惩罚性时代,处于这个时代的法院提出了关于公平和正义的根本性问题。正如本书所言,确保被告人获得律师辩护并不能确保被告人获得公正对待。弱势群体虽然依法获得了法院指派的辩护律师,但他们发现辩护律师与自己的关系令人担忧,这通常会给他们带来不利的法律后果,于是被告人总会感到怨恨和被漠视。因此,对于处在弱势群体地位的被告人而言,仅仅享有律师辩护并不能真正达到公平的结果。然而,对于优势群体而言,与一位精明能干的律师建立起信任关系往往能让他被从宽处罚,甚至可能获得罕有的无罪判决。这两个群体受到的不平等是不公正的,也是可以补救的。当然,优势群体被告人的案件也不能一概而论,因为律师与被告人之间的良性互动并不能弥补法庭审判给人带来的道德羞耻感、物质损失和精神压力。在我调研的所有被告人中,诉讼程序极少对他们认罪悔罪或弥补被害人损失的行为给予正面评价。我逐渐意识到,美国司法的不公正实际上远非仅有弱势群体被告人受到的不平等对待这一个问题。

第一节 大规模犯罪化时代的法院

关于"大规模监禁"的书籍、论文和评论不计其数。所谓大规模监禁,是指美国当前被监禁的人口数量之巨,无论是在美国历史上还是在当代世界中都远超他国。[13]早在 20 世纪 60 年代,美国联邦政府和州政府就从致力于投资社会服务转向制定惩罚性政策与措施,用以控制穷人和其他地位低下者,尤其是年轻黑人男性。看守所和监狱愈发被视作处理吸毒、骚乱、贫困和暴力等社会问题和危害的最佳场所,但这些社会问题似乎不仅没减少,反而愈演愈烈了。从 20 世纪 70 年代末开始,美国的监禁率不断上升,直至 2008 年达到顶峰。虽然此后十余年有所下降,但美国仍然是当今世界监禁率最高的国家。2016 年,全国每 10 万居民中就有 450 人被关押在联邦或州所辖监狱,而 1978 年时这一数据才到 131 人。[14]目前,

---

⑬　Garland(2001).

⑭　From the Bureau of Justice Statistics' Corrections Statistical Analysis Tool, accessed October 9, 2018, http://www.bjs.gov/index.cfm?ty = nps. These rates include only individuals sentenced to a year or more of incarceration.

全国看守所、监狱及其他监禁场所中关押的人数总计有 200 余万。[15]

现如今,监狱不过是这个惩罚性时代的冰山一角。在过去四十年里,除了监禁之外,其他形式的惩罚性法律控制也同样在增强。联邦政府和州政府在治安、审前羁押、缓刑和假释上投入的成本越来越大。[16]与此同时,地方司法机构还利用罚金和诉讼费来增加收入。缓刑和假释也是一种法律控制形式。[17]2015 年,全美有近 470 万成年人处于缓刑期或假释期。被处以缓刑或获得假释的人要想免受牢狱之苦,必须遵守某些条件,比如接受毒品检测或 GPS 监控。[18]2015 年,有近 100 万年满 16 周岁的人被逮捕,还有 535 万人曾被警方盘查。[19]可以认为,大规模犯罪化,包括警察的治安管理、法院的缓刑假释及监禁刑在内的一系列惩罚性法律及制度的实施,已经影响了广大美国人的生活。律师兼社会活动家黛博拉·斯莫尔(Deborah Small)将"大规模犯罪化"一词与"大规模监禁"进行了对比,指出前者的范围更为广泛,"包括将执法和监管扩大到广泛的活动和场合之中"。[20]

大规模犯罪化是 20 世纪中后期社会和政治变化共同作用下的产物。20 世纪

---

[15]　Kaeble and Glaze(2016).

[16]　Phelps(2016);DeMichele(2014);I. Kohler-Hausmann(2018);Stuart(2016);Harris(2016).

[17]　K.D. Martin et al.(2018).

[18]　Kaeble and Glaze(2016).

[19]　See the Bureau of Justice Statistics' special report Contacts between Police and the Public, 2015 (Davis, Whyde, and Langton 2018). 据估计,2011 年全美有 160 万 16 岁以上居民被警方逮捕。BJS 估计,2015 年有约 81.4 万名 16 岁以上居民被警方逮捕。然而,重要的是,2011 年的逮捕前科统计没有具体说明逮捕的原因,但 2015 年的数量"只包括那些单纯受到逮捕措施的居民,不包括交通拦截、街道拦截或交通事故等其他类型的案件"。(Davis, Whyde, and Langton 2018, 6)因此,2015 年的统计可能低估了被捕人数。此外,该调查没有统计无家可归者等暂住人口和收容所人口,但无论什么时候,这类人群的被逮捕率都比其他人更高。

[20]　D.斯莫尔(D. Small 2014)将围绕"大规模监禁"政策的改革与围绕"大规模犯罪化"政策的改革设想进行了对比。斯莫尔对大规模犯罪化的解释主要集中在有色人种社区的犯罪化上。详言之,笔者使用这个词还表明这种犯罪化在不同阶层的社区都产生了惩罚性的影响,尽管其存在不平等现象。大规模犯罪化表明,在过去四十年里,几乎各个群体的美国人都会体会到其与警察、法院、缓刑、监禁和其他惩罚性措施接触的可能性增大。与"大规模监禁"或"大规模缓刑"等术语不同,"大规模犯罪化"一词涉及从逮捕到法院处理再到监禁和回归社会的所有形式的法律控制。因此,这一术语更好地涵盖了联邦、州和地方当局以及普通公民和非政府组织的全部惩罚范围,例如歧视前重罪罪犯的雇主(参见 Pager 2008),以及根据可公开获得的性犯罪者数据库做出住所选择的人(参见 Pickett、Mancini 和 Mears 2013;Wacquant 2009)。与"监禁状态"等宏观层面的概念不同,大规模犯罪化抓住了人们日常生活中使用刑罚技术的活生生的现实。

60 年代,在犯罪率上升等因素的刺激下,政府的施政导向从提供社会福利转向实施惩罚。[21]联邦政府和州政府停止了对就业计划、住房计划、社区振兴等社会福利项目的投资,转而加大对惩罚性制度和设施的投入。为了管理"被剥夺权利和地位低下的人",[22]政府征收罚金和诉讼费,推行警察军事化、监狱扩大化。为了激发公众对政治运动的支持,多位总统和无数国会议员将城市里的年轻黑人男子描绘成叛逆和暴力的独特形象,其中最臭名昭著的也许就是"禁毒战争"。[23]社会学家洛伊克·瓦坎特写道:"1982 至 2001 年间,美国用于警察、刑事法院和刑罚的公共支出增加了 364%(从 360 亿美元增加到 1670 亿美元,按 2000 年时美元价值计算为 165%),而且增加了近 100 万名司法官员。"[24]尽管犯罪率从 20 世纪 90 年代中期开始急剧下降,但这种惩罚的本能在很大程度上一直延续到 21 世纪。[25]

大规模犯罪化对有色人种聚居的贫民社区造成了超出必要限度的负面影响。[26]与白人相比,非裔和拉丁裔的逮捕率与监禁率更高;与受教育程度高的同龄人相比,受教育程度低的人的逮捕率与监禁率也更高。[27]与此同时,法律控制的范围扩大以后,所有人都受到了大规模犯罪化的影响,各行各业都有触犯法律的人。在过去几十年中,原本不属于政府惩罚性政策所针对的优势群体的人越来越多地

---

[21]　Hinton(2016);Miller and Alexander(2015);Murakawa(2014).

[22]　Wacquant(2010a,80);see also Beckett and Western(2001);J. Kohler Hausmann(2017);Schoenfeld(2018).

[23]　Alexander(2012);Hinton(2016).

[24]　Wacquant(2010b,214).

[25]　参见特拉维斯、韦斯特和雷德伯恩(Travis,Western,and Redburn 2014)关于犯罪率变化、政策变化和大规模监禁之间的关系。

[26]　批评观点认为,即使是合法的社会控制形式,种族差异也是种族主义故意造成的结果。例如,亚历山德(Alexander 2012)认为,大规模监禁构成了一种种族主义的社会控制形式,类似于吉姆·克罗对非裔美国人的待遇、隔离和污名化。大规模监禁不仅影响目前被困在监狱中的黑人,还影响到被边缘化的黑人的整个社区——家庭成员、邻居以及目睹其社区被定罪的警察和监禁者的朋友。以前被监禁的个人还在投票、住房和就业方面面临法律排除——不包括还可能对他们的社交网络产生影响(Asad and Clair 2018)。

[27]　在监狱中,种族和阶级差异更为极端。例如,韦斯特和佩蒂特(Western and Pettit 2010)估计,在 20 世纪 70 年代中期出生的未受高中教育的黑人男性中,68% 的人在 30—34 岁时曾被监禁,相比之下,未受高中教育的白人男性的这一比例为 28%,大学学历以上的白人男性的这一比例为 1.2%。在同一群人中,大约 27% 的黑人男性、12% 的拉丁裔男性和 5% 的白人男性遭到过监禁。在另一项研究中,香农等人估计,2010 年,超过 33% 的黑人男性至少有一次重罪定罪,而所有男性的这一比例接近 13%(Shannon et al. 2017)。

陷入这个旋涡。在受过高等教育的男性中,监禁率已经略有上升。20 世纪 40 年代出生的受过高等教育的黑人男性中,其中约 5％在 35 岁左右遭到过监禁,而 70 年代出生的受过高等教育的黑人男性中,这一比例已经超过 6％。[28]在白人男性中,这一比例从 0.4％上升到了 1.2％,是原来的三倍。受过大学教育的黑人和白人男性被监禁的比例看起来似乎很小,但这一规模也有数十万人之巨。此外,大规模犯罪化似乎正在扩大其人口覆盖面,其覆盖地区已经从以黑人为主的城市地区扩大到白人聚居的郊区和农村。[29]

贫穷的有色人种的犯罪率相较其人口而言比例悬殊,优势群体的犯罪率也逐渐上升,大规模犯罪化导致的这两种情况都呈现在了法庭之上。诸多研究表明,法院在逮捕被告人时往往会放大种族和阶级的差异,当判处被告人监禁时这种差异更为明显。[30]在情况类似的案件中,非裔、拉丁裔和失业者被判处的刑罚比白人或偶犯的就业者要严厉得多。[31]从检察官决定起诉到法官决定判刑,居于弱势地位的被告人往往会受到更为严厉的惩罚。尽管这些数据因司法辖区和犯罪类型的不同而有所差异,但总体上还是体现出了法庭审判的不平等。由此可见,被告人的犯罪性质和犯罪前科差异并不能完整诠释这种不平等现象。[32]

---

[28] Western and Pettit(2010).

[29] 最新研究表明,监禁可能正在改变其地理位置,从城市地区转移到郊区和农村地区。对 2009 年至 2014 年马萨诸塞州入狱率的研究发现,在此期间,林恩、布罗克顿和皮茨菲尔德等郊区和小城市的入狱率高得惊人,其中一些甚至高于波士顿(SIMES 2018)。其中几个较小的城市经历了经济衰退和吸毒率上升。一些学者认为,监禁在地域范围的扩张可能有助于解释白人监禁率上升的原因。维拉司法研究所最近的一份报告发现,自 2005 年以来,全国监狱中黑人的监禁率一直在下降,而白人的监禁率自 1990 年以来一直在上升(Subramanian, Riley, and Mai 2018)。报告发现,白人监禁率有所上升,尤其是在较小的城市和农村司法管辖区。

[30] Blumstein(1982);Beck and Blumstein(2018).

[31] 相对较少的关于差异的研究考察了亚裔美国人或美国印第安人原住民被告人的结果。一些研究表明,亚裔美国人的表现往往与白人相似(e.g., Johnson and Betsinger 2009)。另外,美国印第安人面临着类似于黑人和拉丁裔的相关劣势。这些不利因素可能会转化为他们的法律程序。例如,美国印第安人被警察杀害的终身风险相对较高(Edwards, Lee, and Esposito 2019)。此外,很少有研究能够考虑受雇/非受雇以外的社会经济地位差异,因为法院很少收集被告人的收入、教育或特定职业的数据。

[32] 在刑事诉讼程序的所有阶段,即起诉、保释/审前拘留、撤销和减少指控、定罪和判刑,都记录了"毫无根据的"种族和阶级差异(即无法用法律因素解释的差异)。许多同行评议的研究依赖于行政记录,估计差异可以被认为是正当的或不正当的程度。研究表面上种族或阶级中立的原因(例如,一个人的刑事指控或前科等法律因素)的控制,以评估差异在多大程度上是没有根据的。这一系列研(转下页)

这些统计数据从宏观上看可谓触目惊心,但本书的侧重点在于其微观面向。笔者希望从另一个视角,通过实证调研来观察种族和阶级不平等如何实实在在地发生在法庭上。要实现这一目的,不能仅通过宏观层面的大数据统计来定量化、抽象化地分析,而要转向对法庭审判常态的定性化、具体化经验分析。因此,不仅要探知全国警察局、法院和监狱一年会关押或审判多少白人、黑人或穷人,还要询问这些群体在面对刑事审判时究竟亲身经历了什么,进而评估被告人的阶层或种族差异如何让他在刑事诉讼中受到区别对待。

我们对法院的运行样态和司法官员(即法官、检察官、缓刑官和公设辩护律师)的决策模式较为熟悉,但对位于天平另一端的被告人的经历却知之甚少。当一个人被逮捕并被指控犯罪时,就成为了法律意义上的被告人,但在判决有罪之前,应对其作无罪推定。学界通说认为,被告人在法律制裁面前处于被动地位,只能受制于自己无法掌控的强大力量。法院通常被描述为一台简单的程序处理机器,几乎不考虑被告人的具体情况或案件事实就直接作出判决。[33]虽然个别案件会受到重视,但大多数刑事案件会在没有协商余地的情况下草草结束。充其量,最有特权的被告人才请得起律师来为其辩护,这时候,律师会穷尽所有方式,勇敢地提出动议,推动旷日持久的审判。绝大多数刑事案件都是在达成辩诉交易后直接作出判决或驳回起诉的,被告人真正参与审判的机会少之又少。以上观点被视作理所当然的,因为现实大体上确实如此。然而,对于我国的刑事司法现状而言,这一观点有以偏概全之嫌。

本书通过描述被告人在诉讼程序中如何通过行使律师辩护权以应对各种机会

(接上页)究继续寻找没有根据的种族和阶级差异的证据(有关评论,请参阅 Mitchell 2005；Spohn 2000,2013；Zatz 2000)。例如,直接的种族或阶级效应的研究分为:保释/审前羁押时:Chiricos and Bales 1991；Demuth 2003；Kutateladze et al. 2014；Schlesinger 2005。撤回或减少指控时:Spohn, Gruhl, and Welch 1981；Shermer and Johnson 2010。判决时:Chiricos and Bales 1991；D'Alessio and Stolzenberg 1993；Johnson and DiPietro 2012；Kutateladze et al. 2014；MacDonald et al. 2014；Nobiling, Spohn, and DeLone 1998；Petersilia 1985；Shermer and Johnson 2010。虽然这些证据因管辖范围(Baldus, Pu-laski, and Woodworth 1986；Johnson 2006)和犯罪类型(Mitchell 2005)而异,但这些研究提供了种族和阶层界限上对处境相似的被告人给予不平等待遇的证据。学者们还讨论了这些种族和阶层偏见的具体形式(Baumer 2013；Spohn 2000；Ulmer 2012)。

㉝ 但也有批评意见,参见 I.Kohler-Hausmann(2018)。

和阻力,修正了上述观点。[34]笔者站在律师与被告人之间的关系——法庭上最重要的关系——这一视角来审视被告人在法庭上的经历,从理论上聚焦于被告人本身。本书的论点与大多数学者对刑事法庭的研究不同,因为笔者关注的是被告人对辩护律师的理解及与其互动的过程。就像不能只从教师的角度来理解学校,不能只从厂长的角度理解工厂,因此也不能仅从司法官员的角度来理解法院。学者、研究机构和其他组织的研究成果颇丰,让我们得以更好地理解各种关系的复杂性,例如雇主和员工之间通过互动产生的,根植于权力不对等的复杂剥削关系。当我们瞩目于律师与被告人之间的关系时,可以发现被告人对司法官员的权力和诉讼程序中的潜规则所采取的谋划、抵抗乃至认可的种种应对方式。因此,本书从法庭内外的不同侧面更为完整地展示了一幅不公正的图景。

社会学家亚伯拉罕·布隆伯格(Abraham Blumberg)于 1967 年出版的《刑事司法》(Criminal Justice)是最早详细论述法庭人类学研究的著作之一。在该书出版之前,许多学者和记者都认为刑事审判程序中存在着控辩双方的激烈交锋。但布隆伯格指出这是个错误的观念,他向我们揭示了法院暗淡冷清的一面,而这一现象时至今日仍然盛行。布隆伯格认为,大多数辩护律师和检察官不过是依赖辩诉交易来迅速处理案件,"通过谈判来伸张正义";法官面对繁重的案件已经不堪重负,几乎注意不到不同案件或被告人的独特之处,只是以"流水线式司法"来迅速结案。[35]通常认为,辩护律师在法庭上会积极为被告人辩护,虽然这十分值得提倡,但也只是一个充满戏剧性的说法。布隆伯格认为,真正的法庭审判只有猖獗的辩诉交易和对无辜被告人判处刑罚的悲剧性场面。当时社会上还有这样一种看法,即如果

---

[34] 一部关于"法律意识"的重要文献探讨了普通人如何在各种限制和机遇中看待和参与法律。参见 DeLand(2013);Merry(1990);Nielsen(2000);and Sarat(1990). See also Young(2014);Young and Billings(2020)。帕特里夏·埃维克和苏珊·西尔贝将法律意识定义为个人在日常生活中对法律进行的文化实践(Ewick and Silbey 1998,38—39;Silbey 2005,334)。他们认为,研究人们如何参与法律有助于解释法律的霸权或者其作为一个"合法管理机构"的持久性(Silbey 2005,337),尽管它再现了"具体的不平等"(359)。虽然这一文献很重要,但它对刑事法律背景或关系互动如何构成和复制不平等的洞察不足——这是本书的两个核心问题。因此,笔者选择了关系理论和文化社会学的基本工具,并将它们应用于刑事诉讼中律师与被告人关系的实证检验。这样做在刑法和更广泛社会中的种族和阶级不平等等核心社会学问题之间建立了更清晰的联系。

[35] 其他学者在这一时期也开始使用"流水线式司法"的比喻来指代刑事法院,特别是处理诸如轻罪等低级犯罪的下级法院。摘要见 I.Kohler-Hausmann(2018,chapter 2)。

被告人手握充分的资源,比如金钱或社会地位,那么他就可以打赢官司。但布隆伯格的发现也颠覆了这个假设,他认为这些与被告人阶级地位相关的资源对判决结果的影响微乎其微,因为这些官僚机构根本无视穷人富人。[36]然而,布隆伯格并没有论及影响法庭审判的另一个重要因素——种族和阶级的差异性。

在20世纪六七十年代,美国联邦最高法院扩大了被告人的正当程序权,包括律师辩护权、沉默权、要求检察官开示无罪证据权。这些权利可以增强被告人在诉讼中的影响力,延缓诉讼程序,确保刑法的公平适用。[37]1963年,吉迪恩诉温赖特案(Gideon v. Wainwright)的判决成为扩大律师辩护权最著名的判决之一。大法官雨果·布莱克 Hugo Black 在判决书中写道:

> 我国联邦和各州的宪法及法律自始就非常重视程序与实体的保障,确保每一个被告人能在法律面前平等地接受陪审团的公正审判。如果被告人因为贫穷而在没有律师辩护的情况下面对控方,那就不可能实现这一崇高理想。[38]

布莱克法官的意见表明,扩大被告人的律师辩护权有助于确保贫困被告人"在法律面前平等"。随着时间的推移,被告人聘请律师的权利已扩展到刑事诉讼的诸多阶段,包括警方审讯、传讯、审前听证、部分州的缓刑撤销听证和认罪答辩程序。[39]

尽管有了宪法的保障,但研究人员却发现司法实践中出现了越来越多的类似现象:刑事案件的高认罪率,对抗性审判的缺失以及辩护律师对被告人的胁迫。例如,詹姆斯·艾森斯坦和赫伯特·雅各布在20世纪70年代初研究了巴尔的摩、芝加哥和底特律的重罪法庭。他们发现,由于公设辩护律师的案件多且时间紧,而国

---

[36] Blumberg(1967,41).

[37] 吉迪恩诉温赖特案(Gideon v. Wainwright 372 US 335,1963)将聘请辩护律师的权利解释为所有州都必须为那些负担不起辩护律师费用的人提供辩护律师。米兰达诉亚利桑那州案(Miranda v. Arizona 384 US 436,1966)要求警方告知被捕者他们有权保持沉默并有律师在场。布雷迪诉马里兰州案(Brady v. Maryland 373 US 83,1963)要求检察官分享任何可能表明被告人没有犯罪的证据。

[38] Gideon v. Wainwright.

[39] 例如,埃斯科贝多诉伊利诺伊州案(Escobedo v. Illinois 378 US 478(1964))规定了被告人在警察讯问期间聘请律师的权利。阿格辛格诉汉密尔顿案(Argersinger v. Hamilton 407 US 25(1972))将被告人的律师辩护权扩大到可能遭到监禁的被告人。在马萨诸塞州,根据威廉姆斯诉联邦案(Williams v. Commonwealth 350 Mass. 732[1966])和马斯登诉联邦案(Marsden v. Commonwealth 352 Mass. 564[1967]),这一权利还分别扩大到缓刑撤销听证会的被告人以及青少年被告人。

家对公设辩护人办公室财政资金的拨付是基于其处理案件的效率,这就导致公设辩护律师感受到了掌控被告人的压力。⑩然而,与布隆伯格的"流水线式司法论"相反,艾森斯坦和雅各布认为法官至少在重罪案件中会确定被告人是否真的有罪。政治学家马尔科姆·费利(Malcolm Feeley)在 20 世纪 70 年代对纽黑文的下级法院进行了调研,他在观察中发现,辩护律师的工作量远超负荷,辩诉交易成为了刑事诉讼的主流。他对布隆伯格和其他学者的观点提出了批判,他认为高认罪率并不一定代表着对抗性的缺失,因为即便是辩诉交易也存在控辩双方的争执较量。例如,辩护律师似乎在利用审前动议和非正式谈判来揭露案件事实,从而要求检察官和法官对被告人从宽处罚。⑪虽然他把重点放在了司法官员对辩诉交易的作用上,但认为被告人也可能对刑事诉讼程序产生一些影响:"被告人的利益也会影响案件的最终结果。许多被告人态度强硬,他们愿意采取一切必要手段避免或者减轻自己的刑罚。"⑫

　　20 世纪 70 年代开展的几项对被告人的访谈调研显示,他们对律师普遍感到失望,对当时基于联邦最高法院的判例﹡而设置的法律援助律师和公设辩护律师更是如此。弱势群体被告人普遍怀有挫折感、不信任感和怀疑感。但理论上说他们本应是联邦最高法院判例的最大受益者。⑬1971 年的一项研究成果直接在标题中开门见山地表达了这种情绪:"你出庭时有律师吗? 不,我只有公设辩护律师。"⑭贫穷的被告人经常反映,律师迫使他们接受违背其最大利益的认罪协议。⑮与此同时,选择聘请私人律师的被告人则称,他们对律师的信任度更高,也更相信律师的职业素养。⑯最近研究发现,被告人的参与度是建立信任关系的关键因素,无论是公设辩护律师还是私人聘请律师,当被告人认为律师允许他们也参与到自己的辩

　　⑩　Eisenstein and Jacob(1977); on this point, see also Flemming(1986); Schulhofer and Friedman(1993).

　　⑪　Feeley([1979] 1992,13—29).

　　⑫　Feeley([1979] 1992,152); see also Mather(1979, 10).

　　﹡　即上文中的吉迪恩诉温赖特案。——译者注

　　⑬　Casper(1972); O'Brien et al.(1977); Wilkerson(1972).

　　⑭　Casper(1971).

　　⑮　Wilkerson(1972).

　　⑯　Casper(1972); O'Brien et al.(1977).

护过程中时，他们对律师的信任感就会更高。[47]

自 20 世纪 70 年代末以来，美国刑事法院办理的案件总量大幅增长，种族和阶级的差异性也体现得越发明显。在监禁方面，种族差异自 20 世纪初就开始成为美国刑事司法制度的典型特征，直到 20 世纪 90 年代在全美范围内达到巅峰并持续至今。[48]种族差异还体现在警察逮捕记录和法院办案数量上。20 世纪 90 年代，纽约市在"破窗理论"指导下开展治安执法，导致轻罪逮捕数量急剧上升，种族差异也在 2007 年达到顶峰。破窗治安执法是一种积极主动的警务执法形式，在这一理论的要求下，警察不再只惩治严重的违法行为，而是扩大到治安骚乱和低等级的违法行为。[49]马萨诸塞州因非法持有大麻而被捕者的人数在 2007 年达到顶峰，在 2009 年大麻合法化之后才急剧下降。尽管该州已经开始改革，但种族差异早已在 2001 年到 2010 年间不断扩大。2001 年全州黑人因持有大麻被捕的可能性是白人的 2.2 倍，到了 2010 年已经增大到了 3.9 倍[50]，而该年在波士顿所在的萨福克县，黑人因持有大麻而被捕的可能性更是高达白人的 4.8 倍。

最近对联邦最高法院的定性研究和复合型研究揭开了这些不平等现象的面纱。社会学家妮可·冈萨雷斯·范·克莱夫（Nicole Gonzalez Van Cleve）于 2016 年对伊利诺伊州库克县法院的研究揭示了种族因素是如何渗入刑罚之中的。[51]她认为，检察官、法官甚至辩护律师都依赖种族主义的道德标签来决定惩罚谁和宽宥谁。辩护律师沾染了法院的种族主义风气，他们担心自己在检察官和法官中的"口碑"，这对他们在某些案件中为被告人争取有利的认罪协议是必要的。所以他们只把时间花在那些他们认为值得辩护的被告人身上，而视其他被告人为负担，甚至加以冷嘲热讽。社会学家伊萨·科勒-豪斯曼（Issa Kohler-Hausmann）在 2018 年调研了纽约市轻罪法院是如何应对低级别逮捕的，这是大规模犯罪化时期的一个决

---

[47]　Boccaccini，Boothby，and Brodsky（2004）.

[48]　Travis，Western，and Redburn（2014）.

[49]　关于"破窗治安"的定义，参见 Wilson and Kelling（1982）。科勒-豪斯曼发现，在纽约市，拉美裔与白人、黑人与白人在轻罪逮捕方面的差距都在 2007 年达到顶峰。

[50]　American Civil Liberties Union（2013）.

[51]　Van Cleve（2016）.

定性因素。⑤²从 1980 年到 2010 年,该市每年因轻罪被捕的人数几乎翻了两番。囿于司法资源的限制,司法官员只能对这群被捕的人进行分类、测试和监控,而不是直接判决他们有罪或无罪。在此期间,虽然被告人被判处轻罪的概率有所降低,但官方完善和实施了其他类似的手段——比如给被告人建立轻罪逮捕的前科档案,频繁要求其出庭,对其发布禁止令和毒品检测。这些手段只会增强法院对社会的控制而非加大对公正司法的投入,最终导致已有的不平等现象越来越突出。

虽然上述研究成果有助于我们理解司法官员的逻辑、手段和措施,也反映了他们为法院职能的完善作出的贡献,但学者们对被告人及其辩护律师的互动是如何在系统中发挥作用的研究仍极为匮乏。笔者认为,被告人与律师的互动是刑事司法制度的重要特征,它对被告人的法庭经历有着深远的影响。可以肯定的是,费利、范·克莱夫及科勒-豪斯曼等人的研究已经暗含了被告人在法庭上获得律师辩护的情况⑤³,另一些基于访谈的研究为理解被告人对其律师的态度提供了重要资料。⑤⁴但这些研究有许多是在 20 世纪 70 年代进行的,它们并没有告诉我们当代被告人在获得更多法律资源和权利的时候如何思考和互动。⑤⁵此外,仅基于访谈数据

---

⑤² I. Kohler-Hausmann(2018).

⑤³ 费利教授(Feeley〔1979〕1992)提出,被告人可能会影响其正式的法律结果。他呼吁对被告人进行研究,"采访大量被告人,比采访少数官员要困难得多"(152)。范·克莱夫(Van Cleve 2016)指的是被告人的法律意识,她将其定义为"通过日常经验、图像和与法律制度的接触而获得的对法律的感知"(163)。虽然她辩称,司法官员经常贬低被告人的"街头法律",但她并没有系统地调查被告人是否以及如何使用他们的"街头法律"。科勒-豪斯曼教授(I. Kohler-Hausmann 2018)认为,"激励结构"指的是被告人面临的来自司法官员的标记、检验和监督。在该书的第二部分中,她还纳入了被告人对各种法律制裁的观点,但没有系统地考虑被告人的观点如何影响他们与司法官员和法院打交道的方式以及影响到什么。另见 Mather(1979,10)。

⑤⁴ 最值得注意的是,政治学家乔纳森·D.卡斯珀在 1972 年出版的《美国刑事司法:被告人的视角》(*American Criminal Justice*:*The Defendant's Perspective*)一书中,利用了对康涅狄格州白人、穷人和被监禁男子的采访。研究中大多数男性报告说,他们对法律和诉讼程序抱着听天由命的态度(Casper 1971,1972)。卡斯珀认为,他们的抵触源于对某些辩护缺乏了解和对律师的不信任,他们认为打赢官司可能会适得其反,以及他们承认自己的事实罪行。然而,他的研究和其他关于被告人态度的研究往往只关注处于不利地位的被告人的观点,而不是与优势群体进行比较。此外,这篇文献没有考察被告人如何实时与他们的律师互动,也没有回顾他们是如何报告这样做的。因此,这些研究往往强化了研究者的假设,即被告人是被动的。被告人可能会抱怨他们的律师,但这些研究认为,他们并没有作出太大努力来通过制度塑造自己的轨迹(例外情况,参见 Moore et al. 2019。其发现,在 22 个由公设辩护人代理的被告人样本中,有些人在与其律师沟通时发挥了作用)。有关被告人态度的更多访谈研究,参见 Boccaccini, Boothby, and Brodsky(2004);O'Brien et al.(1977);Tyler(1984);Wilkerson(1972)。

⑤⁵ Bertenthal(2017);Feierman(2006)。

的研究无法提供足够的观点来支撑被告人对律师的复杂态度。我们还没有观察和揭示律师与被告人在私下和公开场合互动的细节，这些细节虽然微小却非常重要。我们需要何种理论工具才能更为充分地理解特权和不平等在律师与被告人关系中的产生机理呢？

第二节　怀疑还是信赖？不同阶层被告人眼中的律师

要理解律师和被告人关系中的不平等是如何产生和加剧的，就不能只关注其中一方的态度或行为，而要研究两者之间的关系。社会学领域常用文化社会学理论和关系理论来分析其他多种场合中的核心人际关系，本书也将借助这两种理论来分析律师和被告人关系。

在刑事诉讼中，每位被告人都面临着数个至关重要的抉择。研究被告人权利的学者指出，从理论上看，被告人在诉讼阶段有无数个权利，例如聘请辩护律师的权利、与律师单独会见的权利、接受律师提出的审前策略的权利、选择辩诉交易或者正式审判的权利、出庭作证的权利以及同意采用其他量刑方式的权利等。[56]这些选择的背后都隐藏着巨大的不确定性和风险，被告人或许会面临新的选择，或许会失去选择的机会，这些都与被告人的生活利害攸关。然而，无论被告人是否富裕，这些选择都是他在一种不对等的关系中作出的，而这一不对等的关系往往由律师掌控。[57]每位被告人的选择都是受限的，因为这些选择会导致相应后果。因此，有必要了解被告人如何作出决定，付出了何种代价，又产生了什么影响。

被告人与法院打交道的方式有着自身独特的动机、权力和约束，被告人作出何种选择与这一方式有关。法庭上没有什么事情是孤立发生的，诉讼程序也是由人制定的。尽管人们通常把刑事法庭比喻为一台只会按部就班判处刑罚的程序机

---

[56]　参见 Schulhofer 和 Friedman（1993）；Spiegel（1979）；Uphoff（2000）；Uphoff 和 Wood（1998）。关于被告人参与刑事审判程序的方式的理论分析，参见 Black（1989）和 Mather（2003）。关于被告人在律师与被告人关系中的决策的适当作用的学术讨论，见 Natapoff（2005）；Spiegel（1979）和 Uphoff（2000）。

[57]　参见 Kritzer（1990）；Rosenthal（1974）；以及 Sarat 和 Felstiner（1997）关于民事诉讼中律师与被告关系中的权力动态。

器,但被告人面对的并非只是一个名为"法庭"的呆板系统。与之相反,法庭是由法官、检察官、辩护律师、缓刑官、司法官员和书记员这些活生生的人组成的集合体,被告人必须站在他们面前接受审判。⑱这些官员有着各自的职业身份、动机、顾虑和盲区,连作决定时都会互相考虑。⑲在法庭之外,每一位司法官员都隶属于检察官办公室或辩护人办公室等上级单位,他们需要向上级汇报案件情况。反之,上级单位会根据自身政策规制这些司法官员的实际决策,而这些政策也是由主管官员向下属作出的(例如地区检察官对具体办案的助理检察官,首席律师对公设辩护律师)。再往上看,上级单位负责人本身也受到各自立法机构、选民组织、捐赠组织或其他组织机构所制定的法律或政策的约束。最后,这些决策还得获得上诉法官本人的支持。⑳

就被告人而言,其与律师关系的重要性是无可比拟的。这是唯一能合法保护二者之间交流的关系。律师与被告人之间的谈话具有秘密性,这意味着除非被告人声称自己将实施新的犯罪,否则律师不得与他人分享自己与被告人之间的任何具有涉密性的谈话信息。事实上,波士顿的公设辩护律师就会写信警示被告人只能和律师谈论案情,即使是朋友和家人也不能透露。㉑尽管在被告人看来,律师与被告人的关系似乎很重要,然而这一看法更令人担忧。当然,被告人也会与法庭上的其他参与人发生联系,比如他们会经常出现在法庭面前,法官会评估被告人的情况甚至直接与他们交流。如果被告人已经被判处缓刑,那么他们可能会向缓刑官定期报到,缓刑官则会向法院汇报。他们甚至可能与法院的其他官员产生间接联系,某些执行法官会因为多次看到被告人的名字而认识他。然而,这些关系一般也

---

⑱　参见 Ulmer(2019)。关于理解机构中个人的社会行为的必要性,马克斯·韦伯(Max Weber 1978,13)精辟地写道,将国家、协会、商业公司、基金会等社会集体当作个人对待可能是方便的,甚至是不可或缺的……但是,对于社会学工作中对行为的主观解释,这些集体必须被单独地视为个人特定行为的结果和组织方式,因为只有这些才能被视为主观上可以理解的行为过程中的代理人。

⑲　这些官员经常出席法庭的审判工作,他们必须一起努力处理案件,因此经常被统称为"法庭工作组"(Eisenstein 和 Jacob 1977)。另见 Kepper, Nagin 和 Tierney(1983);Ulmer(1997)。

⑳　Clair and Winter(2016);Eisenstein, Flemming, and Nardulli(1988);Feeley([1979] 1992);Johnson(2006);I. Kohler-Hausmann(2018);Lynch(2017);Peterson and Hagan(1984).也可参见 Seim (2020),关于其他街头执法官僚机构特有的纵向和横向关系(Lipsky 1980)。

㉑　虽然我没有看到这些信件,但我在 2019 年 3 月与波士顿地区的一名公设辩护律师交谈时了解到了这种做法。

都是由律师从中斡旋的。

要了解种族和阶级的不平等如何在法庭上体现,关键在于理解上述关系的运作。大多数关于法庭上种族和阶级不平等的学术研究要么仅关注被告的个人属性,要么仅关注司法官员的个人属性。当前学界已经对美国律师、法官和缓刑官中呈现的种族歧视和阶级歧视展开了或浅或深的研究。[62]新闻报道、社交媒体、政府调查和上诉裁判也揭示了官员的种族歧视和阶级歧视行为。[63]其他研究则对被告人的态度(比如将案件归因于潜规则的心理)、财力(比如是否聘请私人律师)和量刑差异的关系展开了探讨。从逮捕到保释,从减少指控到定罪量刑,这些实践样态都为研究法庭中的不平等现象提供了重要视角。[64]但上述研究只是简单记录了不同诉讼阶段的不平等现象,并未详尽描述不平等究竟在日常生活中是如何形成的,也没有深入阐释其如何随着社会关系的变化而发展、如何遭到质疑而作出改变。[65]

笔者刚开始就本书主题进行研究时,与其他学者一样关注的是被告人的个人特征、观点和态度,而非被告人与律师的关系。但笔者很快发现,只有在与律师、法官、检察官或家人、朋友等其他人的互动过程中才能更好地理解被告人的想法。被告人在法庭上的想法不会一成不变,相反,被告人与其他人会互相影响和干预。被告人的一举一动源于对诉讼中其他参与人行为的预判和理解,而这正是社会学领域内研究互动主义的学者长期以来对社会行为的基本洞察。[66]随着访谈对象的不断增加以及对人种学的观察研究,笔者将分析的重点放在了律师与被告人关系的偶然性和附随效果上。研究民事(比如婚姻法、劳动法等领域)诉讼的学者会考虑

---

[62] Bishop and Frazier(1996);Bridges,Crutchfield,and Simpson(1987);Clair and Winter(2016);Van Cleve(2016).

[63] 明目张胆的种族歧视和阶层歧视在许多法庭上都存在。在美国的判决,如上诉案件记录(例如,在佩纳罗德里格斯诉科罗拉多案(Peña Rodriguez v. Colorado 580 US—2017)中,一名陪审员被发现对一名拉美裔被告人发表了明确的种族主义言论,而在福斯特诉查特曼案(Foster v. Chatman 578 US—[2016])中,检察官办公室强调并罢免了陪审团中的所有黑人陪审员,同时明确表达了对黑人陪审员的偏见,在新闻报道(例如,在旧金山警察中发现的种族主义短信[Serna 2016])以及政府调查(例如,司法部 2014 年对弗格森市的调查发现的种族和阶级剥削)中表现明显。

[64] 关于"街头密码"的态度,见 Mears et al.(2017)。关于被告人的资源,参见 Holmes et al.(1996)。

[65] See Tilly(1998,chapter 1).

[66] E. Goffman(1959);Blumer(1986).

上述关系,但研究刑事诉讼的学者一般更注重研究国家权力和被告人自由问题,对这些问题则鲜有关注。⑥⑦实际上,在刑事诉讼中,身处这一关系的被告人面临着更大的风险。笔者逐渐从这些方面充分认识到何谓"濒于险境"。我目睹了不同背景、不同社会地位、(往往被迫)承受不同代价的被告人和律师互动时如何制造出了紧张局面,又如何作出了让步。⑥⑧笔者也终于开始理解为什么那些司法官员们不是把被告人按照社会阶层分门别类地对待和作出预断,而是将他们视作单独的个体。

让我们暂且回到德鲁和阿诺德这两个案例,与其简单孤立地看待他们的行为,不如将他们的受审过程理解为被告人与律师的互动过程,如此方能更为深入地探析二者在法庭上的不平等经历。德鲁和汤姆律师的关系可以理解为一种抵制关系,他们的关系经历了多次不信任,并处于紧张状态,最终偏离了当初的目标,没能使德鲁避免或者至少降低刑罚。笔者把他们之间日益紧张的状态理解为"既互相抗拒又自我放弃"。抗拒在庭审内外都时刻存在,对于德鲁而言,他的法律思维和法律知识与汤姆律师的想法直接冲突,更不用说法律规范了,多次冲突之后二人关系便彻底破裂。他们的分歧有时候与诉讼程序的目标或利益有关,德鲁的目的不仅是无罪释放,还包括要求警方承认逮捕他时存在种族歧视。同时,正如下文第二章所述,其他处于弱势地位的被告人往往还会经历放弃的阶段,笔者认为这种放弃就是"听天由命"。与其说这是由于律师和被告人之间存在冲突,不如说是由于被告人的求生欲已经在司法制度的内外压迫下消磨殆尽了。被告人缺席会议和开庭会让律师感到不满,因为这会让他们无法得知客户的生活和从宽处罚的关键信息,不过被告人很少这样故意抵制。但当被告人面临毒瘾问题、住房问题或精神疾病等更为紧迫的情况时又开始抵制,这种情况多到能拉出一个长长的清单。

以上两种抵制的表现往往会产生负面效果。贫困被告人和工薪阶层的有色人种被告人常会放弃为自己的案子抗争,自我放弃本身就是被告人处于弱势地位的

---

⑥⑦　关于离婚法、劳动法和其他民事诉讼中的律师与被告人的互动,参见 Berrey, Nelson, and Nielsen(2017, chapters 5 and 6); Kritzer(1990); Sarat and Felstiner(1997)。关于律师在私人聘请律师进行诉讼业务的作用,参见 Bertenthal(2017)。关于刑事法庭中的制约因素成为街头官僚的"非自愿客户"的制约因素的理论化,参见 Lipsky(1980)。

⑥⑧　See Desmond(2014, 568).

标志。穷人在社区中的日常生活和之前的违法行为让他们既不信任司法制度,也不信任律师。⑥⑨他们放弃律师辩护的举动会导致自己在法庭上处于弱势地位,还会产生不利影响。尽管有时候轻微的抗拒会迫使律师更为关注被告人的诉求甚至提升律师对胜诉的信心,但一般而言,被告人的放弃举动会给自己带来负面影响。当本已居于不利地位的被告人抗争或者放弃时,法官或律师都会以无视、沉默或胁迫来应对。放弃是相互的:如果被告人放弃了律师,律师通常也会放弃代理案件。

然而,优势群体被告人与律师的互动方式截然不同。与抵制关系相比,像阿诺德与布雷特律师这样的关系在所有种族的中产阶级和白人工人阶级中更常见。阿诺德与布雷特律师的关系更符合委托的特征,多次的会见沟通拉近了他们彼此的距离,增进了彼此的信任,也朝着使阿诺德无罪或受到降低处罚的共同目标不断努力。如果说放弃意味着不信任和抵抗,那委托则需要在互动中共同建立信任、达成共识。优势群体的被告人在此之前没有亲身经历过刑事诉讼,他们所在的社区和阶层让他们受到的种族歧视相对较小,因此他们更有可能接受律师的专业知识,在秘密会见时接受律师的建议,在公开庭审中听从法官和其他官员的意见。被告人与律师的最终目的往往一致,那就是避免严厉的判决。除此之外,他们很少有其他诉求,因为他们不会像弱势群体一样从警察的偏见和其他不公正对待中寻求补偿。一些像阿诺德一样的优势群体被告人可能会感觉到警察的种族偏见或者不公平,但他们往往不会认为这是系统性歧视,也不会联想到司法制度本身缺乏公信力。即便他们确实认为司法制度从整体上存在腐败或不公,但他们只是偶然经历诉讼程序,因此并没有体会到例行公事般的敷衍或压迫。

社会学中的关系理论为律师和被告人关系中不平等现象的表现形式和成因提供了理论视角。对于研究关系理论的学者来说,存在于生活中的各种社会关系本

---

⑥⑨ 笔者用"不信任"一词来指代被告人之前与司法官员在生活中的负面经历。笔者用"不信任"这个词来说明被告人对他们目前正在合作的律师的不确定。不信任意味着缺乏信任,但它们略有不同。不信任表明,人们缺乏信任有明确和可识别的原因,而且这些原因往往是系统性的,与他们的生活和社区中的经历有关(参见 Hardin 2002,它将这种类型的不信任称为"经过充分学习的不信任")。另一方面,笔者在这里使用的不信任意味着对一个人或一个缺乏信任的明确证据的情况的普遍不确定性。不信任更容易从一种情况改变到另一种情况,但仍具有深远的影响。对某个人或某个情况的不信任可能源于对过去有过不值得信任的经历的类似类型的人和情况的不信任。关于这些问题,参见 Lenard(2008)。

身就构成了不平等。社会学家查尔斯·蒂利在著作《持久的不平等》中认为,物质和象征性商品(如财富、教育、尊重和顺从)之间的差异通常是绝对的。[70]不同的社会群体——男人和女人、白人和黑人,中产阶级和穷人——通常是根据他们获得资源的机会不同来定义的。当白人被当做优势群体或更容易获得物质资源的标志时,才会与黑人或其他种族有显著区分。[71]同样,只有把工人阶层与中产阶层或其他阶层相比较才有意义。社会学家皮埃尔·布迪厄的著名理论是,中上阶层的文化风格和品位(例如对歌剧或美术的品位)之所以得到追捧,正是因为这是优势群体的标签,也是一种可以积累资源、物质和象征的主导文化资本。[72]拥有这种标签就意味着你在上层,而缺乏这种标签则标志着你在底层。因此,笔者认为,在思考被告人之间的不平等现象时,律师与被告人关系中的委托、信任以及对诉讼程序缺乏经验是优势群体被告人的特征;律师与被告人关系的抵制、不信任以及由此掌握的法律知识和技能则构成了弱势群体被告人的特征。

反过来,不平等的关系又会使不平等继续扩大。处于弱势地位的被告人最终孤立无援,而优势群体的被告人则与律师紧密合作,这会给他们带来不同的判决结果。一段时间以来,研究关系理论和文化的社会学家一直对"人和人之间的关系如何扩大不平等"很感兴趣。[73]研究关系理论的学者坚称,社会学家在探求组织和机构中不平等现象的原因时,应该从静态变量研究转向动态关系研究,比如在研究师生不平等现象时,不能孤立地研究学生或教师,而要研究师生之间的互动关系。正如社会学家唐纳德·托马斯克维奇-德维所说的:"不平等……不在于人、种族或者性别的差异,而在于人际关系、地位、阶级之间的差异……正是人和地位的关系才产生了个人和工作中的权力、身份和自我。"[74]社会学家穆斯塔法·埃米尔巴耶也曾说:"在不预设属性的前提下,对人际的交流本身进行研究才能最有效地解释平等和不平等现象。"[75]不过,文化社会学家在探寻不平等的基础时,大多仍然止步于

---

[70]　Tilly(1998).

[71]　See Seamster and Ray(2018，25).

[72]　Bourdieu(1984). See also Lamont and Lareau(1988)；Sewell(1992).

[73]　See Desmond(2014)；Emirbayer(1997)；Lamont，Beljean，and Clair(2014)；Ridgeway(2014)；Tilly(1998)；Vallas and Cummins(2014)；Schwalbe et al.(2000).

[74]　Tomaskovic-Devey(2014，52).

[75]　Emirbayer(1997，293).

孤立地研究群体,而不去尝试研究群体之间的关系。从某种程度上说,对访谈数据的使用导向限制了学者对群体关系的研究。即使从静态范畴来研究群体,最终文化社会学家也只是从文化冲突的角度研究群体不平等现象的成因。[76]

关系社会学和文化社会学理论都阐明了群体之间的不平等关系是如何在工作场所和学校等主流机构内产生的。虽然这些组织的规则和做法往往显得标准化和中立化,但象征性的权力失衡往往会导致实质性的不平等。现有研究表明,机构监管者和组织政策重视优势群体的社会、文化和经济资源,贬低或减少弱势群体的资源。他们根据这一偏好分配资源的做法只会加剧两者的不平等。例如,社会学家安妮特·拉罗在研究文化知识和技能对教学机构的作用上很有影响力。[77]她的研究成果表明,小学教师对家庭作业、荣誉等级的设置和家长互动的规则和期望,会从整体上导致出身于工薪阶层和贫困阶层的父母及孩子处于不利地位。[78]当孩子做功课有困难时,中产阶级的父母会代表孩子询问教师,寻求帮助;工薪阶层和贫困阶层的父母却往往听从教师的专业知识,与学校保持距离。这两个群体都重视教育、望子成龙,但安妮特认为学校贬低了工薪阶层和贫困父母的知识、方法和资源。

许多研究都沿袭了这一传统,学者们考察了中学、大学、工作单位甚至医疗机构中的类似权力动态,不过部分研究不仅缺乏规范,而且范围狭窄。学者们已经揭示了文化资源(例如文化对象的知识、学历或组织程序)和文化风格(例如技能、习惯、性格或说话方式)在这些机构中发挥的作用。[79]虽然这类研究成果很多,但核心观点可以概括为:中产阶级倾向于表达个人立场,凸显个人地位,行为吹毛求疵,工人阶级和穷人则会顺从行事。[80]这些差异会对人们的发展轨迹产生影响。研究表明,中产阶级的上述举动往往能让其获得更宝贵的资源倾斜,比如获得更好的医疗

---

[76] 例如,拉劳(Lareau 2011)谈到了中产阶级与工人阶级/贫穷的育儿逻辑;杰克(Jack 2019)谈到了"双重弱势"与"特权穷人"的文化和社会属性;拉蒙特(Lamont 1992, 2000)谈到了中上阶层与工薪阶层男性对自己阶层群体的自我定义,以及他们与其他群体之间的界限。这些学者都认为,群体的文化属性很重要,因为它们被政府强力机关看重或贬低;然而,分析的单位是社会群体,而不是社会互动。关于这一点,参见 Vallas 和 Cummins(2014, 237)。

[77] Lareau(2015).

[78] Lareau(2011).

[79] Calarco(2018); Carter(2003); Jack(2019); Lareau(2015); Rivera(2016); Shim(2010).

[80] Stephens, Markus, and Phillips(2014); Calarco(2014); Gage-Bouchard(2017); Lareau(2011, 2015); Streib(2011); Lamont(1992, 2000).

保健和更好的教育资源。因此,优势群体不仅依靠金钱或社会关系来聚集资源和保持优势,而且还依赖于机构负责人(如医生、雇主和教师)看重的互动方式,迫使这些负责人提供比他人更多的资源。[31]社会学家凯瑟琳·杨和凯蒂·R.比林斯最近呼吁进行"布尔迪厄式的法律意识建设",研究"(法律领域中)处于不同权力地位的个人如何理解法律并与之互动"。[32]在刑事法律制度的研究中,这样的分析需要使用文化概念(如文化资本、资源和风格)以及关系认识论(如关系人类学),本书即从关系理论和文化社会学的视角对刑事法庭展开研究。

本书从诸多方面吸收了文化社会学的核心观点,并从两个方面论述具有创新性的观点。其一,本书认为,通常所知的优势群体的行事风格并不能套用于所有场合。我们很容易将对学校和工作单位等主流领域的阶层文化的理解套用于法庭。我们会机械地认为如果被告人对律师专业知识持怀疑态度,对律师和法院提出要求就会获得其满足;反之,尊重律师的专业水平和法院权威的人会受到更为严厉的制裁。但真实情况恰恰相反,被告人如果放弃辩护、执意抵抗和强调自我就会受到惩罚,而将案件委托给律师、尊重法庭规则则会获得宽宥。前者是弱势群体在法庭上的表现,后者则是优势群体在法庭上的表现。之所以会出现这种差异,主要是因为惩罚性机构和其他社会主流机构相比有着不同的规则、预期和制度约束。学校和工作单位可能更看重主动性、思想性和创造力,但法院看重的是遵守规则,保持沉默和认罪悔罪。其他类似于法院的机构,如福利机构和戒酒之家,不仅可能以同样的方式运作,而且会越来越多地与法院交织在一起。在社会学家詹妮弗·赖克对参与儿童保护服务的父母的研究中,记录了这样一个案例:一位坐享各种资源的中产阶级黑人母亲被剥夺了对孩子的监护权,因为她对处理孩子案件的警察、医生和工作者没有表现出尊重。[33]随着惩罚性逻辑和刑事化工具在美国社会和人口中

---

[31] Lareau(2015)。另见 Calarco(2018),它显示了中产阶级儿童在学校中如何具有"协商优势",他们对教师注意力的需求导致资源获取,不是因为教师认为他们的文化风格合适,更多的是因为教师不堪重负,不想冒险与自信的中产阶级父母沟通他们的孩子的需求得不到满足的事情。

[32] Young and Billings(2020,36).

[33] Reich(2005)。其他研究也揭示了当人们与惩罚性机构打交道时,服从的重要性。例如,哈里斯(Harris 2009)展示了法官和其他司法官员在青少年缓刑听证会上如何要求少年犯尊重法庭。笔者对律师与被告人关系中的授权和尊重的发现可能更加突出,因为律师是为保护被告人的权利而由法院指派的,而儿童保护服务机构的案件工作者和青少年听证会上的缓刑官员更类似于刑事诉讼中的调查人员,如警察或检察官。

的继续扩展和变化,研究特权如何在这些场合下发挥作用越来越有必要。

其二,本书展示了以群体或个体为研究对象转向以人际关系及互动为研究对象所体现的意义。[⑧④]如前所述,文化社会学的研究多以个体和群体作为分析对象,但对人际关系的研究能更好地解释为什么人们的行为并不会始终如一。例如,阿诺德就在同一案件中经历了从有意回避律师到主动委托律师的行为转变。虽然阿诺德和布雷特律师之间就是委托关系的典型样板,但是几个月前,法院其实为他指派过一位公设辩护律师,他们之间的关系就是以抵制为特征的。他并不信任这位公设辩护律师,认为只有自己努力学习法律知识才行。最终,在家人和篮球经纪人的帮助下,他才有钱聘请布雷特律师。他的经历表明,一个人的行为并不植根于个体或群体的固有特征中,而是植根于是否能获得在某种关系中能起到重要作用的资源,如金钱或社会关系。这种机会随情景和关系的不同而有所差异。通过分析阿诺德与他人(法庭替他指派的公设辩护律师和他聘请的私人律师)的关系,我可以更清晰地看到阿诺德在面对不同的律师时如何产生不同的态度,在特定的时间和情况下,他显然受到了自身财力的影响。如果我仅关注阿诺德本人的固有文化或观念,那就不会发现这一变化。因此,对人际关系中的文化因素的关注也揭示了阶层和种族不平等的许多特征可能植根于情景的优势或劣势,而不是个体持久顽固的性格。[⑧⑤]

第三节 研究方法

本书的研究内容基于笔者在 2015 年秋季至 2019 年冬季于马萨诸塞州波士顿地区收集整理的访谈资料以及人类学调研。我需简要概述这项研究的设计思路和波士顿法院系统的相关背景。有意者可在本书的附录中查询有关研究网站、采访

---

⑧④　Clair(2018,45—55).

⑧⑤　布尔迪厄认识到一个人的习性是如何在一个人的一生中积累起来的。与此同时,布迪厄强调童年社会化在很大程度上是决定性的和持久的([1980]1990)。大多数关于阶层习性的研究集中在儿童时期的阶层倾向如何持久存在,并在成年后对其产生深远的影响。例如,参见 Streib(2015)。值得注意的例外,参见 Jack(2019),其中记录了来自类似弱势童年的青少年如何在高中环境不同的情况下积累不同形式的有形文化资本。

调研、法庭旁听和数据分析的更多内容。由于本人是一名没有犯罪记录的中产阶级黑人,因此笔者反思了自己的社会地位对这项研究可能带来的影响,一并收入附录。笔者的身份以及前言中目睹表兄受审的经历,不仅推动了这项研究,而且可能影响了我与被告人和律师之间的互动。除此之外,研究者和研究对象之间的关系有着自身的动态性和不确定性,笔者与研究对象的短暂接触也会对他们产生影响。

为了研究律师和被告人之间的关系,笔者采访并观察了波士顿地区的被告人和司法官员。采访被告人时,笔者一般会选在咖啡馆、街角和餐厅,这些地方能让他们放松自然地分享自己的法庭经历。笔者采访司法官员时一般会选择在法院走廊、办公室或者警车里。这项研究中的 63 位被告人是笔者有意筛选的,他们属于不同的种族和阶级[86],且在波士顿或剑桥[87]*至少亲身经历过一次刑事诉讼。[88]这些被告人涉嫌的罪名以毒品犯罪或涉酒犯罪为主[89],很多人曾在其他城市甚至州外有过犯罪前科。[90]几乎所有被告人、律师、法官和其他官员的姓名都是化名,只有极少数情况下才会应采访对象的要求使用其真名。

波士顿和剑桥地区一共有 11 所法院,其中 9 所是市级地区法院(包括 8 所波士顿市政法院),这些地区法院管辖可能被判处两年六个月以下监禁刑的轻罪案件

---

③❶　参见附录表 1 至表 3。

④　本书中的被告人面临一系列指控——从低级轻罪,如扰乱治安行为,到重罪,如分销可卡因和重罪谋杀。轻罪被定义为不会被判处州监狱期的指控(但可能被判处最高 2.5 年的县监狱刑期)。这些案件通常由地区法院处理。重罪是可能被判在州监狱服刑的指控。更严重的重罪通常由大陪审团起诉,并由全县高级法院裁决,不过也有一些重罪是在地区法院裁决的。笔者的分析重点是律师和被告人之间的沟通过程,这在指控和法院之间很常见。在地区法院或高级法院,被告人必须在聆讯、保释、预审听证、认罪听证和审判中作出决定。

　*　紧邻波士顿的城市,哈佛大学与麻省理工学院所在地。——译者注

⑤　参见附录表 8。

⑥　一些受访者亲身体验并向笔者讲述了其他州的法庭案件。笔者仔细地考虑州一级的差异可能怎样影响他们与律师互动的体验。每个受访者在波士顿地区都经历过至少一起法庭案件。其中一名被告人迪亚戈最初在另一个州经历了唯一的刑事指控,但在波士顿地区完成了法院规定的缓刑要求。此外,其遭到刑事指控后的大部分经历都是在波士顿地区生活期间发生的。

⑦　九个地区法院(其中八个也统称为波士顿市政法院[BMC])和两个上级法院在波士顿和剑桥两个城市拥有管辖权。地区法院是 BMC-Central(市中心)、BMC-Brightton(布莱顿)、BMC-Charlestown(查尔斯顿)、BMC-Dorchester(多尔切斯特)、BMC-East Boston(东波士顿)、BMC-Roxbury(罗克斯伯里)、BMC-South Boston(南波士顿)、BMC-West Roxbury(西罗克斯伯里)和 Cambridge District Court 剑桥地区法院。高级法院是萨福克县高级法院(管辖权是波士顿)和米德尔塞克斯县高级法院(管辖权包括剑桥和米德尔塞克斯县的许多其他城市)。

和低级重罪案件;另外 2 所法院是县级高等法院,主要管辖可能被判处更长监禁刑的严重犯罪案件。笔者调研了以上所有法院,不过大部分时间都花在波士顿的三个地区法院及萨福克县的高等法院。[91]

从 2015 年秋季到 2017 年夏季,笔者在这些法院度过了 100 多个小时,也对被告人进行了数十次深入访谈。2018 年秋季,笔者作为一名无薪实习生在一个公设辩护律师办公室实习了一个月。在这一个月中,笔者每周花 30 个小时近距离观察三位公设辩护人的日常工作,他们分别是赛琳娜律师(拉丁裔女性)、西比尔律师(黑人女性)和汤姆律师(白人男性)。笔者在这一个月里也访谈了几名被告人。

波士顿法院之间的一些差异可能会影响被告人的判决结果,虽然这些差异与律师和被告人之间关系的基本特征无关。其中一项差异是起诉率,所谓起诉率是针对与犯罪有关的指控和事实所判处的一般刑罚而言的。比如,在波士顿地区的大多数法院,符合附条件不起诉的初犯通常会被判处附条件缓刑,[92]即如果被告人成功渡过了缓刑期,就会获得无罪判决。虽然许多醉驾案件的初犯常被处以缓刑,但其附带着典型的缓刑条件,比如参加戒毒课程、支付诉讼费、尿检等,这些条件因法院和法官而异。[93]地区检察官办公室的政策对起诉率有着重要的决定作用。萨福克县地区检察官有权在波士顿法院提起刑事诉讼,而米德尔塞克斯县地区检察

---

[91] 为保障公设辩护律师办公室的保密性,笔者不会透露这三个地区法院的名称。在其中两个法院,笔者以实习生身份与公设辩护律师共事;在其中一个法院,笔者的身份为研究员。

[92] 在马萨诸塞州,附条件缓刑(CWOF)是一种认罪协议,如果被告人在强制预审期间遵守法院的条件(例如,不受到逮捕),则会导致无罪(驳回起诉)的裁决。有时,在此期间,CWOF 涉及审前行政缓刑。从技术上讲,CWOF 是被告人对有罪的承认,或对"足够的事实"的承认,但如果遵守预审条件,就会导致案件被驳回。如果不遵守条件,法官可以撤销附条件缓刑,认定被告人有罪,并判处典型的判决。这类似于科勒-豪斯曼教授(I. Kohler Hausmann 2018)在纽约市法院所描述的休庭以考虑撤回起诉(ACD),尽管 ACD 不要求认罪(另见 Worden,McLean,and Kennedy 2012)。

[93] 这是法院民族志文献中公认的观点,在很大程度上是受艾森斯坦和雅各布(Eisenstein and Jacob 1977)关于"法庭工作组"概念影响的结果。他们认为,被告人结果的差异最好的解释是法庭工作组的差异(在同一法庭工作的官员之间的互动),而不是被告人特征的差异。因此,将法庭和法院相互比较是很重要的。但是,与寻求探究法院系统、法院甚至同一法院内的法庭之间的差异的比较民族志不同(例如,Eisenstein,Flemming 和 Nardulli 1988;Eisenstein 和 Jacob 1977;Lynch 2016;Ulmer 1997),笔者的研究问题涉及类似法院系统背景下的法院处理的不同经验,以及具有不同资源水平的被告人之间的差异。

官有权在剑桥法院提起刑事诉讼,每个检察官办公室及其直属检察官或助理检察官会在保释和辩诉交易期间与辩护律师谈判。㉞正如许多学者所说,这些谈判在一定程度上促成了被告人的最终判决。笔者在本书中描述了律师与被告人关系对检察官和律师谈判的影响。

波士顿地区为研究律师和被告人关系中的不平等现象提供了有价值的分析场景。波士顿地区在种族和社会经济方面具有多元化和不平等的特征,在刑事程序中更是如此,从逮捕、起诉、判刑到监禁,少数族裔都遭到了超过必要限度的对待。㉟波士顿地区的非裔和西班牙裔居民在地区法院和高级法院中的涉案人数比例远远超出了他们所占的城市总人口比例。㊱这些不平等源于波士顿及其刑事司法机构肮脏的种族主义历史。从20世纪80年代开始,波士顿警察局就和全国各地警方一样在以黑人为主的社区开展"破窗治安"活动,其做法包括对触犯轻罪的人、在公众场合喝酒或游荡的人施以逮捕以及对可能发生严重犯罪的社区和个人进行监视。㊲这些做法使罗克斯伯里、多尔切斯特和马塔潘这类工人阶层的贫困社

㉞　在研究期间,米德尔塞克斯检察官办公室在保释金金额、指控减少的可能性以及量刑建议的长度和类型(监禁与否)方面似乎比萨福克检察官办公室更具惩罚性。笔者通过对检察官、法官和辩护律师的采访以及自己的观察得出了这种理解。笔者没有行政数据来比较不同法院之间的差异。未来的研究可能会试图证实这一观察和来自法院官员的信息是否准确。然而,为了这项研究的目的,当比较笔者的样本中在不同法院面临类似指控的人时,笔者谨慎地考虑了当地检察官办公室的潜在影响。但检察政策是多种多样的,而且随着时间的推移而变化;例如,就在笔者离开该领域时,米德尔塞克斯检察官宣布,助理检察官将不再在低级别案件中请求保释(Cramer 2018)。

㉟　根据马萨诸塞州缓刑服务局提供给笔者的2012年聆讯案件数据(见 Clair 2018,63),在波士顿地区法院和各种指控类型的聆讯中,白人往往较少。另外,黑人和拉美裔美国人的比例往往过高。然而,这种模式并不适用于某些指控,例如醉驾指控,在这些指控中,白人和黑人往往数量过高,而西班牙裔数量不足。但是,如果我们将高级法院的聆讯作为案件严重性的指标,黑人和拉美裔更有可能因更严重的罪行而被聆讯。这可能在一定程度上造成了制度末端的不平等,在那里,黑人和拉美裔美国人被定罪和监禁的比例高得离谱。

㊱　2012年,少数族裔占成年人口的22%,但在因犯罪而被定罪的成年人中占33%,在因犯罪而被判刑的成年人中占38%。在州一级的监禁率方面,与其他州相比,马萨诸塞州的黑人—白人和拉美裔—白人的差距高于平均水平;2015年,该州黑人的监禁率几乎是白人的8倍,拉美裔的监禁率几乎是白人的5倍。Statistics retrieved from the Massachusetts Sentencing Commission, "Selected Race Statistics," Mass.gov, September 27, 2016, https://www.mass.gov/files/documents/2016/09/tu/selected-race-statistics.pdf.

㊲　20世纪80年代,波士顿警察局启动了一项"一见即查"政策,以使警察搜查任何"据称与波士顿以黑人为主的罗克斯伯里社区的'帮派'有关联的人"正当化(American Civil Liberties Union 2014,3)。尽管这项政策在20世纪90年代就结束了,但波士顿警察局效仿纽约等城市采取了拦截搜身的做法。

区居民更有可能被警察拦截搜查，前文中的德鲁就是其中一例。近期研究发现，这些警察的拦截行为属于种族主义的非法行径。[38]马萨诸塞州黑人和白人在犯罪（以被逮捕为参照）后被判处监禁的比例也存在差异，刑事审判程序中的种族歧视是导致这一现象的原因之一。[39]

波士顿的司法现状值得深入研究，因为尽管这里存在不平等，但其司法系统可以说是全美较为宽松的地区之一。在大规模犯罪化的时代，马萨诸塞州的整体监禁率相比其他州而言一直较低。此外，其他数据也表明，波士顿法院对被告人的惩罚力度也比其他地区要低。众所周知，政府为贫困阶层提供辩护的条件较为灵活，法院会以相对宽松的标准来衡量被告人是否有资格由法院指定免费的辩护律师[100]，不仅如此，被告人聘请律师的权利早在警方讯问时就已经获得保障，即便是缓刑听证程序也同样适用，这在许多州是不存在的。负责为贫困阶层提供辩护的公设辩护人服务委员会财力充裕[101]，该委员会负责培训律师和公设辩护人，使之成为全国最受尊敬的公设辩护人之一。读者应该明白，本书提供的案例是全美最理

⑱　费根等人的分析(Fagan et al. 2015)。对 2007 年至 2010 年的警民接触样本进行的调查发现，其中超过 63％ 的接触是波士顿的黑人居民，远远高于他们在该市人口中所占的比例。此外，报告发现，当被拦截时，黑人和拉美裔被指控的罪犯比处境相似的白人更有可能受到搜身或搜查，也更有可能反复成为警察遭遇的目标。类似的种族/族裔差异也存在于马萨诸塞州的其他警察部门(Farrell et al. 2004)。

⑲　克拉奇菲尔德等人(Crutchfield, Bridges, and Pitchford 1994) 的一项研究表明，在马萨诸塞州黑人和白人的监禁差异中，只有 30％—40％ 的差异可以用逮捕差异来解释(175, 178)。根据布卢姆斯坦(Blumstein 1982)衡量种族不相称性的方法，这些发现表明，在 20 世纪 80 年代，相当大比例的监禁差距(60％—70％)可能是由于法院审理过程中的某种形式的无端歧视。

⑳　更多细节见第二章。被认定为贫穷的被告人通常向法院支付 150 美元的费用，以聘请法院指定的律师。但如果一些被告人被认定为无法负担 150 美元的费用，他们在聆讯时就会被免除费用。对于许多其他有工作或其他经济来源但无力聘请私人聘请的律师的人(例如，那些被认为"略微贫穷"的人)，150 美元的费用必须在裁决时支付。在这个时候，如果律师辩称他们的委托人负担不起费用或愿意做社区服务，法官可以免除或降低费用。如果认定被告人的供款能力更高，法官也可以要求被告人支付超过 150 美元的费用。

㉑　在波士顿，几个公设辩护师办公室为地区和上级法院提供服务，包括移民影响办公室和青年倡导办公室。总体而言，马萨诸塞州用于贫困阶层法律援助的人均支出高于其他州的平均支出(Strong 2016; see also Worden, Davies, and Brown 2010)。此外，该制度的运作鼓励辩护律师从事以被告人为中心的辩护，即明确培训公设辩护律师，并提供资源帮助其与被告人建立信任关系，听取被告人意见，并意识到各种刑事判决的民事附带后果。2016 年秋天，笔者参加了几次公设辩护律师举办的新律师培训，还审查了提供给参加 2016 年和 2018 年培训的公设辩护律师的材料。

想的法院中出现的不平等现象。[102]因此,如果说波士顿法院在如此优越的环境下仍然会在实践中出现问题,那么美国其他地区的司法现状可能会更加糟糕。就目前的新闻报道看,路易斯安那州新奥尔良市和密苏里州弗格森地区等地的法院系统的状况较之波士顿甚至有过之而无不及。在律师负担相对较重、法院不鼓励被告人利用他们的业余法律知识维护权利的制度下,被告人抵制律师的情形可能会更加普遍,进而导致更糟糕的后果。

第四节　本书概要

本书讲述了来自各行各业的普通人与律师一起在刑事法庭上的经历。

第一章描述了被告人最终走上法庭的不同成因。出身于优势群体和弱势群体的被告人在青春期都有过被学校、家庭、邻里、同龄人或社会上其他成员疏远的经历。在此期间,他们开始染上毒瘾,实施犯罪。对于同类犯罪行为的犯罪原因而言,来自优势群体的被告人更有可能被描述成"觉得好玩"或"转移注意力",但来自弱势群体的被告人则可能是种族或经济因素。无论如何,他们都在某天被警察抓获。优势群体的被告人经常说他们能在社区资源、阶层地位或种族身份的保障下,

---

⑩　在整本书中,笔者有时会将普通辩护律师和公设辩护律师进行对比。但这两类律师为同样的贫困被告人群体提供服务,被告人很少了解他们之间的区别。当提到公设辩护律师和普通辩护律师时,我将他们统称为法院指定的辩护律师。公设辩护律师处理该州约 25％ 的贫困案件(Gurley 2014)。2013 年,马萨诸塞州公设辩护律师的年案件量中位数为 165 起(Cruz, Borakove, and Wickman 2014)。这一工作量比其他州的工作量要低得多。此外,该州的公设辩护律师可以在他们的办公室接触调查人员和社会工作者。此外,公设辩护律师是受薪的,这为他们在客户之间分配时间提供了相当大的灵活性。与公设辩护律师相比,普通辩护律师处理了该州约 75％ 的贫困案件。普通辩护律师由公设辩护律师委员会的行政人员管理,从技术上讲,他们可以访问大量与公设辩护律师相同的资源。目前还不清楚他们在多大程度上实际使用了这些资源。普通辩护律师根据他们工作的小时数获得国家报酬,而非按照法律援助人数获得报酬。与其他州的支付方案不同,这种支付方案不鼓励快速办案(参见 Eisenstein and Jacob 1977)。与此同时,如果普通辩护律师代理私人辩护业务时,他们可能会花更多的时间在这些被告人身上。私人律师(例如普通辩护律师)与公设辩护人在代理贫困被告人方面的效果一直存在争议。安德森和希顿(Anderson and Heaton 2012)在费城对私人律师和公设辩护律师进行的比较研究发现,与代表相同群体的贫困被告人的私人律师相比,公设辩护律师为被控谋杀的贫困被告人提供的案件结果要好得多(See also T.H. Cohen 2014)。但与笔者交谈过的普通辩护律师告诉笔者,因为他们会受到公设辩护律师委员会的审计,他们会谨慎地适当地开具账单,并定期与他们的主管讨论适当的工作量和花在被告人身上的时间。

与警方谈判后避免冲突甚至免予处罚,弱势群体的被告人受到的待遇势必与他们不同。二者受到的待遇差异对律师与被告人的关系起着重要作用,弱势群体被告人生活在一个反复遭受惩罚性对待的社区里,与权力机关缺乏社会联系,更没有足够的财力聘请私人律师,因此他们也难以信赖司法制度和辩护律师。

第二章论述了弱势群体被告人在与律师相处的过程中普遍存在的抵制现象。对于德鲁这类被告人而言,对律师的不信任导致他们经常以退缩作为抵制的方式。他们抵制律师的专业知识,转而自学法律知识和技能。本书叙述了被告人如何在监狱和社区以及通过观察法庭审判来掌握法律知识。他们经常私下讨论律师给予的意见,有时甚至在法庭上也会如此。他们会因为自己的诉求被司法机关漠视而感到不满沮丧。有时候,被告人的专业知识反而限制了他的选择,使得选择看似严厉的法律惩罚(如监禁刑)比看似宽松的惩罚(如缓刑)更可取。对于另一些弱势群体被告人而言,抵制的方式有所不同,他们会表现出听天由命般的自我放弃。这些被告人似乎不太关心自己的选择,经常不出席审前会议,甚至在开庭时都不到场。被告人对律师的不信任心理是原因之一,但其实诸如贫困、警察管控、吸毒和精神疾病这些审判之外的因素所起的作用更明显。

第三章阐释了优势群体被告人与律师的信任和委托关系。对于优势群体被告人而言,他们相对缺乏诉讼经验,不过他们能更多地接触到权力机关,也有财力聘请辩护律师,这些因素都让他们对律师的信任感大大增强。优势群体被告人自知缺乏法律知识,会主动寻求律师帮助,讨论辩护目的和辩护策略,并听从律师的专业意见。这种对律师的尊重不仅体现在私下场合,还体现在法庭上。优势群体被告人出席庭审时会保持沉默,尊重律师和其他司法官员。他们很少会为自己在法庭上所受的待遇感到不满,因为他们认为自己已经获得了基本尊重。尽管如此,他们也对不确定的审判结果感到恐惧和担心,这种心理和弱势群体被告人是一样的。

第四章探讨了辩护律师如何处理自己与被告人之间的关系。辩护律师的行为受到了多重制约,既要考虑法官和检察官遵循的规范,又要顾忌他们对案件的期望,还要受到司法权力的限制。律师在处理自己与被告人的关系时也暗含着种族和阶级的歧视,只不过这些因素比较隐蔽。辩护律师不仅要应对自己的委托人(被告人),还要处理好与其他司法官员的关系。尽管大多数辩护律师热衷于为受到不公正对待的被告人辩护,但他们所理解的有效辩护一般是指减轻被告人的刑罚而非追求正义本身。出于不同的原因,律师和法官都会忽视、压制或强迫那些有抵制举动的被告人。与此同时,法官会奖励与律师合作的被告人,他们会给被告人改过自新的机会或者其他选择。由于被告人对待律师的态度有着明显的种族和阶级差异,所以法官在惩罚或奖励被告人时表现出的种族歧视和阶层歧视也就是合法且理所当然的了。

本书的结语部分研究了种族和阶层的不公正是如何嵌入美国刑事司法制度中的,其对关注这一问题的学者、政策制定者、律师和普通人尤为重要。本书认为,有效辩护并不一定代表着正义。辩护律师出席法庭审判并积极辩护并非正义的必然表现,更非实现公正的必要手段。就当前刑事司法制度处理社会问题(如吸毒问题)和社会危害(如故意伤害犯罪和故意杀人犯罪)的方式来看,来自各个阶层的被告人、受害人以及整个社会都很少能从中寻求正义。本书认为应对律师和被告人的关系进行可行性变革,确保被告人能获得相对更好的判决结果。本书还提出了从根本上改变律师和被告人关系,改变司法文化和法院地位的设想。这就要求我们不仅要改变刑事诉讼程序中的种族和阶层的不公正,也要致力于改变社会中的种族歧视和阶层差异。

第一章 "殊途同归"

　　我和蒂姆约在剑桥一家食品店见面访谈。我们找了个桌子坐下,他小心翼翼地把一个破旧的手提箱靠在椅边,又摞上一个塞得满满当当的邮差包,这是他的全部家当。他静静地填写我制作的调查问卷,我则趁这时候仔细端详他的脸。他是一位四十出头的黑人,有着小小的下巴和满是皱纹的额头,长着一张娃娃脸,但满脸透露着疲惫。这几周他一直住在不怎么舒适的收容所里,尽量独来独往,因此才会随身带着自己的家当。我们的访谈一开始,他就谈起在收容所的不快:"我不喜欢和一大群人待在一起,因为他们每个人都有自己的故事要讲,有时候我真的不想听这些人在我边上讲自己的闹剧。"不过,蒂姆自己曾经八次被捕,多次就是因为在街上与别人发生了他所谓的"闹剧"。

　　蒂姆的生活一直飘忽不定,困难重重,这些阻碍似乎让他无可回避地踏进犯罪的牢笼。20 世纪 80 年代,蒂姆在波士顿罗克斯伯里的公租房中长大,这是一个黑人聚居的地方。母亲缺席了他的童年,他是在姑姑的抚养下,和几位表兄弟一起长大的。他们住在狭窄拥挤的公寓里,经济拮据,仅够得上温饱。八十年代的罗克斯伯里是一个毒品交易猖獗的地方,他从小就对此耳濡目染。他说,在社区和学校里,"每个人都在贩卖毒品"。警察经常会出现,他们的目标往往是牵涉毒品交易的孩子们。蒂姆还记得,警察总是以一句"伙计"开场,拦住身边的每一个行人。警察的骚扰行径无处不在,蒂姆在 13 岁生日时第一次被拦截搜查,那天他正和一群黑人男孩在波士顿市中心购物,他回忆道:"我们当时感到不寒而栗,因为我们暑假打工刚赚了点钱,就遭到了(警察)搜身。"

十几岁时，蒂姆就和朋友们开始喝酒抽大麻。高中毕业以后，他离开姑姑家，搬到了佐治亚州的亚特兰大。他本想找份工作，开始新的生活，但没几个月又开始以贩卖可卡因为生。他居无定所，只能效仿其他人在机场过夜，刚满十九岁就因非法入侵而被捕入狱。当他出狱时，所有的家当都不见了。由于没有亲人和朋友的帮扶，他又开始贩卖毒品，几年后，他因非法持有毒品罪被捕，在审判前被关押了18个月之久。他回忆起佐治亚州的县监狱时说"那就是个大动物园"。服刑期满以后，他回到了波士顿，在这十年间，他又多次被捕入狱。他的前半生就这样在逃避刑罚和忍受刑罚中度过。

无论是在学者、记者和社会活动家，还是在普通人眼中，蒂姆都是美国刑事被告人的典型代表。他经历了艰难贫穷且无依无靠的童年生活，长大以后又开始吸毒贩毒，警察的步步紧逼让他一次又一次犯罪，这些特征是堕落到犯罪深渊的人的共性。但是，对蒂姆这类人的描绘并不能完整地说明我们刑事法律制度的影响范围。事实上，学术界和媒体对弱势群体的刻画往往掩盖了刑事法律制度中真正的不平等现象。要充分理解其中的不平等，我们必须将蒂姆这类人的经历与优势群体的人的经历加以对比。

30岁出头的瑞安家住波士顿郊区，他是一位在中产阶层家庭中长大的白人小伙子。在某个夏天的清早，我们依约在波士顿一个餐厅见面。那天他穿着卡其色的短裤和一件平整的马球衫，先与我亲切地握了握手后才坐下。与蒂姆不同，他在富裕家庭中长大[18]，父母都接受过大学教育，他的父亲是一位人寿保险经理，母亲则是一位律师助理，但他们从未想过儿子会因为犯罪被送上法庭。到目前为止，瑞安已经被捕三次了，其中两次是因为酒后驾车，一次是入店盗窃，这都源于他酗酒和吸毒的恶习。

尽管瑞安出生自中产阶级家庭，但他在青春期萌芽就沾染上了毒品。瑞安自小就读于市郊公立中小学，坐享贫困家庭想都不敢想的优质教育资源，但他在学业上资质平平，与老师的关系也非常一般，好在他热爱运动，参加了足球队、高尔夫球

---

[18] 在他们青春期的大部分时间（13岁到19岁之间），37％（52名被告人中的19名）出身于中产家庭，48％（52名被告人中的25名）出身于工薪家庭，15％（52名被告人中的8名）出身于贫困家庭甚至无家可归。

队和篮球队。高中时期,瑞安有了学业压力,也染上了毒品,他在十几岁时就开始酗酒、吸食大麻,还服用苯二氮卓类的抗焦虑药物*。他的父母并不知道孩子吸毒,但对他未成年饮酒之事心知肚明,他们甚至认为喝点酒只是青少年的娱乐活动,并没有什么坏处,更无所谓是否违法。更严重的是,他的父母自己也酗酒,瑞安说:"他们没有意识到我之所以酗酒可能是遗传或其他原因。"有一次,瑞安和朋友被一位警察拦下,车里有"四瓶已经开盖的啤酒,都快到嘴边了",幸好那位警察是车里某人父母的朋友,于是只作了警告就放他们走了。

上大学以后,喝酒成了家常便饭,瑞安说:"那时候我一周有好几天的时间都会去喝酒",这个恶习引发了更大的问题。一个周末,他酒后驾车到学校附近,被警察要求靠边停车。瑞安说他当时吓坏了,尽管警察很有礼貌,但仍然逮捕了他。他在看守所里待了一夜后被女朋友保释,周一时,他在法庭上被附条件不起诉**。他说:"我不是在那种环境下长大的,所以从没经历过那种处境",惊慌失措的瑞安赶紧给父亲打电话,父亲联系了一位警探,警探又帮瑞安找了一位颇有名望的律师。这位律师碰巧是该县检察官的儿子,他为瑞安达成了标准的认罪协议,不过处罚很轻。瑞安仅仅被判处六个月暂缓起诉,且不附加任何条件,这就意味着如果他在六个月内没有再次被捕的话,缓刑结束,他就能被免予起诉。大学毕业以后,瑞安找了一份投资顾问的工作,由于他的案件最终免予起诉,所以他在找工作时可以不报告自己的案件情况。⑩

有一段时间,瑞安的生活回到了中产阶级的轨道,但到了二十五六岁时,他的酗酒行为更加严重。企业里的"吃喝文化"助长了他的嗜好,他开始一个人喝酒。瑞安说:"我不去酒吧,不去交友,我与世隔绝,一个人喝酒。"于是他又一次被捕,仍然被附条件不起诉。后来,他因为患胰腺炎而昏迷住院,女朋友与他分手,他的高中和大学朋友也与他失联,他便搬回家和父母一起住,一边在父母资助的住院戒毒项目中工作,一边努力康复。他说:"我的父母帮我解决了人生中的所有问题。"那

---

* 此类药物有上瘾性。——译者注

** 关于附条件不起诉的界定,请参看本书"引言"部分。——译者注

⑩ 正如导言中所指出的,在马萨诸塞州作出附条件缓刑的答辩意味着一个人承认有足够的事实认定他们有罪,但没有被正式定罪。因此,该人不会出现犯罪记录。

天早上我们见面时,他住在波士顿市中心"牙买加平原"社区的中途小屋*里,这里种族杂居,鱼龙混杂。他在吸毒后从一家商店偷走了一台蒸发器,于是第三次被捕。这次他对自己的案子有点紧张,不过他几乎可以肯定自己还是会被从轻处罚,要么被判处一小笔罚金,要么继续判六个月缓刑。他的多次受审经历告诉他,这没什么好担心的。从后文本案的判决结果可以看出,他确实不用担心。

乍一看,我们把注意力集中在刑事诉讼中的优势群体被告人身上似乎有点奇怪,因为我们倾向于把监狱和法院的被告人都当做穷人,对有色人种更是如此。可以肯定的是,住在白人社区的中产阶层和其他贫困阶层即便面临同样的问题、同样被起诉,前者成为被告人的可能性也比后者小得多。正如本章所言,社会环境的疏远、抑郁和吸毒等问题在优势群体社区中的处理方式与贫困阶层社区是不一样的。但即便优势群体的人真的被捕,其与弱势群体的诉讼参与度也不一样甚至完全迥异。因此,在某种程度上说,"优势群体被告人"是一个矛盾的、刻意的说法,这只是为了说明那些日常生活中本已享有优待的被告人,如何继续在刑事诉讼中享有优待的特权,从而在各个方面获得宽宥的。

瑞安的故事表明,优势群体被告人的未成年酗酒和吸毒等犯罪行为往往被解释成"令人愉悦的消遣"。当他们被抓获时,警察通常会对其作无罪推定甚至放过他们,直到他们无法证明行为合理性为止,所以对于他们而言,逮捕或其他诉讼程序只是令人震惊的意外状况。蒂姆的故事则呈现出了截然相反的一面。对于弱势群体的被告人而言,贫困和种族等因素从根本上对他们造成了限制,逮捕和其他诉讼程序就像家常便饭,犯罪几乎成为他们生活中不可避免的一部分。当弱势群体被告人被拦下时,警察很少会接受他们的解释,反而会以他们的人身安全和个人自由相威胁。本应承担保护和服务职责的警察反而明显地提醒了人们种族主义和阶层差别的存在。最终,警察的歧视行为和诉讼程序的不公给弱势群体的心里播下了不信任的种子。

本章考察了来自不同阶层的人是如何陷入被告人的境地的。笔者认为,优势群体被告人与弱势群体被告人即便有着相同的犯罪行为,他们走的"诉讼道路"也

---

* 指罪犯出狱后为尽快适应社会而居住的地方。——译者注

是截然不同的。他们会受到警察和其他司法官员的不同对待,体验不同的经历,以至于对刑事制度产生了不同的看法,最终将这一看法投射到了辩护律师身上,从而影响辩护律师与被告人之间的关系。虽然他们对犯罪的理解和对律师的态度大相径庭,但有一件事是共通的:疏离感——他们对大到社会、法律、社区,小到家庭、教师和同龄人都保持着疏离感。这似乎能证明司法官员对这个问题及其危害的担心是合理的。

第一节　青春期的疏离感

　　几乎所有我遇到的被告人都向笔者描述了一个疏离社会的青春期,长期以来,学者们对"疏离社会"及其相关概念(如离经叛道)的界定各有不同[105],笔者将"疏离社会"定义为一个人所持的与社会或学校等组织的期望和规范相分离或决裂的心态。例如,对于一个普通人而言,学校或家庭(两个组织)会对其抱有一定期望,社会则对一个人能否考上大学或购买房屋设定了一些资格(两种主流规范),但有些人却对这些期望或规范置之不理。这种心态可能源于对它们的厌恶,也有可能源于它们带给自己的压力。换言之,社会要求你小时候要当乖巧的孩子、聪明的学生,长大后要成为对社会有用的人,一旦你无法实现这个期望,就会对此感到厌恶。[106]除此之外,学校的教学质量、社区的贫富状况、就业市场的歧视经历,都会给人带来压力,而这些压力往往只有贫困的有色人种才会感受到。[107]此外,"疏离社会"也与法律制度息息相关。居于边缘化社区的人们一旦对法律的有效性产生怀疑,那么当他们遇到困难时就不会依赖警察[108],反而会通过参加帮派或实施其他违法行为来保护自己。鉴于现实中不同的治安状况,这种对法律表现出的愤世嫉俗

---

　　[105]　最早的社会学家对个人如何感到与社会疏离以及这种感觉如何反映出宏观社会问题进行了推理。在《1844年经济学和哲学手稿》(Karl Marx 1978)中,卡尔·马克思描述了工业资本主义如何以多种方式疏远工人。在《自杀》和其他著作中,埃米尔·涂尔干(Durkheim [1951] 1979)研究了仍处于转型阶段的社会分工如何威胁社会团结,政治和经济危机如何削弱道德规范。

　　[106]　See Agnew(1992);Merton(1938).

　　[107]　See Elijah Anderson(1999);Cloward and Ohlin(1960).

　　[108]　Kirk and Papachristos(2011);Sampson and Bartusch(1998).

在优势群体社区中几乎不存在。⑩不过，笔者发现，优势群体的被告人确实也承受了其他组织带来的压力和疏离，其经常表现为家庭暴力、父母和老师疏于管教以及无法控制的精神疾病。

疏离感和结构性限制是本书中被告人普遍面临的问题和危害，而这些问题和危害被法律定为刑事犯罪，这就是他们被逮捕的原因。一些被告人为家庭所疏远，他们害怕施暴的家人和父母的冷落。一些被告人为学校所疏远，他们要么因为成绩差而被老师冷眼相待，要么因为无趣而被同龄人刻意排斥。还有一些人为邻居和其他同龄人所疏远，辜负了社会对他的期望。因此，这些被告人说自己参与了这样或那样的非法活动，通常都是为了排解被家庭、学校或其他人疏远的感觉。几乎每一位被告人在18岁时就参与了犯罪，其中吸毒、贩毒和盗窃最为常见。许多人至今仍有毒瘾或者酗酒的恶习，我的访谈对象中有85％的人说自己酗酒或者吸毒。⑩不仅如此，他们罹患心理疾病的情况也十分普遍，调查问卷显示，超过60％的被告人可能患有抑郁症⑪，访谈中发现的其他精神疾病还包括注意力缺陷多动症、双相情感障碍和精神分裂症。

当谈到自己被疏远的原因时，各个阶层的被告人都经常提到父母或监护人的家庭暴力或者言语虐待，克里斯托弗就是其中一例。克里斯托弗是一位白人男性，年近三十，身材魁梧。他年少时大部分时间都和舅舅一家人住在南波士顿一个以白人工薪阶层为主的社区。他的舅妈是一名大学毕业的护士，舅舅则是管道工人，

---

⑩　正如莫妮卡·贝尔(Monica Bell 2017, 2085)所写的关于贫困社区对警察的态度，"'犬儒主义'这个词表明，社区的态度是导致不信任警察的文化取向的问题，而不是过程……"然而，社会混乱不仅指主观的担忧感觉，它还意味着产生这种主观感觉的特定结构性条件。

⑩　在接受深入访谈的52个被告人中，有44人报告了药物使用障碍。

⑪　在回答医生用来筛查抑郁症的两个问题时，50名受访者中有34人(68％)对至少一个问题回答了"是"，这表明潜在的抑郁症。笔者依赖于伍利等人描述的抑郁症的两项筛查(Whooley et al. 1997)。这一筛查显示了几乎所有在医学专业人员的详细检查中被诊断为抑郁症的人。尽管如此，筛查的假阳性率很高。在回答"有没有医生或其他健康专家告诉过你，你患有抑郁症?"的问题时，51名受访者中有31人(61％)的回答是肯定的。在回答"在过去的一年里，你有没有跟心理医生、精神病学家、精神科护士或临床社会工作者谈论过你的健康状况?"的问题时，51名受访者中有35人(69％)的回答是肯定的。这些反应不会因当前的阶层地位或家庭出身而有所不同，但确实会因种族而异。与白人和拉美裔相比，黑人报告曾被医生告知自己患有抑郁症的可能性较小(18人中只有5人，即28％的人报告说患有抑郁症)，黑人受访者对抑郁症状的问题回答"是"的可能性略低(18人中有9人，即50％的人对每个问题的回答都是肯定的)。

他们为克里斯托弗提供了温馨的中产阶级家庭环境,还替他支付了天主教学校的学费。不过,在搬去舅舅家之前,克里斯托弗和爸妈一起住在马萨诸塞州沿海地区的北岸小镇上。他的父亲经常对母亲拳脚相加,对他则谩骂侮辱。12岁的某天夜里,他的人生突然改变了:

> 那天夜里,我的父亲打了我的母亲,母亲从楼梯上滚了下来,颅骨骨折,胳膊也摔断了。这真的非常、非常可怕,你懂我的意思吗?后来我舅舅过来了,告诉我爸让他离我妈远点,然后就把我接走了,我开始和舅舅、舅妈住在一起。就是这样。

和舅舅一家人住在一起以后,克里斯托弗的内心很矛盾。一方面,他爱他们,也羡慕他们可以"像一个真正的家庭一样生活"。他们经常一边吃晚饭一边讨论时事。另一方面,他也"感到伤心",因为他"被母亲抛弃了",他从没在任何地方真正体会过家的感觉。疏离感就这样产生了。

除了目睹家暴,我的一些受访对象甚至亲身经历过家暴,来自东波士顿的拉丁裔女孩玛丽就是如此。玛丽年方二十,住在一个以拉丁裔工薪阶层为主的社区。她对父亲的感情一直十分矛盾。她的父亲是一个复杂多面的人,他在别人面前幽默风趣,而且执教过玛丽的足球队,但在家人面前,她的父亲经常酗酒,自她记事起就经常虐待她的母亲和兄弟姐妹。一直以来,玛丽都对此习以为常,直到有一次她向中学同学提起此事时才恍然发觉这是不正常的:

> 他总是酗酒,一喝醉就发火,然后对所有人都拳打脚踢。我记得第一次告诉别人这事儿时我还在读中学,在和最好的朋友聊天时我不经意说起:"哦,前几天我爸爸打了我。"她说:"你说什么?"我稀松平常地说:"是啊,每天都会这样。"那时候我就像在说:"随便吧,就这样。"

高中毕业不久,玛丽在被父亲殴打之后搬到了男友家里,"那次我和我爸发生了口角,我被打得住了院,情况特别严重",她说,"当时我不仅被打得耳膜破裂,还伴发了脑震荡"。和男朋友同居的时光也不尽如人意,有次玛丽因为和男友吵架但又不愿意回家,还在车里住过一段时间。尽管玛丽的生活有些颠沛流离,但她保住了自己在波士顿某家医院里的引导员工作,然而第二年,她还是因涉嫌非法持有毒品罪和盗窃罪被捕。

对于某些人,特别是工薪阶层和贫困阶层的人而言,家庭暴力已经引起了政府儿童保护机构等有关部门的注意,但这也导致他们被强制性地与家庭分开。[112]虽然这类保护机制的初衷是好的,但往往使家庭关系进一步复杂化。以黑人卡里姆为例,他到现在还记得儿童服务机构对自己产生的影响。卡里姆有着浅棕色的眼睛,家乡在多切斯特,那里住着各个阶层的黑人。他在多切斯特度过了自己的年幼时光,那时,他的母亲是一名保险公司的行政主管,爸爸是一名消防员。他的父母都没有读过大学,而且都有酒瘾,夫妻俩经常会争吵甚至打架。卡里姆12岁时,父母终于离婚了,在罗克斯伯里儿童保护机构的"保护计划"安排下,他和妹妹搬到了爸爸那里,他的母亲则开始和一个吸毒贩毒的男人约会。当兄妹俩去探望母亲时,儿童保护机构会定期检查他们的住处。卡里姆和妹妹在没有监管的情况下是不能单独去母亲的住处的。卡里姆回忆,那时他的妹妹更想和妈妈住在一起,所以她被看护了起来,"我的妹妹没有遵守规定,因为她不能在没有监管的情况下独自和妈妈见面,但她去了……然后,她就被送到看护中心去了。不过那是她的选择,因为她知道怎么做更好"。卡里姆直言那段日子对于他们而言是艰难的,"那时候我们的内心很煎熬,生活也真是颠沛流离"。

在笔者的访谈对象中,有人因为父母的虐待和疏于管教而在各个寄养地点之间辗转流离,就这样度过了青春期。唐娜就是有着这样不幸经历的人。唐娜是一个满脸粉刺的白人妇女,她的老家在波士顿以南的布罗克顿,现在已经45岁了,但她这半生中大部分时间都无家可归。她出身于一个单亲家庭,家里有三个孩子,但都是同母异父。唐娜说,自己的妈妈是一个精神病患者,大部分时间都没有尽到一个做母亲的义务,反而是她给母亲做饭、穿衣服、洗澡。在唐娜两岁的时候,她的母亲甚至想把她淹死。说到这里,唐娜有点强颜欢笑:"虽然我现在可以一笑置之,但直到今天我跟她一起时还是战战兢兢的。"唐娜12岁时,母亲"遗弃"了她,让她去了看护中心。唐娜没多久就逃跑了,在波士顿街头住了好几周。14岁时,唐娜在和一群比自己大的青少年在波士顿公园里吸大麻时被当场抓获,那是她第一次被捕。她还记得自己是如何梳妆打扮来迎合其他孩子的:"我那时候为了让自己显得

---

[112] See Fong(2017);Reich(2005).

成熟一点,不仅会化妆,还会戴上假发。"

在大众眼中,家是让人感到安全,产生依赖的港湾。对于像约瑟夫这样的人而言,学校和社区会给他们带来伤害,家则是他们的避风港。50岁的约瑟夫相貌英俊、肤色黝黑,出身于罗克斯伯里一个贫困社区的黑人中产阶级家庭。他的母亲读了大学,在一家大型企业当前台接待员,母亲很溺爱他,但也让他做家务来培养敬业精神,比如遛狗和倒垃圾。他的继父是一名建筑工人,给他培养了各种兴趣爱好,约瑟夫说:"他让我接触到了保龄球、骑马、露营,等等。"但他生活的社区环境并不好,在20世纪70年代,罗克斯伯里的暴力行为和犯罪事件比波士顿严重。[13]所谓近朱者赤、近墨者黑,他的街坊小伙伴们会潜入他人住宅、喝酒甚至吸食大麻,他也就有样学样。他回忆道:"在街上玩比在学校里和课余活动要好玩刺激多了。"他的父母花钱把他送进了罗克斯伯里郊区一所天主教学校,这让他与其他伙伴格格不入,倍感压力。他说:"我读的是私立学校,而他们读的都是公立学校,我觉得自己就像个异类,于是开始逃学。"

许多受访者都讲述了自己在学校发生的矛盾。一些人觉得读书很无聊,于是就像约瑟夫一样跟同龄人寻找刺激,在违法的边缘试探。还有一些人在校园里被老师和同学们欺负,遭到了轻视和侮辱,忍受过排挤和霸凌。[14]总体而言,受访者受教育程度略低于普通人群,[15]虽然有九成人读完了高中,但只有一小部分人读完了大学。但笔者在研究之初所设想的是,研究对象中应该有相当多的人受过大学教育。这一落差警示我们,刑事司法制度已经对美国社会的诸多方面都产生了影响。虽然受访者们的教育水平各有不同,但他们都有一个共同的特征,那就是上文提到的"疏离感",这种疏离感让他们没能继续自己的学业。即便有些人最终顺利完成了学业,但他们也曾经面临过无聊的课程、留校、休学、误解和成绩差的困扰以及其他同学的诱惑和威胁。

---

[13] 一般来说,城市甚至社区层面的犯罪率可能会掩盖街角和城市街区(比城市甚至社区更小的地理单元)犯罪存在的微观空间方式。尽管如此,自20世纪80年代以来,已有研究证实罗克斯伯里比波士顿其他地区发生的暴力犯罪事件更多。例如,关于波士顿的枪支暴力,参见 Braga, Papachristos, and Hureau(2010)。

[14] 在接受访谈的52名被告人中,有47人完成了高中学业,有11人(21%)至少获得了学士学位。有关研究样本的更多详细信息,请参阅本书附录。

[15] 根据人口普查局2015年的调查,25岁以上的美国人中,约33%的人获得了四年制大学学位。

有的受访者在读书时被诊断存在学习障碍,这与他们在调查中反馈的屈辱经历相互印证。这表明,他们读书时的老师并没有做到因材施教。[116]受访者中的马克是一位年届五十的黑人大叔,由于吸毒他已经掉了好几颗牙齿,但依然很健谈。马克在八年级时就被诊断出有学习障碍,他说:"我就是那种处处不如人的落后分子。"我问他有没有关于学校里老师和同学们的美好回忆,他说一个都没有。另一个患有学习障碍的受访者是斯科特,他是一个五十多岁的白人,对于勉强从高中毕业的他而言,学习障碍和精神问题对自己的学业影响很大。直到高中毕业他都没有完整地读过一本书,直到现在,他唯一读完的书还是戒酒互助会的指导手册。正如他所言:"我在戒酒互助会里才学会阅读。"

在这些受访者的印象里,老师的形象往往是严肃而冷漠的,即便对待没有学习障碍的学生也会如此,保罗就这么认为。保罗现年四十多岁,家住伍斯特以北的一个白人小镇,他就觉得老师们对他不好,尽管他承认自己曾在学校里"欺凌弱小",但他认为老师太过严肃而让他倍感压抑:

> (老师)对每一个人都视而不见,他们从来不开玩笑,课堂上也不存在欢声笑语。同学们必须双手并拢、抬头挺胸,如果你低头的话,老师就会拍你桌子。
> 你必须这么坐着,全神贯注盯着黑板,这不就跟坐牢一样吗?糟糕透了。

保罗18岁时就因殴打他人被捕,当时他还在读高中,不过老师很冷漠,他们不仅没向保罗问过相关情况,而且认为他道德品质败坏,早就知道他会有这么一天。少年管教所里的老师对他更为恶劣,保罗回忆道:"嗯,他们(高中老师)知道我是个朋克,所以我被抓时他们就说:'你早就该被抓了',我在被逮捕的十天里,不得不去少管所的学校上学,那里的老师更是混蛋。"保罗的经历表明,一个人一旦被贴上标签和"打入另册"以后,他对外界的疏离感和小小的过错会被进一步放大。

与对老师的负面印象不同,有些受访者认为自己的学生经历主要分两种:一类对学业感到厌烦,一类认为读书只是用来消磨时光。对于一些人而言,难以融入同龄人的群体是他们产生疏离感的来源之一。年近三十的白人斯蒂芬·道格拉斯还记得自己曾经有多鄙视高中同学。那时他的父母分别是大学毕业的制药实验室行

---

[116] 参见 Singer(2014),关于在青春期与官方人物建立有意义的关系的重要性,即使在郊区中产阶层儿童中也是如此。

政助理和高中毕业的管道工人，他们从波士顿的观澜湖社区搬到了波士顿以西的城市弗雷明以后，爸妈把他转到了新的学校。他说："（我觉得）这个学校太差了，我很讨厌。"与观澜湖的旧学校相比，这个学校里"全是一群乡里孩子"，他们"就像贫民窟的混蛋，我只想打他们一顿"。他的愤怒很大程度上是因为自己无法融入这个群体，因为在原来的学校里，他说自己"很受欢迎，就像个开心果，朋友特别多"。最终，他说服了父母让自己转学到了一所职业技术高中。不过，虽然他在这里适应了集体，却不适应职业技术教育。他把学习重心放在制图艺术上，但还是没能学会管道技术这样的手艺。斯蒂芬告诉我，那些学习管道技术的学生一毕业就考取了管道工的执照，他们在任何事情上都快人一步，但相比而言，他既比不上自己的同窗，也不符合市场需求。

对于其他人而言，跟同龄人一起相处则是愉快的，因为这样就能从沉闷的学业中解脱出来。学校为他们提供了一个宽松愉快的环境，但可能对人身安全方面没有太重视。有些受访对象从小在贫困社区中长大，他们每每回忆起学校，想到的都是同学们的霸凌行径。20 世纪 90 年代，黑人罗亚尔曾在纽约布鲁克林度过了他的青少年时期，他说："学校是由孩子们管理的……这些学生会殴打老师、扇老师耳光，用椅子砸老师。"罗亚尔本人从小就有校园暴力行为，他坦白："我从一年级开始就惹是生非了，经常打架，我也不想这么做，但那时候无所事事。"到了高中时，他开始"经常带枪"上学。警察经常去他的高中出警，警察的频繁出现既是校园暴力的缩影，也加深了他对警察、老师和其他官员的不信任。[117]他所居住的社区让这种不信任感越来越深，[118]他说："我长大的地方非常危险，那里经常会发生谋杀、抢劫和枪击案，经常有警察骚扰我们。"

其实不是只有"近朱者赤近墨者黑"，受访者说，除了身边朋友会鼓动自己参与犯罪以外，老师或邻居都会明示或暗示自己去违法犯罪。一位名叫贾斯蒂斯的受访者就谈到，他当时住在罗克斯伯里的公租房里，在家对面那条街上学。他在 13 岁时就被一位白人老师教唆，由老师提供大麻给他去附近兜售。贾斯蒂斯现在已经年过六旬了，但他还记得当时老师走过来说贩毒的事情，他感觉自己既受重视又

---

[117] See Rios(2011)；Shedd(2015).

[118] See Harding(2010).

出风头：

> 我能为一位老师卖大麻……当时我们几个好朋友在同一个班，我觉得这个老师是最酷的。他穿着漂亮的鞋子，穿着也很时髦，显得很机灵。他喜欢我们，我们自然也喜欢他。有一天他把我们拉到一边说："我想给你们找点事干。"

能被老师认出就意味着老师认可你。作为一个容易受影响的孩子，他跟大多数小孩一样想取悦身边的权威人物，所以他非常愿意出售大麻，他认为这对师生关系非常有意义。讽刺的是，贾斯蒂斯与老师从疏远变得亲近，反而将他拉入了犯罪的深渊。然而，就像其他人一样，贾斯蒂斯其实在其他场合也感到了疏远，特别是在家里，他的父母只负责挣钱养家，对孩子们的日常生活却不太上心。他告诉我，自己和父亲的关系就很疏远："我从来没听过我爸爸说'我爱你，儿子'这种话。"这样看来，贾斯蒂斯堕落到贩毒的地步，其实与他想摆脱对家庭的疏离感不无关系。

第二节 同样的犯罪，不同的意义

本书的研究对象无论是富人还是穷人，是大学毕业还是高中辍学，是住在城市还是住在郊区，都感觉自己与社会或者组织机构的行为规范格格不入。其实对于我们每个人而言，大家都在以自己的方式努力适应生活带来的压力与困难，其中有些方式是积极的，有些方式则是消极的，我的访谈对象就往往通过违法行为来消极应对。不管他们是故意如此还是无意为之，这些未成年饮酒、吸食大麻、盗窃和贩卖毒品的行为都会引发新的问题。

然而，有一条清晰的分界线将这些犯罪区分开来，违法犯罪对于不同阶层的人也有着不同的意义。虽然优势群体和弱势群体中都有人在年少时期就实施过犯罪行为，但他们对自己犯罪的原因有着不同的认识。那些在中产阶层家庭和白人社区长大的优势群体会为自己的犯罪行为辩解，他们往往认为喝酒、吸毒和贩毒更像是一种令人兴奋的取乐消遣活动。弱势群体则认为犯罪是贫困或种族因素导致的，那些在工人阶层、贫困阶层，特别是黑人社区长大的受访者回忆起自己的犯罪经历时，往往会认为犯罪是家境拮据、就业无门和种族压迫导致的必然结果。⑲不过，虽然他们都会为自己的吸毒、贩毒和盗窃犯罪辩护，但对自己成年以后的暴力犯罪和家庭暴力行为并没有再用取乐或压力来开脱。

第一次对这些被告人进行访谈时，笔者对他们能如此容易地开口讲述自己的犯罪行为十分惊讶。后来，笔者意识到他们内心渴望诉说自己的过往，因为他们之所以讲述自己的故事，是为了弄清自己的犯罪。当弱势群体的被告人向我证明自己青少年时期犯罪行为的合理性时，他们会讲述一遍自己过去的行为。当然，包括我们在内的所有人都会以各种各样的方式来论证自己在生活中的所作所为是合理的。不过，我们给出的理由也不可避免地会带着偏见，而且在分析时不一定会准确或完整再现犯罪成因。尽管如此，他们的叙述仍至关重要，因为其反映出了这些人如何看待自己的过去。无论是好是坏，我们看待过去的方式塑造了我们的当下和未来。⑳我们都会用过去的经历来论证自己将来的行为是正当的，正是这种观念让笔者采访的那些被告人时至今日仍然在从事违法犯罪活动，继而引发新的问题。㉑弱势群体被告人给出的"压力使然"和"必然结果"两个犯罪理由值得特别关注，因为这与优势群体被告人给出的理由形成了鲜明对比。因此，尽管这些理由在过去和现在都不能归为违法犯罪的成因，但它们能解释为什么同样的犯罪对于不同阶层的人会有着不同的意义。

贫困阶层的被告人往往认为自己是由于经济窘困才不得已去贩毒，格雷戈里就是这么想的。他是一位拉丁裔的黑人，从小就在罗克斯伯里的"儿童保护计划"中长大。他告诉笔者："也不是没有工作……就是不太容易，你知道吧，卖大麻，海

⑲　关于贫困有色人种青年的制约因素，参见 Contrera（2013）。关于低收入青少年的违法行为和理性决策，参见 Loughran et al.（2016）。关于在纳什维尔市中心的一些贫穷黑人中贩卖强效可卡因和从事卖淫的必要性，参见 Websdale（2001，chapter 5），另见 Jacobs（1999）。

⑳　访谈提供了人们对自己和他人的生活和行为的理解，特别是他们对自己行为的理由（Lamont and Swidler 2014）。社会学中最早的工作，如马克斯·韦伯和 W.E.B.杜波依斯的工作，都是关于人们的解释的。今天，文化社会学家有不同的解释，如"记述""故事""辩解"或"叙述"。这样的解释可能包含不一致之处，但它们被理解为通过使社会行动变得易懂来指导未来的行动（Presser 2009；Somers 1994）。

㉑　学者们研究了人们如何为继续从事非法行为辩护。通常情况下，第一次参与非法行为的原因可能出于偶然或由于同龄人的压力。然而，继续违法可能缺乏合理化或正当化。例如，贝克尔（Becker［1963］1991）描述了成为大麻使用者的过程。他认为，这一过程发生在一个小团伙的环境中，同龄人会提供毒品、尝试毒品以及最终为吸毒辩护。学者们提出，这样的理由可能会刺激未来的犯罪行为（Sykes and Matza 1957）。

洛因或者其他毒品啊，都不容易。这就是我的工作。"前文提到的罗亚尔曾告诉笔者他如何走上了盗窃和贩卖毒品的不归路，他先是想买自己喜欢的衣服，后来又想帮助自己的母亲。当他发现母亲无法满足他的物质需求时，盗窃便成为一种选择。随着年龄的增长，他感受到了负担家庭开销的压力：

罗亚尔："你应该知道吧，在穷地方长大的年轻人，都喜欢什么漂亮鞋子、漂亮衣服、漂亮书包……现在我知道我应该怎样，但当时我就这么想，因为我也喜欢好东西。"

我："那你偷过东西吗？你妈妈有钱给你买东西吗？"

罗亚尔："那当然啊，我妈当时可宠我了。我想要什么她就买什么，我也不知道她是怎么买到的。不过现在我已经是个成年人了——长大后我就明白了，我就经常说：'你懂的，我再也不会找我妈要东西了，我要自己搞到手。'这就是我犯罪的开端啊，我再也不想给妈妈压力了。"

我："那好吧，那时候你多少岁了呢？"

罗亚尔："那时候我已经……14吧……14岁了，我发现她已经买不起了，所以我决定不再要她出钱给我买好东西了。我慢慢知道妈妈没办法负担我的开销，我看她账单的时候发现她根本就入不敷出，我很爱我妈妈，所以我当时决定自己挣钱来减轻她的负担。"

经济上的拮据在一定程度上为罗亚尔走上犯罪道路提供了理由，但毒品交易的诱惑也是不可否认的："你知道吗？我很小就成了街溜子，我真的迷失了自我。"正如罗亚尔的经历所示，需求和欲望其实可以并行不悖。

在我的访谈对象中，有些黑人男性还把对黑人的种族歧视当做他们犯罪的正当理由。贾斯蒂斯就表示，20世纪60年代他在波士顿长大，当时白人对学校和社区里的种族融合尚持抵制态度，他受尽了各种各样的偏见和歧视，嘲弄和威胁。[12] 他所在的罗克斯伯里社区与波士顿南区等地接壤，由于后者是白人聚居区，所以这里成了种族主义的温床。他告诉我，在南波士顿地区，"你要是个黑人孩子，就不可能安全离开那里"。他坚持认为，因为黑人受到了种族歧视，所以他们抢劫白人商

---

[12]　Formisano(2004).

店和闯入白人家中都是正当的。他解释道：

> 现在，我知道这些白人不喜欢我们，讨厌我们，诸如此类。所以我们要报复。你走进一个白人开的商店时就会想："你们白人本来就欠我们黑人的，这是我们的东西，我们想要什么就拿什么。不管怎样都是你们白人的错，你们以前把我们当作奴隶，你们就是这么想的，也是这么做的！"

在贾斯蒂斯眼中，黑人的盗窃行为几乎是对白人种族歧视行为的理性的、必要的回应。事实上，贾斯蒂斯见到的种族歧视在很大程度上应该属于经济剥削，而非简单的厌恶或反感。因此，他从白人开的商店里偷东西的想法其实源于经济上的不公平感："他们向我们倾销商品，拿走我们的钱，但我们没有获得任何回报。"

查理是 20 世纪六七十年代在多切斯特长大的白人。多切斯特也在南波士顿郊区，是一个黑人聚居的社区。查理与黑人朋友们一起长大，娶了一位黑人女性，因此也间接感受到了种族歧视。他认为自己之所以犯罪也是受到了对黑人的种族歧视的影响：

> 在 16 岁之前，我的人生目标是为保护别人而牺牲自己。那时候我所在的社区正在经历破除种族隔离的转型时期，比如"抵制巴士运动"等等。我参加了很多次反对种族歧视的运动，因为我就是"赞成黑人解放运动的人——Nigger Lover"。我读的是一所天主教学校，爱尔兰裔会把自己的孩子送来就读，这样就不用跟黑人同校了。由于我在社区里最好的朋友是黑人，所以我经常挨打，那时候我就下定决心要毫无惧色地为此牺牲。

对于查理而言，白人男孩进入黑人空间也会引起警方的怀疑。[123]查理回忆起了一次特殊的经历，当时警察到当地一家酒吧出警，而这家酒吧的主顾大多是黑人。警察制止了一场斗殴后，要求查理离开酒吧，一名警官这样解释："你知道我们为什么要赶你出去吗？因为我们从没在这家酒吧里见过白人。"

对于那些在青春期阶段就在毒瘾或贫穷中挣扎的人而言，贩卖毒品和盗窃是维持自己昂贵恶习的一种方式。由于已经吸毒成瘾，他们只能不择手段地获取毒

---

[123] 关于警察对贫困有色人种社区白人的怀疑，参见 Stuart（2016）。

品。白人欧文就是这样一位毒品受害者。他是由单亲妈妈抚养长大的,他告诉我,他的妈妈本来就有毒瘾,他从很小的时候也开始吸毒,9 岁喝酒,15 岁吸大麻,18 岁时可卡因已经成了家常便饭,20 岁就染上了海洛因毒瘾。他一直到处找钱来满足毒瘾,由于没有固定的工作,就开始偷笔记本电脑和其他小型电子产品。他最近被捕就是因为盗窃笔记本电脑,而他说这只是为了"卖了以后好吸毒"。另一位名叫迈克尔的白人也是如此,他出身贫寒却染上毒瘾,他跟我讲述了自己"盗窃、逮捕、吸毒"的循环经历:"自从有次坐了一个月牢,我就金盆洗手了好几年。后来我因为吸毒被捕,又在商店盗窃被捕,如此反反复复,我在商店里偷过很多东西,只能这样以窃养吸。"

一般人会说刚开始接触吸毒是为了获得快感(后文会谈到,许多人最开始是为了寻求快乐而和家人或朋友一起吸毒的,优势群体尤其如此)。不过,一些弱势群体的受访者称自己吸毒并不是为了寻求快感,而是将其当做应对社会疏离感的必要方式和逃避生活的途径。这种观点虽不常见,但出身于工人阶级白人家庭的尼古拉斯就是这样认为的。他在一个破碎的组合家庭中长大,和自己的母亲、继父以及同母异父的弟弟妹妹们住在一起,因此总有一种失落感,他告诉我:"我觉得自己在这个家里有点多余。"12 岁时,他的父母决定让他搬出去和生父一起生活,她的母亲移情别恋。他对父母的决定感到"措手不及",将这形容成一次"创伤",因为"我和妈妈的关系亲密无间,跟爸爸却水火不容"。尼古拉斯 16 岁时患上了抑郁症和进食障碍,他说自己第一次喝酒和吸食大麻就是为了应对抑郁症:"我不知道我第一次喝酒是不是借酒精来逃避,但是我一喝酒就爱上了它。"尼古拉斯刚成年就搬到了佛罗里达去读社区大学,他开始把吸毒当做一种娱乐:"我迷上了酒吧里的毒品,那时候我沉迷于此,做了很多荒唐事。"

受访对象中对自己患上毒瘾的常见说法是出于镇痛的需要。这种理由在各个阶级的白人被告人中更为常见,白人女性阿曼达就持这种说辞。她的父母都具有高等学历,一位是工程师,一位是制药公司项目主管。阿曼达是在高中游泳队负伤以后染上毒瘾的,她说:"那是我第一次服用药物来镇痛。"读大学时,阿曼达会定期服用处方类和非处方类的止痛药;"你知道,这些年我慢慢对止痛药上瘾了,而且对扑热息痛和奥施康定的依赖性越来越大,吃了几年以后我又开始吃赛宝松。最后我决定戒掉赛宝松,但又吃起了卡痛叶 *,好在卡痛叶现在还是合法的。”

跟阿曼达一样,肯塔基州的凯文也是在受伤后服用了非法止痛药,最终染上毒瘾。凯文是一位白人工薪阶层,从事地毯销售工作。他来波士顿工作时不慎背部受伤,医生给他开了止痛药。后来他的处方用完了,钱也所剩无几,于是开始吸食海洛因——这比止痛药要便宜得多。凯文说:

> 那时候我的止痛药快吃完了,你知道,那是处方药扑热息痛,由于医生不给我开处方,所以我也买不到。这时候有人给了我海洛因,跟我说:“来,闻一下这个嘛。”那时候我也不知道那是海洛因,我试了一下马上吐了,快把胃都吐出来了。然后……我又试了一下。你应该想得到,我吸了又戒,找了工作,然后戒了又吸。我总是忍不住想吸海洛因,就这样反反复复,后来就还是吸上了。

虽然一些优势群体被告人把自己的吸毒行为解释为止痛的需要,但更多优势群体被告人说自己违法犯罪只是为了娱乐消遣,吸毒亦是如此。[24] 为了从学校或粗心大意的父母那里寻求关注,许多人被无害的、不常见的违规行为带来的刺激所引诱,最终导致毒品成瘾等违法行为,甚至是犯罪。[25] 对于白人中产阶级和工薪阶层而言,和家人或朋友的聚会是吸毒的惯常场合。来自富裕白人家庭的杰森就是如此,杰森是有着深棕色头发的大高个。他的母亲是一位临床心理学家,父亲与自己的妹妹合开了几家夜总会,自己就是夜总会业务经理。每当周末,杰森就会和父亲一起在夜总会里玩乐。每当回忆起自己喝酒吸毒的场景时,他都感觉那时候很愉快。他第一次喝酒时才13岁,当时他姐姐在组织家庭派对,喝的就是夜总会存在家里的酒:

> 那是在我姐的派对上,她以前经常开派对,我们也跟着喝,因为我们家就是开夜总会的,我们家的酒像这样一箱箱摞着。我还记得我姐姐第一次喝醉时,喝的是绝对伏特加(Absolut Vodka),那些酒就是从夜总会的地下储藏室拿的。那时候派对太多了。

---

* 扑热息痛、奥施康定、赛宝松、卡痛叶均为麻醉性镇痛药物,具有药物成瘾性。——译者注

[24] 雅克和赖特(Jacques and Wright 2015)对亚特兰大郊区的一群白人中产阶级青少年毒贩进行的研究也发现,毒品交易和使用是“为了追求酷”。尽管他们的研究中的人很少像笔者研究中的特权人士那样讲述在家庭和学校遇到的麻烦,但他们的样本中也报告了类似的聚会和同龄人地位提高的主题。

[25] 这类似于帕蒂洛(Pattillo 2013)所描述的住在芝加哥黑人社区的中产阶级黑人儿童的“贫民窟混乱”状态,或者J.卡茨(J. Katz 1988)所描述的“惊险”。

其他受访者也讲过自己在家庭聚会和派对上饮酒或使用其他物质的类似情形。例如，凯玛，她出身于加州中产阶级白人家庭，当工程师的父亲觉得喝酒是无害的，他每天下班以后都要喝6瓶啤酒。正因如此，父亲也对她尚未成年就喝酒抱着支持的态度。凯玛回忆道："我爸妈把酒倒进瓶子里给我，我说的是真事……我爸在我车里看见空酒瓶，其实那只是开玩笑，但我爸会说：'看来我不得不给你买这种酒了，因为你喜欢喝。'"

在家庭场合以外，和朋友之间饮酒吸毒也被描述成一种娱乐活动。一位名叫J.M.的受访者就是这样说的。他在波士顿南郊米尔顿的富足白人家庭中长大，父亲拿到了名牌大学的MBA学位，是一位工程师和企业经理。十几岁时，J.M.就开始跟朋友们一起酗酒，搬到纽约读在职大学时，他更是对派对乐此不疲：

> 我搬到了纽约以后，跟朋友一起在第75大街和百老汇街的路口租了一套公寓。我白天打点小工，晚上就去上学。我爸给我买了辆车，后来就搬到了布鲁克林工作，这样我就差不多能养活自己了。我花了五年完成了大学学业。我太喜欢纽约了，因为这里让人眼花缭乱，夜总会也是。你知道吗，那还是八十年代，简直难以置信，我爱死那段时光了。

J.M.回忆说，他的酗酒行为导致了几起轻微的车祸，但他父母的溺爱助长了自己的恶习，父母又给他寄钱买了新车："我当时喝醉了就不爱惜车，把车给撞坏了，我爸就给我寄了一万多块让我再买一辆新的。"

有时候，我访问的优势群体被告人在讲到自己贩卖毒品的事情时会带着一种愉悦和兴奋的情绪。前文提到的阿曼达说，她在大学贩卖大麻时，就被年轻时的新乐趣所环绕，她称之为：活出自我，开始一段认真浪漫的爱情。那时候她大一，爱上了游泳队的一个男孩，而这个男孩碰巧在向学生出售大麻。于是阿曼达和他住到了一起，两人一起贩毒。他们开车去佛蒙特州买了"好大一堆大麻"带回学校。笔者问阿曼达，你们没想过会被警察抓获吗？她说那时候压根没想过这回事：

> 我不知道是不是因为年轻时太愚蠢，那时候我们都有"这不可能发生在我身上"的心态。嗯……我觉得我们很谨慎，一切都很顺利，所以我们不会被抓。我也不知道为什么，我是说，我们每次开车前都会检查车辆，而且开车时会稍微超过限速一点，但还没构成非法超速驾驶罪。你知道吗？我们那时候做了

一些预防措施……但确实没有认真想过如果（被抓）怎么办，或者（被警察抓获）是一个确实存在的隐患。只有我们真的被逮捕、起诉和定罪的时候，才会觉得坏事儿了。

阿曼达、蒂姆、格雷戈里和罗亚尔贩卖毒品的行为都不是出于经济需要。阿曼达之所以贩毒是因为她已经吸毒上瘾，而且把贩毒当做与男友恋爱中的重要环节。当阿曼达第一次因为贩毒被捕时，她的想法是："我当时又年轻又单纯，第一次感觉自己坠入了爱河。但可悲的是，法律和我们的愚蠢行为把爱人从我身边夺走了。"

除了大多数优势群体被告人之外，有一部分弱势群体被告人也认为犯罪是一种娱乐行为，当他们与同龄人一起犯罪时更是如此。[126]在罗亚尔和约瑟夫口中，犯罪既是快乐源泉，也是压力使然。对于在布鲁克林贫民窟长大的黑人罗亚尔而言，在学校里"打架闹事"是在充满暴力和危险的学习环境中的一种愉快消遣："你知道吗？我很小就成了街溜子，我真的很迷恋这种生活。"对于来自罗克斯伯里的黑人约瑟夫而言，他在校外和同龄人中感受到了"当街头混混"的"吸引力"。约瑟夫第一次被捕以后反而兴奋不已，他感到自己"很酷，我高兴得很，哥们，我终于坐牢了，我心里都有点沾沾自喜了，就像完成了人生中一件大事。"尽管如此，他们二人其实都感受到了严峻的经济压力。除此之外，在贫民窟中与同龄人的交往可能会给他们带来意外的麻烦。约瑟夫说，有一次他和朋友们在街上玩曲棍球时遭到了警察的盘查搜身，警察从他一个朋友身上搜出了大麻，但逮捕了所有男孩子。由此可见，正如犯罪对于不同种族和阶级有着不同含义一样，警察的治安行为也往往会给非裔、拉丁裔和穷人造成伤害。

第三节　同样的警察，不同的对待

尽管笔者访谈的每一位被告人都曾因涉嫌犯罪而被捕，但优势群体和弱势群体的被告人在面对警察时却受到了两种截然不同的对待。这种差异对他们影响重大，一个人在与警察接触之后，他被捕的概率、对警察和刑事司法制度的态度以及

---

[126]　犯罪学家、社会学家和心理学家长期以来一直在研究同龄人群体和犯罪行为之间的关系。例如，Becker（[1963] 1991）；Dishion and Tipsord（2011）；Matsueda and Anderson（1998）。

再犯可能性都会发生变化。本章开头提到的蒂姆和瑞安的经历就形成了鲜明的对比，蒂姆是弱势群体的黑人，瑞安是优势群体的白人，蒂姆曾八次被捕，几乎是瑞安的三倍。这种现象在笔者的所有访谈对象上都有所体现：如果你处于弱势地位，那么你被捕的次数就比那些优势群体的同龄人要多。[127]但我们更应关注这些数字背后容易被忽略的事实：蒂姆和瑞安在面对警察时有着何种差别？他们又各自从中学会了什么？

本节主要研究被告人如何看待自己与警察的接触，以及其对优势群体和弱势群体的被告人最终会产生何种影响。访谈对象躲避或者接触警察的经历表明，优势群体被告人被捕的概率比弱势群体被告人低得多，过程也远不及后者痛苦。优势群体被告人在访谈中讲述了自己轻松躲避警察的方式，也提到了被盘查时警察会对他们宽容相待甚至网开一面。但弱势群体被告人则诉说了警察对他们及其所在社区的持续监视，他们还认为警察是种族主义者和阶级歧视者。由此可见，当弱势群体成为被告人时，他们不太可能对司法官员产生信赖感，也不会认同司法官员的合法性。[128]因此，弱势群体被告人在与警察接触时产生的负面印象导致其对律师也有着极度的不信任感，反之，优势群体被告人则会出奇地信任律师。

几乎所有访谈对象都向我描述了自己躲避警察盘查的经历，有的人讲起来眉飞色舞，有的人则显得心有余悸。我问他们："你有没有因为违法而被警察拦截盘查，但最终并没有被他逮捕的经历？"这个问题引出了生动的故事，有的人会努力和警方谈判，有的人则会努力完全避开警察。只要你能避开警察，就意味着你不会陷入刑事诉讼，更不会面临逮捕和聆讯，不会受到缓刑或实刑的处罚。调研结果显示：中产阶级，尤其是白人中产阶级成功避开警察的概率更高；反之，所有阶层的有色人种和贫困白人避开警察的概率则较低。众所周知，波士顿警察的活动主要集中在有

---

[127] 我让受访的 52 名被告人估计他们一生中被捕过多少次。关于阶层，那些在中产阶层出身的人报告的一生中被捕人数（逮捕中位数 5 次）比工薪阶层（逮捕中位数 10 次）或贫困家庭（逮捕中位数 12 次）要少得多。目前的社会经济状况也呈现出类似的模式。目前，中产阶层经历的逮捕（逮捕中位数 5 次）少于工薪阶层（逮捕中位数 7 次）和贫困阶层（逮捕中位数 15 次）。种族呈现出与预期不同的模式，可能是因为与白人相比，研究中具有社会经济优势的有色人种的比例更高（见附录中的表 5）。在种族方面，白人的逮捕人数中位数（逮捕中位数为 10.5 次）高于黑人（逮捕中位数为 8 次）和所有非白人（逮捕中位数为 8 次）。

[128] 关于警察的程序正义观念如何溢出到对法院公平性的看法，参见 Alward and Baker(2019)。

色人种聚居的贫困社区里,穷人缺乏私人空间,这与调研所呈现的状况一致。[129]

通常认为,拥有私人空间是一个人避开警察盘查的重要因素,因此,是否拥有自己的住房就显得极为重要。黑人卡里姆在一家诊所兼职,最近一直住在收容所里。卡里姆在访谈中诉说了秘密吸毒对于自己的重要性。在访谈时,其实马萨诸塞州已经规定持有少量大麻是合法的[130],不过卡里姆并不相信警察会真的对吸食大麻的人手下留情。他说,许多警察都是"老顽固",根本不管现在的法律如何规定,他也不想警察找他的麻烦。自从住在收容所里以后,他就很少有机会吸大麻,因为收容所规定"必须在室外吸烟,但你知道的,做这事儿见不得光"。而过去,他经常在叔叔家吸大麻,他觉得在那儿完全放心。

> 我要去一个僻静的地方,或者别人不介意我吸大麻的地方,只要给我一个后院门廊或者地下室就行……就跟我叔叔家那样,只要孩子们睡了或者都不在家的时候,我就可以吸大麻,我叔叔不管我。

跟卡里姆面临的问题一样,其他住在收容所的人也描述了自己在公共场所无法吸毒的窘境。一些人发现,在街头巷尾吸毒会被警察逮捕,但在收容所房间里吸毒只会被赶走,后者的风险还是低得多。曾经当过厨师的黑人基思就是这么想的,他一直在吸食海洛因,自从下岗以后,就在廉租房和收容站之间轮换着住,他跟我说:"我感觉现在很安全,一直住在收容所挺好,以后我再也不(在大街上)吸毒了。"

访谈对象们说,自己在公共场合从事非法活动时,会选择特定的、熟悉的社区或街角以避开警察,如果在买卖毒品时选择了不熟悉的地方,就很容易被抓住。特洛伊在毒品交易时被捕就是吃了人生地不熟的亏,他是一位二十多岁的白人,长着一张娃娃脸。特洛伊曾加入海军陆战队,但在阿富汗服役时染上了毒瘾,回国后的大部分时间也都在寻找毒品中度过。他告诉我,访谈的前一年,他开车到一个小巷子找毒贩买海洛因,交易结束后毒贩从一扇门离开,但当他独自走出巷子时却被当场抓获,"于是我又调头走进巷子,但便衣警察已经把我包围了,他们亮出警徽朝我走来,很快就抓住了我,我不知道原来自己已经被监控很久了"。

---

[129]　Fagan et al. (2015).

[130]　自 2009 年开始,马萨诸塞州将大麻合法化。如果一名成年人被发现携带了不到一盎司的大麻,他们只需面临最高 100 美元的民事罚款。2016 年 12 月,娱乐使用毒品完全合法化。

对于那些毒贩而言,公开从事毒品交易也会带来风险。许多在公开场合贩毒而被抓获的人认为自己是被线人举报的。一些人为了避免自己被抓,会将风险转移给值得信任的"跑腿",一般都是自己的朋友、家人或者手下,如果这些人被抓的话是不会揭发自己的。威廉就是如此,他是一个嗓音沙哑的黑人,现在就职于某戒毒机构。他告诉我,他20多岁时在贩卖可卡因第一次被捕后很慌张,因为"在(我)父母的地窖里有一盎司多的可卡因",他要趁自己还未被收监,把剩下的可卡因处理掉。于是他让女朋友帮自己卖掉:"我必须让她参与,让她知道发生了什么,我必须叫她这样做,你知道,只能偷偷摸摸地处理掉。"

无家可归的和在街上游手好闲的受访者则讲述了警察对他们无休止的骚扰。他们说自己并未实施任何违法行为,但时间久了,警察就会记住他们,然后找上门来。白人迈克尔向我讲述了警察对他的长期监视甚至可以说是骚扰。迈克尔现在已经是一位瘦削的老人,但他说自己在15岁时就被捕过,"我一直在躲避警察的盘查"。高中时,他因为违了一项关于前女友的人身保护令※而第一次被捕。成年以后,他长期生活在收容所和戒毒机构,已经为波士顿、萨默维尔和剑桥的警察所熟知。他最害怕的就是剑桥的警察局,那里的警察"见过我或者认识我,然后你懂的,他们会说:'哦,我记得他,这不是迈克尔吗!'然后他们会查我的信息,看我是否有逮捕令在身"。现在迈克尔明白,在日常生活中,如果他遇到了警察,那几乎毫无疑问会被其盘查。他向我抱怨,许多警察认为自己可以出于任何理由盘查别人:"比如,形迹可疑,胡扯,我怎么就形迹可疑了?"迈克尔总结道:"对他们而言,我们就是有罪的。我们在他们眼里都是犯人。"⑬

※　即法院限制他接近前女友的禁止令。——译者注

⑬　一旦一个人通过先前的传唤、逮捕或定罪而为刑事司法系统所知,想避免再次陷入刑事诉讼就更加困难(参见 Goffman 2014;Stuart 2016)。这项研究中的许多人认识到他们更容易被发现,因此试图避开某些领域或与某些个人和机构互动(参见 Brayne 2014)。在阿萨德(Asad 2020)对得克萨斯州达拉斯的非法移民和合法移民的研究中,他展示了移民制度的清晰度——无论是通过先前的驱逐经验,还是通过获得法律文件被正式纳入系统的官僚记录——塑造了所有移民的风险认知。有合法身份的移民也害怕移民执法和控制,一些人甚至希望自己没有进入法律程序。因此,阿萨德的研究结果揭示了他所定义的"系统嵌入性"如何导致所有移民之间的不确定性,包括那些严格遵守法律,只因他们是正在获得公民身份的道路上的准移民。同样,迈克尔在这里引用的话表明,寻求躲避警方的不仅仅是那些持有有效逮捕令的人;此外,已经服刑并按照法院的要求向社会偿还债务的个人继续害怕并试图避免与警方接触。即使在迈克尔没有逮捕令的情况下,被警察拦下并让警察查他的名字造成的麻烦也让他很恼火。

在访谈中,无论哪个阶层的黑人都会说,自己在日常生活中,特别是青春期阶段都受到过警察的骚扰。[132]即便他们从未被逮捕过,也难以在公众场合避开警察的盘问。吉米就对此深有体会,他在剑桥一种族混居的中产阶级社区长大,父母都受过高等教育,我记得他在受访时留了很整齐的胡子。他回忆说,自己所在社区的警察寥寥无几:"如果不是我家那边的话……你住得离市政府越近,警察就越少。"为什么这么说呢?因为他在和朋友们去剑桥其他城区、去上学或者去朋友家里时,总会引起警察的注意。他说:

吉米:"这很随机,就像……反正我和我朋友回家走在路上,警察就会跟上来,然后问:'嘿,你们几个在干嘛?'或者说'你们几个要去哪儿?'就像是要看看我们究竟准备做什么。这些警察主要就这样。"

我:"然后呢?他们会把你们拦下来然后盘问你们什么吗?"

吉米:"对啊,比如说'你们在干嘛'之类的。主要是在其他社区里会经常这样……我只是跟朋友放学以后去玩,但等我一到那儿,发现那里的警察比我家附近还多……警察会说:'别在这里闲逛,你们几个不能站在这,赶紧走。你们太吵人了,这位女士一直在跟我们报警投诉,现在所有人都赶紧走,宵禁了。'"

这些警察实施的看似轻微但持续不断的治安管控很容易导致当地居民被逮捕。弱势群体频繁地与警方发生接触,意味着其在从事非法行为时更有可能被抓获。即便这种治安监控不会必然引发逮捕,但仍会导致警察对弱势群体及其所在社区的盘查常态化。[133]

必须指出的是,本研究中每一位接受访谈的人都是曾被捕的被告人,这意味着他们至少有一次(对于大多数人而言是多次)没能躲开警察的盘查。当不得不面对警察时,他们就需要和警察展开谈判。一个人与警察谈判的赢面有多大,基本上取决于警察是否怀疑他们的行为,或者是否愿意网开一面。然而问题是,警察在行使自由裁量权时是不平等的,笔者从很多访谈中看出,不同的人之间的谈判余地是有差别的,这些被告人与警察的社会关系和自身体面的文化标签则是决定案件走向

---

[132] See Brunson(2007);Fox-Williams(2019).

[133] Bell(2017);Jones(2014).

的重要因素。显而易见,好处往往只会由白人中产阶级和工人阶级获得,穷人和有色人种则对此望尘莫及。

在警方例行停车盘查时与之谈判比在其他情形下要简单得多。警察的拦截盘查在波士顿经常发生,特别是非裔或拉丁裔社区,在美国俗称"特里拦截"(Terry Stop)。[134]当警察有理由怀疑(reasonable suspicion)一个人涉嫌犯罪时,可以依法对其拦截盘查。通常而言,特里拦截除了最基本的拦截盘查之外,还包括审问、搜查甚至拘留当事人。当一个人遭遇特里拦截后,他与警察还有谈判的余地,因为警方要实施逮捕的话,还需要"合理理由"(probable cause),这比前述"有理由怀疑"的标准稍高一些。警方在讯问或扣押被拦截者以后,如果并未发现武器或其他非法物品,则有可能释放被拦截者。但是,有些情况下,警方的拦截盘查可能会符合逮捕标准,最常见的情况是警方持有或正在执行逮捕令,又或是警方在接到911报警电话后抵达现场实施拦截。在这种情况下,被拦截对象与警方之间的谈判余地要小得多,他们一般会被直接逮捕,即便优势群体也概莫能外。

前文提到的阿曼达就曾经有过这样的经历。阿曼达和男友的一位大麻买家被警方抓获,这位买家为求免于起诉成为了警方的污点证人,供出了阿曼达和她的男友,于是法官对阿曼达及男友发出了搜查令。几周后,阿曼达和男友在公寓里听到一阵很响的敲门声——警察上门了。虽然阿曼达来自中产阶级白人家庭,但在面对警方的搜查令时,他们根本没有谈判的余地可寻。阿曼达生动地描述了接下来发生的事情:

> 他们胸前挎着步枪一下子冲了进来!那时候家里叫声四起,一片混乱。我马上就明白他们是冲什么来的,还能是什么该死的东西呢?尽管我明白他们的来头,但还是像……就像……我不知道怎么说,总之他们很吓人。我……好像在发抖……然后他们,他们就抓住了我们,让我们坐下。他们搜查的时候还没有给我们戴手铐。他们拿着搜查令,嗯……你知道,我们身边各站着一两个警察,然后可能有五六个警察在房间里搜查,他们撕开了垫子,翻倒了垃圾桶,倒空了米缸。就好像,把家里翻了个底朝天。

---

[134] BPD在2007年至2010年期间进行的警民接触和观察样本,参见Fagan et al(2015)。

阿曼达和男友被破门而入的警察吓坏了，他们回答了警察的所有问题。她回忆道："我对我自己的权利一无所知。我只知道，说不定我越配合他们，他们对我的处罚就越轻。"阿曼达和男友都被逮捕了，罪名是非法持有和贩卖毒品。

除了阿曼达这种情况之外，大多数受访者在被警方盘查时都是有谈判余地的。一些优势群体的被告人说，似乎还没开始协商，警察就放了他们一马。还有人说，他们在和警察沟通时必须更有战略性，才能确保自己自由地离开。访谈结果表明，中产阶层和白人工人阶层的被告人要避免被警察逮捕的话，要么会在警察面前表现出道德高尚、受人尊敬的样子，要么会借助自己或家庭与警察的亲友关系。

白人受访者经常谈到警察会对他们的违法行为睁一只眼闭一只眼，这意味着他们几乎不需要做什么，警察就会放他们一马。来自工人阶层的白人肯说，他在尚未成年时经常饮酒，但被警察拦下后，并未被逮捕："他们会抓住我们，不过只是让我们休息一下。就像我们坐着就能醒酒似的。有一次我在费城被警察抓了，他把搜出来的可卡因砸在地上说：'给我滚。'"警察的这般"仁慈"举动在白人工人阶层中尤为普遍，另一位白人女性简也有过这种经历。简受过高等教育，是一名急救医生。她说有一次她明显已经喝醉了，但差点被警方放过。警方从她的靴子和身份证件上看出她是一名急救医生，在向上级汇报后，他们不情愿地告诉简，必须逮捕她。简说："我觉得他们当时已经做得够好了，因为他们只想再次确认是不是真的必须逮捕我。"到警察局以后，警方"态度特别友好"，他们允许简晚点再做酒精含量检测，这样的话检测值就会低一些。简认为警方之所以会对她如此宽容，是出于对急救人员的尊重，"他们看起来并不像是警察，而是朋友……或许他们理解（我的难处）。我知道很多警察和急诊医生都喝酒"。她本人几乎无需费神就能获得警方的优待，因为她脚上穿的急救医生靴子是一个能让警方产生共情的标志，这代表她是一个对社会有贡献的人。

其他人在与警方沟通时，则会积极表现出自己并没有犯罪嫌疑，抑或希望警察再给他一次机会。受访者认为，恭敬、合作和乖巧是避免被捕的关键。将近30岁的白人沃尔夫向笔者叙述了自己在科德角的经历，那时沃尔夫20多岁，在当地一家比萨店做服务员，警察轮班时经常去店里吃比萨。有一天，沃尔夫和几个朋友把车停在墓地中间吸大麻，被警察当场抓获，他说自己当时"并没有告诉警察我住哪里,只是说我在比萨店工作""你们再也别来这了,明白吗?"警察说完这句话就放他们走了,连传票都没开。沃尔夫认为,当时他对警察态度恭敬,他脱口而出的比萨店在警察心中有着特殊的意义,这才避免了自己一伙人被警察逮捕。

> 我当时好像说的是:"没问题,太感谢您了!"我只是想,我肯定得跟警察说一下比萨店,这肯定管用,对吧? 或许我们确实也没做得多过分,很明显啊,那只是大麻而已。(或许警察想的是)他们只是在吸大麻,又不是在打架。

接受访谈的警察证实了这些文化背景因素的作用。[13]笔者在与两位警察一同乘车时了解到他们如何甄别逮捕对象。他们的决策在一定程度上是基于道德判断,也即对方是否属于对社会有道德价值的成员。例如,一位警察解释说,有时候他会权衡究竟是要逮捕对方还是只给他开具出庭传票,其标准在于此人在他眼里是否值得从宽处理。[13]他说:"如果我面对的是一个开着车的人,我一看车后座上安装了婴儿座椅,他刚买了牛奶正要回去跟妻子碰面,那我肯定不会逮捕他,如果他们没有多次交通违法或犯罪前科就更不会逮捕他了。"另一名警察告诉我一个常见的看法,他在决定要不要逮捕一个人时,要看对方会否顺从和尊重自己。他说:"如果这个人能对我们表示尊重服从,有礼有节,那我们就不会毁了他的前程。"最近社会心理学研究表明,即便非裔和拉美裔的行为表现得和白人一样,警察也不太会认为他们的言行举止中透露着尊重。[17]

此外,笔者还发现,即便部分盘查对象对警察表现出了不尊重,但他们却受到了有利于白人的种族主义的变相保护。[13]受访者中有一小部分白人被告人称自己即便对警察表现得不尊重,也能不被逮捕,保罗就是如此。保罗是一位退伍军人,他只有40多岁,但门牙已经掉了,头发也已花白。他在马萨诸塞州伍斯特北部的一个小镇上长大,父亲是一名受过高等教育的警察局长。几年前,保罗来到波士顿

---

[13] 笔者采访了波士顿地区的八名警察,请参阅附录。

[13] See Piliavan and Briar(1964);Westley(1953).

[17] Voigt et al.(2017).

[13] Existing research on police-civilian interactions commonly shows how perceived disrespect matters in the escalation of police encounters. See Alpert,Dunham,and MacDonald(2004);Black and Reiss(1970);Duck(2017);Reisig et al.(2004).现有的关于警民互动的研究通常表明,在与警察接触的升级中,感受到的不尊重是如何重要的。参见 Alpert,Dunham,and MacDonald(2004);Black and Reiss(1970);Duck(2017);Reisig et al.(2004)。

从事建筑工作,经常开车往返于波士顿和伍斯特之间。某次出行时,他和妹妹因为超速行驶在波士顿郊区被警察拦下,保罗说:"他(指警察)对我妹妹出言不逊。"于是,保罗对警察大喊大叫,告诉他应该学会尊重他人:

> (我当时说:)"哎,伙计,你为什么不坐车去波士顿看看真正的警察都是怎么样的?他们很有人情味,不像你这样如此不尊重别人,混蛋。"这个警察说:"那行啊,我现在就要逮捕你。"然后我说:"你不能逮捕我,这是言论自由。"他只是看着我,我又补了一句:"你要逮捕我吗? 来啊!"他当时束手无策。这就是言论自由。

最终,保罗和他的妹妹并没被逮捕,在收到了一张 160 美元的罚单后就被放行了。在笔者的研究中,还没有黑人或拉丁裔的被告人说自己做出像保罗这样的行为后也没有被逮捕的。

与白人相反的是,访谈中的部分黑人被告人说,即便他们在被警察盘查时很有礼貌,也会受到种族歧视般的怀疑。对这些黑人而言,当没办法避开警察,又与之沟通失败时,他们最大的期望就是防止结果继续恶化。[139]凯勒布是一名中产阶层的黑人,他患有慢性背痛。有一次,警方在对他朋友进行健康家访 * 时怀疑他犯罪,旋即逮捕了他。那天下午,他得知一位女性朋友精神崩溃了,于是从波士顿驱车一小时赶到她家安慰她。但在他抵达之时,另外一位朋友因为担心她自伤而报警。警察赶到时,凯勒布应了门:

> 有人敲门,我就去开了门……原来是两名警察。他们说:"我们是来做健康家访的。"我马上说:"她现在不开心、情绪不稳定,需要去医院。但她身上没手机,我没办法联系她爸爸,也找不到她手机在哪里。"警察就说:"那行,把你手举起来。"然后警察马上开始对我搜身……警察问我:"你身上带了什么东西,有针头吗?"我心想:"我穿着西装呢! 我兜里能装针头吗?"然后我回答:"没有啊,我没有带什么违禁品。"……警察找到一个装心血管药物的小药瓶,

---

[139] 福克斯-威廉姆斯(Fox-Williams 2019)描述了纽约的一些黑人青年如何在应对警察时"练习服从",另见 Duck(2017)。

* well-being check,指独居的居民认为自己可能生病时,拨打热线电话请求政府服务机构上门援助。——译者注

然后说:"搜到了!这是什么?"他转身告诉自己的搭档,另一名警察过来说:"很好,逮到你了!"我解释说:"这是我的处方啊,你们听我解释,我有慢性背痛,刚做完手术,这是我的处方。"警察说:"好吧,那你的处方药呢?"我说:"我不可能走到哪儿都带着药吧?!"……他们不由分说,立刻把我铐起来了。

凯勒布的遭遇表明,警察可以利用健康家访作为搜查的合理理由。凯勒布认为,警察之所以不相信他身上带的是处方药,部分原因在于他们内心的种族歧视。他说:"这就是种族歧视,本来我是从来不打'种族牌'的,你知道的,我在剑桥长大,从小过得很好……但他们非要把我从头到脚搜一遍。"

与警察有人脉关系是中产阶层和工人阶层白人的另一个宝贵资源。他们的生活环境及其与警察的日常交往有助于日后碰到警察时与他们谈判协商。本章开头提到的瑞安和朋友在高中遇到警察盘查时就曾避免被捕,因为这名警官认识他朋友的父亲。瑞安描述了当时警察制止了他们的鲁莽开车行为,还看到了车里有几个打开的酒瓶。即便如此,这位警察也只是口头警告了几句就让他们走了:

> 当时我和我朋友一起,他开车,我坐副驾,后座上还有两个朋友。他们腿上夹着几箱(30罐)啤酒,我腿中间也夹了一箱,还有四瓶啤酒开着。那个警察让我们靠边停车,他收了我们所有人的身份证件,当看到凯尔的时候,警察问:"你是某某的儿子吗?"原来凯尔的父亲是一位(曲棍球)教练,这个(警察)恰好曾在高中打曲棍球……然后这个警察就说:"你们赶紧给我滚回去。"你知道吗?好几次我们都是胆战心惊地躲开了逮捕。

人脉关系还能帮助人们掌握与警方协商谈判的方法以及成功避开警察的策略,从而减轻法律惩罚。以斯蒂芬·道格拉斯为例,他在一个以工人阶层为主的社区里长大,从小读的是私立天主教学校,妈妈受过高等教育。他的邻居和亲戚都是建筑工人、消防员和警察。他说:"我有两个表兄弟是警察,原来我也想做警察,但毕业前我被逮捕了。"他与表兄弟的人脉关系让他对警察的自由裁量权有了深刻的认识。他在回忆自己因酒驾被捕的经历时,提到自己的表兄有时候即便知道人们在酒驾,也不会逮捕对方:

> 警察是否以醉驾为由逮捕你,这是他们的自由裁量权。他可能会跟你说:"你把车停这里,自己走回去。"你知道我的意思吧?我表弟是(某某市)的警察,他不会

把醉驾的人一律逮捕。我知道警察不会这样，除非你对着他一脸不屑，牛气冲天。那你这么牛，还开什么车？但如果你只是刚喝了几杯酒——那我就不知道了。

斯蒂芬·道格拉斯还告诉我，他的一个表兄以前直接帮他避开了警察的追捕。有一次，表兄提醒斯蒂芬，一个线人向其所在部门的侦探"出卖"了他。得知这一信息后，为了避免被抓，斯蒂芬·道格拉斯再也没有向这个线人出售过海洛因。这种与警方的密切联系可能在社会经济地位和种族上与大多数警察相似的人中更为常见——那就是白人和工人阶级。[140]

充当警方的线人，既是一种谈判策略，也是防止自己被捕的手段。当然，这不仅取决于警方是否认为被控犯罪的人有充当线人的价值，还取决于此人是否愿意"告密"。几名接受笔者访谈的侦探表示，线人必须"可靠"，而且对某贩毒者有"认知基础"。在笔者的受访者中，有的人称自己曾同意给警方充当线人，但也有人说自己拒绝了。[141]那些拒绝充当线人的被告人说不能违背道德去举报其他人，出身工人阶层和贫困阶层的被告人尤其如此。例如，出身于萨默维尔工人家庭的白人贾斯汀就说，他从道义上拒绝为任何警察充当线人，因为这将导致他成为一只人人喊打的"过街老鼠"：

> 贾斯汀："警察会说：'嘿，你想赚点钱吗？'这时候你会想，我可以赚钱，我需要钱，那肯定想啊。你也知道，谁不需要钱呢？谁都需要，对吧，所以我让他们给我开个价，好几次都这样。"
>
> 我："那你最后怎么又没答应呢？"
>
> 贾斯汀："因为我根本就没考虑，我不是这种人。（这些人）很多都是我的……你知道……我跟他们一起长大，什么时候你做了这个'老鼠'，你就明白了。"

---

[140] 总体而言，美国的警察是工薪阶层（主要是白人）。例如，在 BPD，66％的警察是白人（高于他们在该市人口中的比例）。BPD 警察中黑人的比例与黑人居民的比例大致成正比，而拉美裔和亚裔警察的比例低于他们在人口中的相对比例。CPD 的种族人口结构相似，除了拉美裔警官，他们的比例与他们在人口中的份额相等。这些统计数据来自政府网站，该网站分析了司法统计局 2013 年执法管理和行政统计（LEMAS）调查。Diversity on the Force：Where Police Don't Mirror Communities：A Governing Special Report，September 2015，http://media.navigatored.com/documents/policediversityreport.pdf.

[141] See Natapoff(2009)，亦可参阅［美］亚历山德拉·纳塔波夫：《告密》，郭航、周航译，上海人民出版社 2020 年版。

其他人则说自己是因为害怕被报复才拒绝充当线人。工人唐就是如此，他出身于中产阶层的黑人家庭。他惊叫道："这很危险，伙计！人们（其他罪犯）会发现你的。"此外，当他因涉嫌贩毒被逮捕时，并不相信如果与警方和检察官合作，对方就会撤销指控："如果我照他们说的做了，这些指控早就撤销了；就这么简单，其实他们根本不想遵守诺言。"

与贾斯汀和唐形成对比，出身于萨默维尔中产阶层家庭的布里安娜描述了自己是如何毫无顾忌地成为一名线人的。当警察持搜查令在她房间里搜出吸毒用具时，警察告诉她有个将功赎罪的机会，只要她能与警方合作，起诉她的上家，就可以避免被捕。于是布里安娜不得不跟上家进行几次毒品交易。她说："和我打交道的人都知道自己在干什么，所以这无所谓。"此外，她还说警方会"每笔交易付给我50美元"，在告密方面，不同的道德准则可能会使一些人在与警方谈判时处于不利地位。此外，从根本上说，一个人是否有资格成为线人是由警察决定的，被告人的想法并不重要。

本章小结

不同群体的人走向犯罪的道路可谓是另一种"殊途同归"——一条是出身特权受到保护的道路，一条是身处弱势遭受压迫的道路。可以肯定的是，几乎每一个人，不管其种族或阶层地位如何，都在青春期遭受了社会的疏远，虽然表面上看起来微不足道，但实际影响并不小。当我们思考他们在刑事诉讼中面临的不公对待时，也应认真反思弱势群体和优势群体本身遇到的困境。除此之外，本章也指出，他们之所以在青少年时期被社会疏远和区别对待，以至于产生了诸多问题，其根源在于社会地位的差异。

种族和阶层的结构性力量在人们走向犯罪的道路上产生了很大的影响。像蒂姆这样的弱势群体被告人经常把自己的犯罪行为归因于经济因素和社会因素的限制。对于在贫民窟长大的和出身工薪阶层的非裔和拉美裔而言，吸毒、贩毒和盗窃是其赖以生存的必要手段。他们认为，自己面临无家可归的困境，受到社区和学校的种族歧视，不忍目睹父母艰辛维持生计，是这些因素导致自己逃学、贩毒和抢劫。他们还经常诉说自己遭受校园霸凌的经历，抱怨警察对社区和亲朋好友的过度监管。当被迫接受警察盘查时，他们缺乏警察所认同的社会地位或文化背景，与警察不存在私人关系，其行为也总会让警察感觉到不尊重、不合作、不愉快，所以很难通过谈判协商来避免自己被捕。许多人反映自己受到了官员的差别对待和种族歧视。正是在这些因素的影响下，处于弱势群体的被告人与法律和司法官员的疏离感变得愈发严重，与学校、家庭和就业市场的距离感也变得愈发明显。于是，他们开始对刑事司法制度，尤其是对警察产生深深的怀疑，并且再也不相信自己的辩护律师。

对于像瑞安这样的优势群体被告人而言，他们之所以犯罪，多半是出于娱乐消遣，而非社会资源限制了自己的发展。在本项研究中，出身于中产阶层和部分工人阶层的白人认为，吸毒贩毒是件令人享受的事情。与此同时，警察对于他们而言并非暴力工具。如果他们在描述自己青少年经历时提到了警察，那么这位警察通常是自己的亲戚朋友。由于警察对这些优势群体生活的社区并不会施以惩罚性监控，所以他们更容易逃避警察的盘查。当被警察拦截时，他们往往能表现得举止得体、合作充分、交流愉快，这都是警察认同的社会或文化资源，是中产阶层的标签，所以他们能获得从宽处理。一些工人阶层的白人被告人还会说，自己与警察有着密切的人脉关系，这甚至是连中产阶层都无法企及的优势。正是这些关系让警察对他们网开一面，当然，他们最后还是被捕了（毕竟本研究中的所有对象都是被告人），不过他们第一次被捕的年龄往往比弱势群体要大。[14]此外，许多优势群体的被告人发现，与涉嫌相同犯罪的有色人种贫困被告人相比，他们在法庭上更有优势。优势群体的生活经历让他们对司法制度保持着相对天真的心态，他们更加信赖司法官员和自己的辩护律师。

学界研究表明，家庭和学校教育对青少年的成长走向起着重要作用，本章则有益于丰富社会科学领域对青春期成长和青少年犯罪的研究内容。众所周知，一个人的收入、健康及其他诸多方面的发展都与自己早年所受教育的质量和家庭所拥有的资源密切相关。[15]社会学家是这一领域的先驱，他们调研发现，社区决定了家

---

[14]　在本研究中，出身于中产阶层的人首次被捕的年龄中位数为 19 岁；出身于工薪阶层的人首次被捕的年龄中位数为 16 岁；出身于贫困阶层的人的首次被捕年龄中位数为 17 岁。白人首次被捕的年龄中位数为 18 岁，黑人为 16 岁，见本书附录中的表 4。

[15]　Bourdieu(1984)；Bourdieu and Passeron(1977)；Coleman(1968)；Jencks(1972).

庭和学校的资源,也带来了环境污染或暴力等社会危害。⑭由于美国的社区质量及民众的阶层分流取决于种族和阶层,因此这一过程存在极大的不平等。不同社区的家庭、学校和青少年能获取的政治、社会和经济资源不同。⑮以波士顿为例,像南区这样以白人为主的社区比像马塔潘这样以黑人为主的社区拥有更多的资源。⑯毫无疑问,两个社区给青少年带来的机会和危险会呈现出巨大的差异。

然而,令人惊讶的是,尽管存在上述差异,富裕人群中仍然会出现问题和犯罪,甚至可能更严重。中产阶层的社区看似平静,却隐藏着媒体和学界经常忽视的社会问题。⑰因此,我们应更审慎地看待优势群体的社区和家庭中青少年面临的社会问题和现实危害。一个多世纪以来,大多数学者只关注贫困的有色人种社区衍生的暴力犯罪。⑱许多学者一直在研究为什么贫困、不平等和种族边缘化可能导致犯

---

⑭　Peterson and Krivo(2010);Sharkey and Faber(2014);Winter and Sampson(2017);Wilson(1987).

⑮　Massey and Denton(1993);Peterson and Krivo(2010);Squires and Kubrin(2006).

⑯　波士顿是美国种族和阶层隔离程度最高的城市之一。2010 年,波士顿是一座约有 62 万居民的城市,大约 54%的白人,24%的黑人,17%的拉美裔和 9%的亚洲人(2010 census,Massachusetts)。剑桥的面积约为波士顿的六分之一,白人和亚裔居民所占比例更大。大都会统计区包括波士顿、剑桥和弗雷明翰等较小城市,总人口超过 450 万。2010 年,马萨诸塞州的人口超过 650 万。在 2010 年的人口普查中,80%的马萨诸塞州居民是白人,7%是黑人,10%是拉美裔,5%是亚洲人。在整个 20 世纪,波士顿一直在努力解决学校、住房和就业方面的种族主义、种族不平等和阶层不平等问题(见 Formisano 2004)。这些不平等现象至今依然存在。最近的研究发现,波士顿是美国经济和种族隔离程度最高的城市之一,衡量标准是该市被认为是"种族集中的富裕地区"的人口普查区域的数量,或者是"90%或更多的人口是白人,收入中位数至少是联邦贫困水平的四倍"(Semuels 2015;参见 Goetz,Damiano 和 Hicks 2017)。更高的铅毒水平、更低的社会资本和信任水平、更高的暴力发生率以及更低的选民参与率聚集在城市的同一地理区域,那里居住着不成比例的贫困居民和有色人种居民(Zimmerman et al. 2012)。像罗克斯伯里、北多切斯特和东波士顿这样的社区经常经历这些形式的劣势,而像比肯山和南端这样的社区则相对富裕。与此同时,一些研究表明,住在波士顿黑人社区的人更有可能对基本公共服务提出需求,扣除对这些服务的客观需求指标,可能是因为他们预计政府会歧视他们(Levine and Gershenson 2014)。

⑰　关于本观点的更多内容请参见 Singer(2014)。

⑱　犯罪统计数据,如联邦调查局统一犯罪报告中的数据,通常被认为是某些地区犯罪盛行的客观指标,但学者们——例如 W.E.B.杜·博伊斯(W.E.B.Du Bois)——就已经争论过,官方逮捕统计数据是否是衡量犯罪率与不同群体之间执法不均的有效衡量标准(参见 Thornberry and Krohn 2000)。这些争论远未得到解决(参见 Shoemaker 2009,chapter 6)。一方面,对自我报告数据的一些分析表明,各种类型的犯罪在所有阶层群体中都很常见,也许在中上层阶层中更常见(Tittle and Meier 1990;but see Elliott and Ageton 1980)。学者们还记录了在药物使用和跨种族群体药物分配方面的平等(Tonry and Melewski 2008)。另一方面,更严重的犯罪形式似乎在穷人和边缘化种族/族裔群体成员中的比率更高(Elliott and Ageton 1980;Hawkins,Laub,and Lauritsen 1998;Morenoff 2005)。关于犯罪统计的种族影响,见 Muhammad(2019)。

罪,不同的人如何各自走上不同的犯罪道路。[149]他们认为,秩序混乱的贫穷社区中的居民既是犯罪者也是受害者。[150]这项研究成果促成政府实施了遏制潜在街头暴力威胁的干预性政策。[151]然而,学者们基本上没有关注优势群体社区发生违法犯罪的内因。相比之下,这种厚此薄彼的研究有时无意中强化了"穷人就是坏人"的刻板印象。最近,一些学者开始关注白人社区和大学校园里的毒品交易。[152]本章通过比较同一城市的优势群体和弱势群体在青少年时期的吸毒、贩毒以及其他犯罪经历,[153]揭示了社区环境、社会关系、个人价值和体面沟通等因素是如何影响犯罪本身,又如何影响犯罪治理的,这将有益于这类新的研究领域。

正是由于走向犯罪的道路不同,所以不同人群的心态也会有所差异。来自优势群体的被告人把违法犯罪当做享乐之事,并且心存侥幸,他们认为警察或司法官员还会再次放过自己;弱势群体的被告人则认为违法犯罪是生活所迫,他们已经作好了迎接惩罚的准备。这些人的惯常心态将进一步蔓延到自己与辩护律师的关系之中,优势群体的被告人会受到律师的指引而轻松应对诉讼,弱势群体被告人则会经历挫折而自暴自弃。下文将继续探讨不同阶层的被告人在受到差异对待后,如何对立法规定、法律知识、司法程序和辩护律师产生不同的态度。

---

[149] 关于犯罪学和心理学中研究的犯罪化行为的生命历程,参见 Lacourse et al. (2003);Elliott, Huizinga, and Menard(1989);Farrington(1995);Sampson and Laub(1995),关于经济不平等和犯罪之间的关系,见 Neckerman and Torche(2007)。

[150] 例如,紧张理论(A. Cohen 1955;Cloward and Ohlin 1960;Merton 1957)和社会组织理论(Shaw and McKay 1942)——暴力和犯罪的两个经典犯罪学理论——通常认为,一个人生活中的压力来源或一个人环境中的混乱会导致犯罪行为。当紧张理论可能表明虐待的父母或未得到满足的经济愿望有助于穷人和被种族边缘化的人更多地参与犯罪时(Agnew 1992),社会组织失调理论认为社区凝聚力、居住稳定性、主流文化规范或传统双亲家庭结构的崩溃导致边缘化社区的更高犯罪率(Sampson and Wilson 1995;Sharkey, Torrats-Espinosa, Takyar 2017)。关于这一论文的评论,参见 Martinez(2016);Vargas(2016)。

[151] Sharkey(2018).

[152] Jacques and Wright(2015);Mohamed and Fritsvold(2010);Salinas(2017).

[153] 另见 Chambliss(1973),它比较了居住在同一社区的两组男孩的犯罪行为和社区反应,这两组男孩就读于同一所高中,但具有不同的阶层背景。

第二章 抵制律师的弱势群体被告人

托尼娅是印欧混血儿,有着橄榄色的皮肤和染成金色的秀发,从 15 岁起就在当地一家便利店偷偷打零工。她身上具有很多弱势群体的特质,比如曾被警察例行公事般盘问,不认识有权有势的人,几乎没有经济来源等。我们的第一次访谈地点选在波士顿市中心的美食广场,她一直向我倾诉这些年为她代理案件的公设辩护人都是"公设骗唬人"。我问她这个词是什么意思,她说:"'公设骗唬人'就是由法院指派和买单,替法院说话的律师……他们跟地区检察官都是好朋友,开完庭就一起去喝酒。"当我对弱势群体被告人进行访谈时,这种对律师的不信任言论经常出现,但当我对优势群体被告人进行访谈时这类言论却极为罕见,因为后者往往不会选择法院指派的律师为自己辩护。在弱势群体被告人眼里,辩护律师,尤其是法院指派的辩护律师,本应为被告人尽职尽责地提供辩护,但实际上他们只会做做样子而已。

正如前文所述,在马萨诸塞州,辩护人分为三种类型:被告人自行聘请的律师、公设辩护人以及法律援助律师,后两类统称为法院指派的辩护律师,即由法院指派为无力聘请律师的贫困被告人提供辩护。虽然公设辩护人接受过单独的培训,还会获得社会工作者和调查人员的协助,但笔者调研的弱势群体被告人往往把他们与法律援助律师混为一谈。法院指派的辩护律师受到的投诉不计其数,被告人对他们的不信任感也根深蒂固。像托尼娅一样的部分被告人认为,由于自己并没有(或者很少)为指派辩护律师支付律师费,所以不相信这些律师在辩护时会为被告人的最优利益而投入资源。少数被告人认为,法院指派的辩护律师是为政府服务的,而不是为被告人服务的,即便他们发现了警方或者检察官的滥权行为,也会以保持司法官僚机构的平稳运行为首要目标。更多被告人对法院指派的辩护律师感到失望,因为后者并没有倾听或了解他们的诉求。对于其他受访者,尤其是那些经常受到指控的被告人而言,这些律师根本不值得信任,因为他们要么在刑事诉讼中有太多负面的亲身经历,要么从朋友那里听说了律师的冷漠、业余或者种族偏见。简言之,基于以上因素(通常是多重因素),在笔者访谈的弱势群体被告人中有一半人认为法院指派的辩护律师并没有做到尽职辩护,而大多数人对律师持保留、失望和普遍的不信任态度。之所以如此,原因很简单:他们并不相信法院指派的辩护律师会保护自己的利益或者寻求正义。

无论是出于何种理由导致弱势群体被告人不信任辩护律师,他们的表现形式都大致相同,也就是拒绝接受辩护。拒绝接受辩护的被告人分为两种:略低于一半的人会积极对抗自己的辩护律师⑭,他们不愿意接受律师的专业意见,而是通过社区或自行观察庭审程序来了解自己应当享有的诉讼权利和法庭程序,自学法律知识。当他们发现自己提出的犯罪从轻情节或指控警察腐败行为的诉求很少会被法庭采纳时,会对此非常失望,认为刑事司法制度对自己的诉求缺乏关注,所以经常在私下或者公开听证时反对律师提出的建议。除此之外,他们还会掌握业余的刑法知识,比如警察如何监控社区、如何对待缓刑犯。这些认知有时候会限制他们在诉讼程序中的选择,迫使他们作出艰难的、看似反常的选择。反之,当律师遇到对抗意愿最为强烈的被告人时,他们也会以拒绝辩护来表达自己的不满,甚至会进一步缩减投入这些被告人案件中的时间。另一半拒绝接受辩护的被告人会选择消极抵制司法程序。之所以会造成这种局面,被告人对律师的不信任感固然起到了一定作用,但其实他们在生活中遇到的其他逆境产生的影响更大。

在与托尼娅首次访谈后,在接下来两个月里我旁听了她涉嫌的毒品案件的缓刑听证会和撤销缓刑听证会。在长达几小时的听证会上,我目睹了她对辩护律师表达不满的举动,这些抱怨往往起于毫末,积于忽微,直至影响整个案件的审理进程。托尼娅指责法院指派的辩护律师是"公设骗唬人"并非口头说说而已,她把这

---

⑭ 在本研究中,45%的被告人的抵制表现为积极抵抗。55%的被告人的抵制表现为消极抵制。见本书附录中的表9。

种态度在法庭之上和私下会见时都向律师表达了出来。

在我和托尼娅首次访谈前几个月，她因违反缓刑规定被捕。[15]在遭受一年多的审前羁押之后，她被判贩毒罪，处以缓刑。在服缓刑的时候，托尼娅发现自己陷入了困境。如她所言，她没有住所，所以不得不去朋友家借住，但这位朋友不仅自己吸食可卡因，还给她分食，于是托尼娅因毒品检测阳性被捕。缓刑监督官为托尼娅找了一处戒毒之家，她在那里住了几个月以后感觉"受不了"，因为她要参加很多治疗会议和心理咨询课程。在未经缓刑监督官允许的情况下，托尼娅私自找了另一处戒毒之家，现在她对这里也不满意。目前，她正在等待下一场缓刑听证会，以确定自己的上述行为是否违反了缓刑要求。托尼娅很忐忑，虽然她承认自己确实"有一点过错"，但并不认为自己就应该被送回监狱服刑。

这已经不是托尼娅第一次犯罪了。她在马萨诸塞州西部靠着公共救济长大，刚读八年级就辍学在家，此后不久开始吸食可卡因。虽然她才40岁出头，却已经被捕多达12次，且多次被判处缓刑。多年来，托尼娅一直没有稳定的工作，在入狱前也是如此。她说自己之所以一直失业，是因为大部分时间要么必须遵守缓刑条件，要么不得不躲避巡视的警察，这样就很难保住工作。现在，她住在多切斯特南部一个工薪阶层社区的女子戒毒之家，每周需往返波士顿市中心数次，以便参加缓刑监督官以及毒瘾治疗小组举行的各种会议。

第一次缓刑听证会举行当日，我陪同托尼娅在庭外候审。托尼娅怒气冲冲，因为她的公设辩护人迟到了。这位律师名叫莫莉，是一位白人女性，她似乎总是迟到。此刻庭审还没开始，托尼娅不明白为什么自己必须按时到庭，律师却可以迟到。托尼娅向我抱怨道："莫莉在缓刑听证这段时间从来没会见过我。"由于莫莉律师在代理阶段既没有会见她，似乎也从未解答过她的问题，她决定自己处理案子的重要事项。她最近一直在戒毒之家和女性朋友们讨论怎样才能拿到研究吸毒者大脑的心理学家的来信。她说："这个心理学家专门研究吸毒者大脑中神经元的异态

---

⑮ 在马萨诸塞州法院，被告人在缓刑撤销听证会上被法院指派律师。然而，托尼娅在这次缓刑撤销听证会上的经历是研究中唯一一发生在联邦刑事法院而非州法院的案件。联邦法院和州法院之间有重要的区别，但托尼娅在联邦法院的缓刑经历与笔者观察到的马萨诸塞州法院的缓刑经历非常相似。因此，她的故事是这项研究中普通弱势群体在缓刑撤销听证会上的典型经历。

工作"，如果能拿到这封信的话，就在下次开庭时提交给法庭。她相信这封信能向法官证明自己患有疾病，所以不能把复吸的错误归咎于她。托尼娅还说，戒毒之家的管理员也替她开了证明信，表示过去一个月她一直在遵守戒毒之家的规定。她一边说一边站起来，在一个硕大的钱包里翻找那封信，然后抽出了一个皱巴巴的信封，上面印着"过渡援助部"（马萨诸塞州的福利机构）。她叹了口气："嗯？不是这个。"这时候，莫莉律师姗姗来迟，向我们打了个招呼。

那天的听证会基本按部就班地开完了，托尼娅最终也没找到那封戒毒之家提供的证明信，更别说把它提交给法官了。法官向她说明了缓刑监督机关的指控、她在下一次撤销缓刑听证会上的权利以及如果她被发现违反缓刑要求的可能后果。法官要求托尼娅在一个月后出庭参加最后一场听证会，随后允许其离开法庭。

休庭以后，我们在法庭出口和主走廊间找了一个灯光昏暗的小房间坐下。托尼娅和莫莉律师交流时似乎一直在各说各话。莫莉律师担心托尼娅在接下来的一个月是否会遵守缓刑规定，她恳求托尼娅："我们觉得最最重要的事情是你不能再被逮捕了。"不过，托尼娅担心的却不是这个，她更在意自己在缓刑期需要面对的生活困难。她现在住的戒毒之家条件很差，鼠患成灾，她在想如果自己不得不待在戒毒之家的话，该如何克服这些困难。托尼娅问莫莉律师："我给谁打电话能解决这个问题呢？"莫莉律师叹了口气，因为她也不知道该联系谁。不过她向托尼娅强调，必须待在戒毒之家，因为这是缓刑条件。会见完毕之后，托尼娅走出法院，从钱包里掏出一根香烟，一边吸烟一边叹气。她的律师只顾着"遵守法律规定"，对她的生活困难却不管不顾，这让她很不满。她也不太理解自己的律师居然不知道怎么向戒毒之家提出申诉。托尼娅和莫莉律师的互相疏远意味着托尼娅会更依赖自己的直觉和法律知识。

一个月以后，最后一次缓刑听证会如期举行，托尼娅和莫莉律师之间的紧张关系终于浮出了水面。开庭前，托尼娅告诉莫莉律师，她要找一个机会向法官解释：自己仅仅在第一次缓刑后吸了毒，因为当时她不仅无家可归，还差点被强奸，除了投奔吸毒的朋友，根本无路可走。她还想告诉法官，自己之所以离开缓刑期指定的那个戒毒之家，并不是要故意违反缓刑规定，而是对该戒毒之家的诸多要求感到不满。莫莉律师听后,告诫她不要采取这种策略,因为法官"不想听你的借口",他只在意"你是否遵守规定(和)承担责任"。最终,托尼娅决定承认自己违反了缓刑规定,接受缓刑监管部门的建议,即只是延长缓刑期,不将其收监。不过她内心仍然想让法官听到自己的诉求,她认为如果能解释自己违法的理由,就有可能缩短缓刑期。

当他们走进法庭时,托尼娅已经决定听凭自己的直觉行事,不管莫莉律师会说什么,她都要在法官面前讲述自己的全部故事。缓刑监督官和莫莉律师提交了他们的联合量刑建议(即上文说的不收监,只延长缓刑期)。法官问托尼娅,在判决之前,还有什么想对法庭说的? 莫莉律师张开手掌,示意托尼娅如果想说就说。托尼娅抓住这个机会,详细地说明了自己复吸的原因,还批评了先后居住的戒毒之家的生活环境,且认为法院把自己送到这种地方令她非常失望。她解释道:"戒毒之家很混乱,住得不稳定……呃……不安定",接着她又说,"戒毒很艰难,我是不会撒谎的,我已经反复戒毒三十多年了,我觉得我脑细胞已经不够用了,没办法接收他们每天告诉我的所有信息。"我坐在法庭后面,看到审判席上的法官眉头紧锁,双唇紧闭,神色疑惑。托尼娅似乎感觉到气氛不对,迅速改口道:"我正在努力学习和履行义务,法官大人。还有,我想对自己的行为道歉……我会尽我所能改正。"

托尼娅坐下后,法官宣布了判决结果,他采纳了缓刑建议,将托尼娅的缓刑期延长了两年。但法官对托尼娅作出了最后警告:"事已至此,都是你恣意妄为的结果。我不想几个月后又看到你违法。"法官的意思很明确:问题不在于法院的命令,而在于她不愿意遵守规定。

本章展示了托尼娅这类弱势群体被告人如何不信任自己的律师,由此更容易在诉讼中对律师积极对抗或消极抵制。这两种拒绝辩护的表现形态都有悖于诸多学者和记者的主流观点,他们认为被告人,尤其是贫困阶层的被告人,在刑事司法体系中是被动的。实际上,这些弱势群体被告人尤为主动,他们在诉讼中齐心协力、自学法律知识、维护自身权利,其参与度显然被这些学者们低估了。问题在于,压制、胁迫和惩罚他们的司法官员们同样贬低了这些被告人参与诉讼的特殊方式,后文第四章将进一步探讨这一现象。

第一节　对律师缺乏信任

笔者在研究中发现,弱势群体被告人对律师缺乏信任的现象十分常见。当笔者询问他们对辩护律师的印象时,他们经常回答:辩护律师"本该做得更好""不是为我工作,而是为法院工作""只希望你认罪"以及"甚至根本不会帮你抗争"。笔者在与他们访谈前,会先请受访者填写调查问卷,这些对律师的负面印象早已透过调查问卷表现了出来。调查问卷结果显示,相对于优势群体被告人而言,弱势群体被告人更不信任自己的辩护律师,他们认为辩护律师没有在自己的案件里尽力尽职。在"我的律师尽了最大努力为我辩护"的回答中,黑人和其他有色人种选择"认同"的可能性略低于白人。相较而言,阶层的分化则十分明显,⑱中产阶层的白人和黑人中没人选择"不认同",但大多数穷人都选择了"不认同"。当然,调查问卷并非衡量律师是否获得被告人信任的直接标准⑲,但这些答卷中体现出的种族和阶层差异可以印证他们在访谈中反复提到的观点:被告人越穷,可能对律师越不满意。

可以说,这种普遍存在的不信任感在笔者的意料之中,毕竟,众所周知,有色人种和贫困阶层的被告人更有可能被判有罪和监禁。如果法官判决你有罪,你当然不会对辩护律师感到完全满意,因此以上调查结果也合情合理。然而,在分析完贫困阶层被告人和工人阶层有色人种被告人的回答后,笔者发现这种不信任的起因是复杂且

---

　　⑱　见附录中的表 7。在被告人对"律师(在我最新一起案件中)尽最大努力为我辩护"的认同度调查中,有 62%(18/29)的白人,42%(8/19)的黑人和 45%(10/22)的少数族裔同意这一点。同样比例的黑人认为他们的律师尽了最大努力,但他们不同意这一声明。从阶层方面看,答案更令人震惊。82%(9/11)的中产阶层被告人同意这一观点,但只有 35%(6/17)的贫困阶层被告人表示同意。没有中产阶层被告人不同意,但大多数贫困阶层被告人不同意(53%,9/17)。此外,正如先前研究所预测的,信任程度与法庭指派的律师有关。[采访样本中的大多数人(80%,40/50)在最近的案件中由法院指派的律师代表]。任何有私人律师的被告人都不会觉得他们的律师没有尽最大努力为他们辩护。相比之下,由法院指派律师的被告人中,33%(40 人中有 13 人)认为他们的律师没有尽最大努力。尽管如此,近一半由法院指派律师的被告人信任他们,这表明与日常生活中不利因素相关的其他庭外因素可能会影响被告人对律师的信任。

　　⑲　学者们对信任的衡量方式多种多样,目前还没有一个公认的定义。虽然笔者在调查中使用的问题并非问一个人是否信任其律师,但它是一个很好的代表,表明这个人是否觉得律师努力为他们辩护。这一观点对于理解律师与被告人之间的委托关系和抵制关系的主要区别尤为重要。

多样的。⑱最令人震惊的是,对律师的不信任感远远超出了对判决结果本身的不满意。⑲虽然一些被告人会将监禁时间过长或缓刑条件太多归咎于前任律师,但他们也描述了不信任律师的许多结构性和先验性原因,不论是以前还是现在,这些原因与最终的判决结果关系不大,甚至超出了个案程序本身。这些原因包括:对辩护律师财政激励的质疑(法援案件的超量压力与低廉报酬的结构性矛盾),与辩护律师之间的文化差异,与辩护律师缺乏共同的生活经历以及与其他司法官员接触时的负面经历。⑯部分原因与被告人及辩护律师之间的互动有关,即他们是否在与律师的合作中感到公平与尊重。⑯其他原因则与被告人的日常生活经历有关,这是他们不信任整个刑事司法制度的原因,所以他们无论与哪个律师互动都会觉得不信任对方。⑯

---

⑱ 关于因犯在申诉听证中对公平性的评估结果的重要性,参见 Jenness and Calavita(2018)。

⑲ 社会心理学研究表明,个体在分配正义(即公平结果)、对正义结果的支持和程序正义(即公平和值得信赖的制度过程;参见 Tyler and Huo 2002)之间存在差异。事实上,这项研究中的几个人讲述了他们信任律师但对结果不满意,反之亦然。

⑯ 关于律师的激励和制度的结构性约束,现有的几项关于弱势群体被告人对律师不信任的研究侧重于被告人对法律援助制度的结构特征的认识,他们认为这些结构特征对他们不利。贫困阶层的被告人认为,律师向他们施压,迫使他们采取违背自己最大利益的认罪协议(例如,参见 Wilkerson 1972)。学者们还表示,法院指派的律师通常是法庭的"常客"(这意味着他们往往在同一法院执业,并成为法庭工作组的公认成员),他们可能会感到压力,需要与他们每周(如果不是每天)见面的检察官和法官保持合作关系(参见 Van Cleve 2016)。这种压力可能导致他们试图通过强迫他们接受认罪协议并保持系统有效运行来控制他们的客户(参见 Eisenstein and Jacob 1977;Feeley [1979] 1992;Heumann 1981;Sudnow 1965);相反的证据,参见 Emmelman 2003。繁重的案件工作量可能会使法院指派的律师难以在正当程序原则下作出决策(见 Blumberg 1967;Uphoff 1992;Van Cleve 2016)。许多关于法律援助的学术批评得到了本研究中被告人的认可。

⑯ See Tyler(1988);Tyler and Huo(2002).

⑯ 长期以来,学者们注意到,穷人和少数种族/族裔群体对司法当局和法律机构的不信任程度相对较高。少数族裔对法律机构的不信任程度较高(例如,the police and the courts;Bobo and Thompson 2006;Hagan and Albonetti 1982;MacDonald and Stokes 2006;Muller and Schrage 2014)——在所有种族群体的工人阶层和贫困阶层,也有一小部分人如此(Hagan and Albonetti 1982;但与低收入黑人相比,他们对某些法律机构的不信任程度更高,参见 Brooks and Jeon Slaughter [2001])。这种不信任在很大程度上与人们对不公平待遇的看法有关(Hagan and Albonetti 1982)。社会心理学家已经表明,对与法院系统各方面互动的个体而言,公平感与他们受到司法当局的对待的满意度或他们的程序正义感有关(Tyler 1988;Tyler and Huo 2002)。一项研究表明,满意度会受到人们是否与个别官员分享他们的种族认同的影响(Baker et al. 2015)。仅仅与司法当局接触过多已被证明与程序不公正有关(Hagan,Shedd, and Payne 2005;Weitzer and Tuch 2005)。社会学家已经表明,生活在与正常运作的法律制度疏远的过度管制的贫困社区中,与法律犬儒主义或将法律当局解释为没有能力公平确保公共安全的文化框架联系在一起(参见 Elijah Anderson 1999;Bell 2017;Kirk and Papachristos 2011;Sampson and Bartusch 1998)。

通常,弱势群体被告人在与辩护律师初次会见时,就已经开始怀疑对方的辩护意愿与能力了。

被告人捉襟见肘的财力加剧了对律师的不信任感。如果你来自中产阶级,那么就有可能经人介绍认识私人律师。你可能付得起代理费,或者至少能向亲戚朋友求助。但如果你身陷贫穷的话,很可能就别无选择了,只能配合法院指派的辩护律师。如前所述,波士顿的贫困阶层被告人可能会由两类律师代理:一是法律援助律师,一是公设辩护人。约有四分之三的弱势群体被告人可能会由法律援助律师来代理。[163]虽然法律援助律师和公设辩护人有些许差别,但被告人很少会对他们作出区分,因为官方指派的方式是相同的。一般而言,当被告人被正式起诉,会在聆讯时被指派一位法律援助律师或公设辩护人。在任何聆讯程序中,都会有一位值班律师或数位法律援助律师,他们穿着相同的职业装,坐在同一个桌前,看不出差别。尽管法律援助律师和公设辩护人的报酬因州而异,但被告人无论由谁代理,其向法庭支付的费用都是一样的,通常为 150 美元。对于经济条件极差的弱势群体而言,代理费通常会被减免。

弱势群体被告人经常把这两类律师当做同一个群体,因为他们报酬很低,资源又差。工薪阶层的黑人罗亚尔认为,公设辩护人没有动力为被告人的案件投入时间,他们不仅薪水很低,而且容易对检察官软弱妥协:"他拿不到足够的报酬,又同地方检察官合作,所以总劝你接受辩诉交易。"托尼娅和其他众多受访者也指出了同样的问题。工薪阶层的白人罗伯特也认为:"你应该也了解,有时候你会觉得很多公设辩护人都跟检察官是朋友,他们不想为案子发生争执,毕竟中午还要一起聚餐呢。"

除此之外,弱势群体被告人往往会认为,法院指派的辩护律师办案负担太重,繁重的工作量导致他们不得不在客户之间权衡利弊。因此,这些被告人根本不相信律师会在任何一个案件中投入必要的时间。笔者访谈的被告人克里斯托弗就如此认为。他出身于中产阶级家庭,但一直处于失业状态,多年来一直靠社会补助保障金生活。他表示:

---

[163]　Gurley(2014).

我认为公设辩护人是没有多少机会来认真办案的。他们与你自己聘请的辩护律师之间有着巨大的鸿沟，因为不同的时间投入产生的辩护结果完全不同，你觉得呢？我是说，我不怀疑她在我身上费心了，但我觉得她很奇怪。我知道公设辩护人代理的案件特别多，时间根本不够用。你想啊，她又不是只有你一个客户。如果你委托了私人律师，开庭的那天他们会为你腾出时间来，就为你一个人出庭，但公设辩护人可能一天得马不停蹄地办十个案子。就这么简单。

在贫困阶层被告人眼中，如果律师的办案任务过于繁重，就将产生负面效应：律师会认为给自己减轻负担的最好办法不是帮助被告人，而是强迫他们认罪，拒绝为他们提出动议或其他耗时的诉讼程序。[164]

法律援助体系的另一个屡遭诟病之处是被告人在被指派律师时缺乏选择权。被告人在被捕和遭到指控之后的第一个诉讼程序是聆讯。聆讯时，被告人被带到法官面前，由法官决定是否应该设定保释金以及具体设定多少金额。在聆讯程序之前，几乎所有弱势群体被告人都会由法院的书记员指派一位律师。通常而言，这位律师会与被告人会见几分钟来谈论其涉嫌犯罪的细节、警方的报告以及保释的从轻情节，比如被告人是否有过前科，被告人的经济状况如何，等等。聆讯结束后，律师会告诉被告人如何与自己保持联系。这种短暂的初次会见给律师与被告人的关系奠定了基础。但被告人经常反映，以这种方式来指派律师，会让他们感觉到困惑和草率，更为重要的是，他们会因自己在被指派律师时缺乏选择权而不安。

前文第一章曾提到的凯勒布就反映了这一问题。凯勒布是受过高等教育的黑人男性，他因背部受重伤而失业，在第一次被控出庭接受聆讯时，法院为其指派了一位律师。因此，即便他是中产阶级，也曾一度属于弱势群体。他谈到，自己当时感觉相当失望："他（律师）给了我一张卡片，然后说'记得给我打电话'，就走了。我

---

　　[164]　参见 Eisenstein and Jacob(1977)；Feeley([1979] 1992)；Heumann(1981)；Sudnow(1965)；但相反证据，参见 Emmelman(2003)。莱文(Levine 2013)在低收入女性与福利办公室个案工作人员的互动中提出了类似的观点。福利案件工作者有结构性的动机来减少他们的工作量，这直接违背了福利受助人的利益。

当时就说:'这就结束了? 我还有很多事要跟你说呢,等一下,等一下!'"凯勒布一连给律师打了几个电话都没得到回复,他只能在网上查询:

凯勒布:"我在网上搜了一下,然后心想:'这不行,我要找一个新律师。'"

我:"我懂了,你在法官面前要求重新委托一位新律师的时候会紧张吗? 当时是什么情况?"

凯勒布:"当时我好像是准备了一份新的书面申请,这能让我轻松一点,因为我不知道自己临场发挥会怎样。我直接去了法官办公室,然后说:'你好法官,我想重新找一位律师。'当时我也没想到他们会认真对待。我就拿出了准备好的书面申请,然后读了出来。法官就说:'可以,这很公平。'"

我:"那你当时在申请书上写了什么呢? 你的理由是什么?"

凯勒布:"我说我不放心那个律师会把我的利益百分百放在心上,我不确定他手上还有多少个案件要处理。但是,嗯,你知道,我的权利应该得到保护,我的案子必须符合我的要求。差不多就是这个意思,我复述的可能不准确,但差不多就这样。"

凯勒布得偿所愿,法官给他指派了一位新的律师。凯勒布回忆起这位律师时说,他是"一位老人",他"以此为生,乐在其中","他很高兴能代理我的案子",最终这个案子以撤案告捷。凯勒布对指派的律师的担忧获得了法官的认真对待,不过考虑到凯勒布受过高等教育,他的经历只是一个例外。

对于大多数也想更换律师的弱势群体被告人而言,他们就很难复制凯勒布的成功了。他们在访谈中说,很少有法官同意重新为他们指派律师。工薪阶层的白人男子凯文对此抱怨说:"我想解除委托,但法官不允许。"托尼娅向笔者讲述了自己几年前的诉讼经历,她在审前羁押期间感受到了重新指派律师的难度。有一天,当她被带到法庭听证时,她向法官申请重新指派律师,"他们(法官)却说:'现在这位律师不行吗? 他不是做得非常好吗?'我当时非常生气地说:'我不觉得他在认真为我做事。'"托尼娅被押送回看守所后,马上给法官写了几封信:

"我要求法官重新指派律师,但都石沉大海,没有一点回音。我在法庭上说:'我觉得现在指派给我的律师做得不好。'(法官)就会说:'你怎么不给我们寄信呢?'我说:'我已经寄了好几封了,而且保留了复印件。'法官问:'那你留有邮寄回执吗？'我说：'啊？我不知道，我要是知道还需要保留邮寄回执，那我肯定会带上法庭。'"

最终托尼娅放弃了，她明白法官不会同意自己的申请。一位曾承担指派辩护工作的律师告诉笔者，法官并不希望被告人"更换新的律师"，所以被告人必须有"强有力的理由"才能重新被指派律师。

弱势群体被告人和指派的律师之间的文化差异也会导致两者关系的割裂。在日常交往中，来自不同社会背景的人本来就比居于相似社会背景的人更难产生信任关系。诸多实验、访谈与调研已经证实，建立跨群体间的信任关系确实存在障碍。[165]特别需要指出的是，社会地位较低的人更难相信社会地位较高的人会帮助他们达成特定的目标。[166]律师与委托人之间的关系从本质上看是不对称的，因为律师拥有能与司法官员相媲美的专业知识和执照，而委托人（除非自己本来就是律师）则没有。因此，无论当事人的社会经济地位或种族地位如何，律师在法庭上天生就比委托人拥有更大的权力。除此之外，工薪阶层、穷人和遭到种族歧视的被告人还存在另外一个劣势，那就是他们不太可能与辩护律师分享自己的日常经历，后者往往是来自中产阶层的白人。[167]在社会学家眼中，双方分享文化经历、生活品位或世界观意味着一种"文化共性"，这种行为往往能促进两者的信任关系，不分享这些经历则往往会导致双方的不信任。[168]

在访谈过程中，来自工薪阶层的黑人被告人和贫困阶层的被告人经常向笔者透露自己在寻找与律师之间的文化共性方面存在困难。即便律师是黑人，许多人

---

[165]　Alesina and Ferrara(2002)；Kramer and Cook(2004)；S.S. Smith(2010).

[166]　论权力的差异和信任，参见 Cook(2005, 11—12)；Levine(2013)。

[167]　2016 年，在波士顿地区法院的公设辩护律师中，少数族裔占不到 25％，而 2012 年，近 67％的被告人是少数族裔。这些数据是笔者自行收集以及公设辩护律师委员会、马萨诸塞州缓刑服务局提供的。为了进行这一比较，笔者只囊括了被归类为在波士顿和罗克斯伯里地区/市政法院以及萨福克县高等法院执业的公设辩护律师的人数；刑事被告人的人数同样只囊括在上述法院接受传讯的人。此外，贫困被告人所从事的职业往往远不如他们的律师那么有声望。考虑到这些差距，波士顿的贫困被告人和那些来自边缘种族群体的人似乎比他们的中产阶级或白人同龄人更有可能与律师缺乏文化共性。

[168]　在劳伦·里维拉(Lauren Rivera 2012)对投资银行、律师事务所和咨询公司招聘的研究中，她描述了雇主如何更愿意聘用与他们有共同品位和经历的求职者，比如薪水或对运动队感兴趣。她将这些文化属性的共享称为"文化匹配"，她认为，拥有丰富文化经历和品位的求职者更有可能与潜在雇主找到共同点。

也觉得无法与其建立良好的信任关系。以贫困阶层的黑人男子蒂姆为例,他在诉讼初期曾对自己的案件抱有希望,因为他的案子是由一位黑人女律师代理的,他认为这位律师会在聆讯时听取他的意见并认真代理案件,但最终他们还是没能达成互信。蒂姆回忆道,在经过几次会见后,她"对我一直有着刻板印象……就像我是个毒贩一样",因为"很多黑人孩子都有犯罪前科"。讽刺的是,"她还很惊讶我居然只有非法入侵一类的犯罪前科"。令蒂姆生气的是,这位黑人律师不断告诉他,她对蒂姆在马萨诸塞州没有重大毒品犯罪的逮捕前科感到惊讶。用蒂姆的话说,这位律师是个"叛徒",因为她没有对"缉毒战争"或黑人社区的警察过度管控表示同情,是个只会对警察毕恭毕敬的臣服者。

其他黑人被告人认为,在针对黑人的种族偏见下,白人律师整体上不会为他们尽职辩护。黑人斯莱彻就持这种观点。他是一名汽车修理工,有着灰绿色的眼睛,操着一口浓重的牙买加英语。斯莱彻曾经两次因为醉驾被捕,法院都为他指派了辩护律师,其中一次是白人女性,另一次是黑人男性。两位律师都给他争取到了附条件缓刑。虽然结果类似,但斯莱彻却把白人律师比喻成为政府"工作"的"白人骗子",对黑人律师的评价则是"照顾黑人兄弟"。他对比了自己与两位律师的接触经历,总结说:"如果你是一个黑人,又被指派了一个白人律师,那你就完了。"虽然两个案子的判决结果很相似,但不同的互动过程深刻地定义了斯莱彻的法庭经历。对于像斯莱彻这样的被告人而言,律师与客户的关系本身就标志着正义或者非正义。

在旁听庭审时,笔者注意到存在律师忽视黑人被告人或误认被告人的情况,这在一些被告人看来正是律师对被告人种族歧视的证据。例如,一天早上,我和两位黑人男性、两位黑人女性一起坐在法院的旁听席上。一位白人男律师从法庭前面转向旁听席,低声说出一位女性的名字,疑惑地看着我们。其中一位女士举起了手,律师低声说:"不好意思,我要仔细分辨才能认出来你,我不确定是不是你。"这位律师和女士一起离开房间,在大厅里谈话,几分钟后,这位女士回来了,她翻着白眼对旁边的女性说:"这就是我那该死的种族主义律师。"说完她们俩都笑了。在另一次旁听时,我看到一位黑人男子在预审听证会上被传唤,他走近审判席,一位年长的白人法律援助律师从走廊进来,站在这位黑人男子身边。很显然,这位律师认为他就是自己代理的被告人。但令人尴尬的是,大约过了十五秒钟,法官看了看文件抬起头对律师说："这不是你代理的被告人。"这位律师毫无歉意地点了点头,回到了自己的座位上,而此时真正的辩护人还未到庭。此外,我还观察到了四个堪称微妙的种族主义文化现象——法院指派的辩护律师在法庭里私下交谈时,对自己的委托人发表了刻板印象的评论。[169]必须强调的是,虽然我在法庭旁听时没有观察到明显的种族主义,但这不代表种族主义就不存在,因为我本人就是黑人,这会降低我目睹种族主义的可能性。此外,本书最终证明的是,今天的种族主义司法不公并不需要依靠公然横行的种族歧视来体现,与之相反,这种司法不公是通过压制和胁迫弱势群体被告人的方式而永久存在的。

被告人之前的负面经历和观察会在将来影响其与律师的关系。与律师、法官、警察和其他司法官员接触而产生的负面经历,经常给被告人带来压力。被告人从中获得的教训是,要对司法机构保持怀疑,在陷入新的诉讼时,这种思维会直接引发其不信任法院给他指派的辩护律师。被告人理查德就是这样的例子,他是一名来自工薪阶层的黑人,受访时穿着新英格兰爱国者队的 T 恤,他把司法制度描述为"新吉姆·克罗"*[170]。在被监禁数年之后,他开始意识到当代司法制度在以诸多方

---

[169] 笔者观察到的辩护律师——公设辩护律师、普通辩护律师和检察官——绝大多数都没有使用种族主义语言。尽管如此,笔者还是在自己的田野笔记中归纳了四个明显或微妙的种族主义实例。当笔者坐在旁听席上或坐在笔者跟随的公设辩护律师旁边时,他们在公开审判时自由发言。笔者听到的这些话很可能也会被当时坐在法庭上的许多被告人无意中听到。因此,即使这种情况很少见,它们的发生对目击它们的被告人来说也可能很重要。具体而言,笔者观察到的种族主义评论中有三个是针对黑人的,一个是偏袒白人的。例如,在法庭休庭期间,一位拉美裔辩护律师转向我,低声说:"哦,天哪,我有一个有趣的故事。"笔者笑了笑,探身去听他的故事。他说:"刚才在看守所里,我的当事人对我说:'你们为什么让我和这些黑鬼在一起?!'"笔者闭着嘴笑了笑,等着听这个故事中是否有什么笑点。酒吧的律师笑着说:"我的被告人是黑人! 这不是太疯狂了吗?"我回过身子,不清楚为什么这个故事如此幽默,为什么辩护律师觉得他需要和我分享它,为什么他觉得说"黑鬼"这么舒服。另一天,另一位辩护律师在法庭开庭前与一名法院书记员聊天时,开了一个关于士绅化的种族主义笑话。作为一名亚裔男子,这名律师正在询问书记员当天他们预计会被聆讯的案件数量。书记员说那天不会有很多案子。辩护律师笑着回应道:"你知道,自从这个社区出现士绅化以来,我就再也没有遇到过像以前那样多的案件了。"关于微妙的种族主义和一般的种族主义言论,见 Bonilla-Silva(2010);Clair and Denis(2015)。关于法院官员中的种族主义,参见 Bonilla-Silva(2010);Clair and Denis(2015). On racism among court officials, see Bridges, Crutchfield, and Simpson(1987);Clair and Winter(2016);Van Cleve(2016).

* New Jim Crow,指对黑人的种族歧视。——译者注

[170] "新吉姆·克罗"一词指的是法律学者米歇尔·亚历山大(Michelle Alexander 2012)普及的一种观点,即大规模监禁是为应对 20 世纪中叶吉姆·克罗种族主义的瓦解而发展起来的一种种族社会控制工具,另见 Roberts(2007)。

式压榨剥削黑人。比如,他认为自己在监狱里要付费才能使用手机是一种剥削:"我就是这些人的奴隶……他们打造了一个赚钱的新制度,我觉得这就是变相的奴隶制。现在你还指望我付钱给他们,让他们继续把我们人民踩在脚下?"当笔者问理查德第一次被捕的情况时,他称那时他十几岁,还尝试与法院指派的律师合作。但现在,他开始认为这种关系,以至于与法院指派律师的所有关系,都是有问题的。他说:

> 这些律师根本就不在乎,他们跟检察官和法官相互勾结,早就知道每一个案子最后是什么结果。你知道的,等到天黑下班了,他们还会握手交谈,然后一起吃晚饭。他们就是穿一条裤子,互相串门……这就是为什么律师根本无所谓。你给他付钱,他却把你当白痴。

在本书中,对于被告人而言,他们在初次被捕时通常会信任自己的第一位律师。然而在经历过多次诉讼之后,他们会慢慢形成一种既不信任司法制度,又不信任律师的思维。

弱势群体被告人与律师的关系十分怪异——你被指派了一个此前从未见过的陌生人,他却突然要闯进你心底最隐私甚至最阴暗的地方。同时,这个人还会决定你将来几个月、几年甚至几十年的生活。[17]不过,虽然说被告人与律师的关系很微妙,但这与其他很多专业领域内的委托关系非常相似,比如病人与医生、学生与老师,等等。在一段关系中,如果要让委托人受益,必须先建立起双方的信任关系。被告人与律师之间也是如此,二者之间的不信任状态与紧张关系互为因果。

第二节 被告人的积极对抗

鉴于上文所述的不信任关系,弱势群体被告人与律师在法庭上往往会出现剑拔弩张的情形。当他们的律师表现得不愿意或者无法提供帮助时,被告人就会自学法律知识和技能,且尝试在庭审中付诸实践;被告人还可能向律师施压,要求他们作出某些具体的决定。对于律师而言,被告人这些大大小小的日常"抵抗"有

---

[17] 关于日常抵抗形式,见 C.J. Cohen(2004);Kelley(1996);Scott(1990)。斯科特(Scott 1990)认为,被压迫的人民可以假装同意他们的压迫,同时从事颠覆性的和微妙的形式的"隐藏"抵抗。凯利(Kelley 1996)描述了黑人工人阶层的"日常抵抗形式"。

时候秘而不宣,有时候又大张旗鼓。当被告人与律师对辩护策略产生分歧而在法庭上爆发时,这种"抵抗"就极为明显。一些被告人甚至会对更好的判决结果提出质疑。例如,律师可能会自认为被告人更倾向于被判处缓刑而非实刑,但弱势群体被告人还会考虑其所在社区的警察监控和缓刑期被捕的后果等现实成本,所以他们更倾向于实刑。对于他们而言,选择实刑意味着能更早获得自由,更符合实际。

从根本上说,被告人对律师的抵抗是一场有关法律专业知识的博弈,即在刑事诉讼中应该采用哪些诉讼程序和规则,以及谁又有权作出决定。刑事法律制度中的专业知识可以理解为刑法和刑事诉讼法的专业知识及其相关技能的总和。[12] 法官、律师和被告人等刑事诉讼主体可以在诉讼程序中利用这些文化资源来改变法律结果,让自己获益。虽然许多弱势群体被告人对自身诉讼权利和诉讼程序的掌握程度有时令人惊讶,但从下文中可以看出,其实他们掌握的法律知识既不如专业人士精确,也并不一定合乎情理,只能称作"略知皮毛"而已。然而,法官、检察官和辩护律师是这一领域的专业人士,他们接受了法学院的判例法和诉讼程序的专业教育,通过律协考试获得了专业执照,又在日常司法实践中得到磨炼。与此同时,司法官员们也是法庭的常客,他们在多次实战中丰富自己的专业知识,使其在同行中呈现出自己的价值与正当性。相较而言,被告人的专业知识只不过是通过家人、朋友以及在狱中和旁听庭审时获得的,这属于非正式的法律教育。他们掌握的是刑罚如何在个人生活和社区中运作的经验。因此,那些受过法学院正统教育、符合执业地区法庭期望的律师可能无法分辨被告人自学的专业知识。

笔者访谈的几乎所有被告人都或多或少地讲述了自学法律知识的过程,但相较而言,贫困被告人和工薪阶层的有色人种被告人比优势群体被告人掌握更多有关权利和程序的知识,并因之与律师发生了争执。像本书前言中提到的德鲁和本章开头的托尼娅就是律师与被告人关系的典型体现,这一关系的特征在于积极抵

---

[12] 学者们通常将专业知识定义为人们用来解决问题或完成任务的知识、技能和关系(Collins and Evans 2007)。与医学或科学等其他领域的其他专门知识一样(参见 Haug and Sussman 1969;Hodson and Sullivan 1990),法律专业知识由专业协会(例如律师协会)和专业学校(例如法学院)进行专业指导。

抗和消极抵制。他们都不认同法院指控的罪名和律师的办案方式。在多次参与刑事诉讼程序之后,他们掌握的非专业法律知识也增长了,并以之来理解自己的合法权利,为自己辩护。例如,德鲁对最初指派给他的两名律师都感到不满。在非法持有管制刀具案件的聆讯程序中,他坚持要求纠正法庭笔录中记载的案件事实,但第一位律师无视他的诉求。德鲁认为这一事实对减少他的保释金金额很重要,但这位律师似乎并不在意。后来,德鲁和他的第二位律师汤姆也无法就辩护策略达成一致。德鲁坚信自己对法律知识早已熟稔于心,应该在法庭上提出几项动议,但汤姆律师却认为这几项动议不适用于该案。二人的激烈分歧导致他们在一次会议上不欢而散,最后在动议听证会上,德鲁也不愿意遵从法官的指示。

后来,托尼娅也开始疏远和对抗辩护律师,转而依赖自学的法律知识。前文提到,她想从心理学家那里获得证明函以让自己从轻处罚,不过最终未能如愿。虽然她的律师并未说过此举有助于减轻刑罚,但她在和戒毒之家的女性交流后还是认为这一策略可能有用。在托尼娅的最后一次缓刑听证会上,当法官问她是否还有话要陈述时,她没有听从律师的建议去承认错误,而是自作主张澄清事实,为违反缓刑条件找理由。托尼娅认为这能为自己的吸毒行为开脱,但这一做法并未奏效,最后还是听从了律师的建议。法官判处托尼娅延长缓刑期,并且严厉警告她切勿再犯。

被告人在访谈中描述了自学法律知识的几种途径。其一是阅读有关法律文本。工薪阶层白人约翰·布雷泽曾因涉嫌犯罪而未能保释,他告诉笔者,自己在收押候审期间阅读了法律条文:"我拿到了所有的法律文件,然后研究了自己的案子,现在我对胜诉很有信心。"无独有偶,当笔者与一位出身贫寒的拉丁裔黑人被告人格雷戈里访谈时,他谈起自己对诉讼程序的熟悉程度:"你知道吗?我正在(监狱里)学习诉讼程序。我随便读了读,就学到了一些东西。"他还说,监狱和看守所专门为他们培养法律知识而开辟了场所,"你知道吧,监狱和看守所的囚犯都会来学习,这里还有驻监值班律师"。监狱及部分看守所会提供学习判例法(即马萨诸塞州及联邦法院如何在案件中适用刑法和刑事诉讼程序的先前案例)的机会。在马萨诸塞州,州立监狱为囚犯提供图书馆服务,允许他们访问判例法资料库和其他法律资料。根据马萨诸塞州惩教署的规定,"每一位囚犯"都可以看到这些资料。[18]通过这种方式的学习,部分已服刑的囚犯提出了上诉。一般而言,在押的囚犯还会学习更多的法律知识,以备将来涉嫌其他犯罪时所需。在笔者的访谈中,被告人们时常将自己的案件与过去的判例相比较。

肯是一位 50 岁出头的白人男性,出身于工薪阶层,他皮肤黝黑、肌肉结实、牙齿洁白,现在是一名健身房教练。多年以来,他在监狱里通过自学和听课掌握了法律知识。在访谈中,肯不时流露出一种自信。当他介绍自学的法律知识时饶有兴致,在监狱服刑期间,他决定进修法律课程以应对将来的不时之需。他说:

> 我学习了宪法,我喜欢法律。你知道吗,当你坐牢的时候,有的人会去法律图书馆看看自己的案子。我觉得每个人都应该去查一下,了解自己的案件到底是怎么回事。就像你想成为一位工程师的话,要先翻翻汽车手册。

在被监禁期间,肯以自学的法律知识帮助其他囚犯。比如说,他曾帮助一位囚犯提出了动议,解决了后者的保释问题:

> 肯:"我帮另一个孩子拿回了母亲给他的十万美元,嗯……他违反了保释规定,嗯……他的保释条件是……市检察官办公室已经冻结了保释金,本来准备没收的。我提交了一份动议,理由是被告人存在语言障碍,因为他的母亲一句英语都不会说。我举了拉莫斯的判例,这可是现行的法律,也就是说检察官只能照办。在拉莫斯案中,因为有飓风灾害导致被告人不能去法庭,这最后成了免除保释金的正当理由。在我这个案件中,这个孩子之所以不能出席,是由于头一天晚上他因贩毒被抓,第二天早上要在另一个法庭受审。我逐字逐句地研究了拉莫斯案,那可是金科玉律,你要么找到判例,要么制造判例,所以我们就引用了拉莫斯案。如果你把这个判例放在法官面前,这个法官相信了,他们会震惊的!如果你措辞得体,逻辑得当,结论正确呢?但首先,他们肯定不喜欢看到引用的判例被推翻。我是说……"

> 我:"你说法官不喜欢看到?"

---

[18] 每一名囚犯都应有权获得法律材料。根据联邦和州法院的裁决和国家标准的建议,法律材料至少应包括:州和联邦宪法、州法规、州决定、程序规则和决定以及相关评论、联邦判例法、法院规则、实践论文、引文和法律期刊。参见 2018 年 2 月 5 日,档案号:103 CMR 478;Library services and regulatory authority MGL c.124,§1(c) and(q), Mass.gov, https://www.mass.gov/files/documents/2017/09/04/103cmr478.pdf。

肯："是啊，他们会觉得你是在浪费时间。他们不喜欢看到任何有利于被告人的东西。对吧？然后呢……（比如说）一个博士读完学位开始入门了，你最不想看到的就是，就是……嗯……一些自学成才的没有资质的人，只知道一些歪门邪道的东西。"

肯的叙述揭示了两个重要的事实，即为什么被告人自学法律知识会被司法官员贬低。第一，对于法律专业人士而言，被告人自学的知识可能不准确。例如，肯引用的拉莫斯案可能让司法官员难以理解，因为他们通常会援引其他耳熟能详的案件。[114] 在另一次访谈中，我问一位常在波士顿执业的公设辩护人是否知晓拉莫斯案，她表示对此一无所知。这说明，即便拉莫斯确实是一个上诉案件的名字，也不是一个经常被援引的判例，因此法官认为援引该案毫无助益。第二，正如肯提到的，法官很少会听取被告人的意见，因为后者经常在没有律师斡旋的情况下"自说自话"。肯说"他们不喜欢看到任何有利于被告人的东西"，意思是法官更喜欢被告人通过律师来论证观点和辩论，而非在律师缺席的情况下发表自己的意见。从肯的描述来看，我尚不清楚他的意见是否真正对狱友的案件起到了决定性作用。

除了自学以外，被告人还通过旁听庭审的方式掌握法律知识。在波士顿的各个法院，被告人可以在走廊、拘留所、法庭的候审区或旁听席中度过一天。未被采取羁押措施的被告人经常坐在旁听席上等待传唤，他们的家人或朋友有时候也会陪伴左右。在休庭期间，他们可以与家人轻声交谈，也可以观察司法官员之间的闲聊。他们可能会无意中听到律师谈论客户的案件或早间新闻，等等。有的被告人可能会出去透个气，在外面抽根烟，吃点东西，跟自己的律师简短地会见，或者只是在大厅中闲坐。当庭审即将恢复前，法官或书记员会用小音响播放诸如"请第三场庭审的相关当事人到庭"的提示语。在押被告人绝大部分时间都会被一起关在牢房或法庭密闭房间中，有时甚至会被关押在法院的地下室里。虽然一些在押被告人可能会互相诉说经历，但许多人只是静静地坐着，他们要么是因为害怕而不敢讲话，要么是因为毒瘾太大而有些失智。当他们被带进法庭后，通常会关在透明玻璃围起来的审判席里，坐在木椅子上。当他们被传唤时，就会靠近玻璃墙上与肩齐平

的圆洞来答话。这些被告人时而将耳朵伸出洞口聆听诉讼过程,时而将嘴巴伸出洞口低声与律师交谈或回答法官的问题。

这些法院场所都给被告人提供了观察和学习其他被告人及律师的论据及策略的机会,让他们得以有限地理解法律大致如何在法庭上付诸实践。例如,排期在末尾的被告人在旁听席或等候席坐着时,有机会旁听前面 5 到 10 个甚至 30 个案件的保释理由。被告人可以了解到,什么类型的案件会处以多少保释金,审理自己案件的法官会在什么情况下发火,等等。同样,在审前听证会上,被告人可以观察到庭上提出的各种动议,注意到案件中引用的判例,律师和其他被告人向法庭阐明的理由及辩护策略。各个案件的细节往往有所不同,法庭上的种种辩护方式对于法官而言早已司空见惯,在律师看来,被告人的诉讼权利、诉讼流程和辩护理由是无关紧要的,但在被告人眼中可能并不常见,他们需要通过旁听庭审来了解这些要素。

唐是一位工薪阶层的黑人被告人,但其与大多数工薪阶层的有色人种被告人和贫困阶层被告人不同,他的岳母是一位警察,这让他与警察建立了人脉关系。他的爱人受过大学高等教育,从感情和策略上都为他竭尽全力。虽然唐已经与律师达成了互信,但仍然通过观察增长了自己的法律知识。尽管唐最终凭借自己优势群体的人脉资源聘请了律师,但他与律师最初接触时仍然发生过不愉快。起初,他对是否应该信任律师犹豫不定,但在岳母的建议下,他开始与律师积极合作。在此之前,他为自己涉嫌的贩卖毒品案件花了很多时间学习法律知识。他在旁听庭审后燃起了希望,认为自己可能只会被判处强制戒毒。他说:"很多人被判处强制戒毒,我都看到很多次了。"他发现,被判处强制戒毒的被告人的律师们往往会向法庭出示当事人吸毒史的各种证据,于是他决定,自己也要把过去吸毒和戒毒的"文件""留档"提交给辩护律师。

绝大多数被告人会从自己之前的出庭经历中汲取经验教训。经常受到刑事指控的被告人自然会对特定的犯罪指控"信手拈来",甚至会因为跟部分法官碰面次数太多而成了"老相识"。在访谈中,那些"几进宫"的被告人常常能记住法官的名字,反之,法官和其他官员们也记得这些惯犯。一位白人被告人欧文就是如此,他出身贫寒,从小就染上了毒瘾。据欧文自己估计,他已经被捕约 200 次了,他的现任公设辩护人赛琳娜也佐证,欧文在马萨诸塞州的犯罪记录中似乎有150余起案件,其中有两起是由她在同一法院代理的。当我陪同欧文参加庭审时,一位黑人司法官员认出了欧文:"你好,老板,最近怎么样?"欧文回答说:"很好!很好!"然后他们谈起了欧文的戒酒经历。后来,我在欧文和赛琳娜律师的一次会见时得知,由于曾经的一次与缓刑监督官和毒品法庭法官的糟糕经历,多年来他一直非常抵制缓刑和毒品案件法庭。尽管欧文并不愿意被判处缓刑,但他现在涉嫌的案件又一次面临缓刑,欧文十分担心。他告诉赛琳娜:"如果我这次又违反缓刑规定,我怕缓刑监督官赫尔南德斯会威胁我。"来自工薪阶层的黑人罗亚尔也面临着相同的处境。他已经被逮捕了15次了,他向笔者讲述了自己如何凭借自身经验处理日常案件,比如吊销驾照。罗亚尔的驾照已经被吊销了无数次,几乎每次都源于他本人的法律纠纷。尽管有些被告人会聘请律师来处理吊销驾照的案件,但罗亚尔坚信,这对他这种"老油条"而言已经没必要了。"有的案子是不需要公设辩护人出马的,你甚至不需要付律师费",他说,"你知道,如果你被吊销驾照了,法官只是要你补上分,交罚款,根本不需要请律师来做这事儿。"

除此之外,被告人还会通过与家人、朋友和其他被告人的交流来增长法律知识,对于工薪阶层和贫困阶层被告人尤其如此。弱势群体被告人往往在休庭期间、社区会议上和司法机构中讨论自己的案件,他们还会把家人和朋友带去法庭旁听。比如,西比尔律师的一位当事人杰德就是这样。杰德是一位出身工薪阶层的黑人妇女,她带着自己的朋友参加了听证,她说如果自己受审的话,就要这位朋友给自己作证:"她会作证的,我爸也会来,我把他们都带来了,我保证,一旦需要,他们就会为我作证!"从这个角度看,家人和朋友可以通过正式参与被告人庭审的方式来帮助他。对于弱势群体被告人而言,家人和朋友是他们获取法律知识的来源,他们甚至会以这些业余知识来质疑律师的专业知识。朋友和家人会向被告人分享自己了解的故事或看法,尤其是当他们也曾遇到过类似情况的时候。这种做法虽然会让被告人增长法律知识,但也会加剧被告人与律师之间的不信任、助长法律犬儒主义。但在优势群体被告人中,不懂法律的家庭往往更有可能充当被告人和律师的中间人,我们将在下一章中看到这一点。

特洛伊在访谈中讲述了自己如何从与邻居的谈话中掌握法律知识。他今年二十多岁，是一位长着娃娃脸的白人男子，受过高中教育，十几岁时参军，二十岁出头就被派往阿富汗和伊拉克执行任务。海洛因在中东的军事基地里畅行无阻，特洛伊因此染上了毒瘾。当特洛伊返回美国后，发现很难找到工作，一次开车购买毒品时，他在距离波士顿一小时车程的某个小镇上被捕了。虽然他以前从未被捕，但他已经知道如何在警方讯问时摆脱罪名：

> 特洛伊："（警察）想和我做交易，他们说：'你是从哪里弄来的毒品？如果你交代，我们就放你走。'这种话有时候是真的，但大多数情况下是骗你的，你懂吗？他们这么说的话，你可能就会交代。当时我说：'你们抓到我吸毒，不让我走，饶了我吧。你们把毒品拿了就走吧，行吗？'"

> 我："所以他们把你逮捕后讯问了你？你当时在牢房吗？他们有没有把你带到审讯室？还是……？"

> 特洛伊："没有。他们下来跟我聊了几次，比如：'你想帮自己吗？'我说：'不用了，谢谢，我不想把自己卷进去，非常感谢！'我就是我自己的律师。"

> 我："我是说，这是你第一次被捕对吧？你怎么知道可以保持沉默呢？"

> 特洛伊："因为我有一些朋友已经在这个体制里待了很久了。我说了呀，我认识很多警察。而且这对于我而言只是常识，警察不会站在你这边的。"

特洛伊向我解释说，他的法律知识是通过他与"在这个体制里待了很久"的朋友的关系和与从小一起长大的"警察"的关系中获知的。

波士顿已经有社区组织开辟了专门场所，主要为低收入群体和少数族裔社区的民众传授法律知识。在波士顿期间，我在自己常去的地方法院附近几个街区中对一位组织者进行了访谈。这个社区组织致力于"亲历式辩护"的"土办法"，即人们根据自己的出庭受审经验，为社区其他人提供建议。接受笔者访谈的组织者将"亲历式辩护"描述为一种邻里朋友间保护彼此免遭刑事司法制度侵害的方式。他们每周举行一次正式例会，不仅传授法律知识，还会帮助即将受审的被告人准备好对律师的提问，制定向律师施压的策略，以让后者认真对待被告人。[15]组织者告诉我："我们希望推动律师更加努力主动地工作。"但当我问到律师的专业知识时，她

---

⑮ 加利福尼亚州圣何塞的一个名为硅谷除虫的组织是第一个正式建立"参与式辩护"的组织之一（Moore，Sandys，and Jayadev 2015）。

说："我承认律师确实更专业。所以,我们在某些事情上也不会太急于求成。有时律师之所以不会提出动议,是因为他们知道这在法律上行不通。"虽然笔者访谈过的被告人都没有提到过"亲历式辩护"或这个特定的社区组织,但这一场所的存在表明,至少对一些被告人来说,知识共享已经呈现出正规化的趋势。对于笔者遇到的弱势群体被告人而言,在获得法律知识和确保不对律师"逼得太紧"之间取得平衡确实是知易行难。在没有正式的社区支持的情况下,他们经常片面孤立地学习关于权利和程序的法律知识,这些权利和程序在理论上固然可行,但在实践中很难奏效。正如本书结论所言,在"亲历式辩护"的正式团体的常规支持下,被边缘化的被告人不仅可以在与律师的互动中取得平衡,也可以共同努力对抗贫困有色人种社区的大规模刑事化。

在押被告人在监狱中也可以与其他人交流法律知识。像前文中肯那样读过判例法的所谓"监狱律师"有时候会与其他在押被告人分享自学的法律知识。[176]接受访谈的被告人杰弗里现年四十多岁,穿着灰色连帽衫,在他描述"监狱律师"时咯咯笑了起来,然后马上正襟危坐地说:"大多时候你不会在意'监狱律师'说了什么,因为他们自己都在坐牢呢,怎么帮助你解决案件,对不对?"说完这句,杰弗里又笑了起来,他说自己还是会"坐着听"他们的分享,"我就是这样开始案例法的入门学习的"。杰弗里在第一次因贩毒被判处监禁后,对自己的律师既愤怒又失望。服刑期间,他开始规划自己的未来,通过与狱友等人交谈的方式自学法律:

> 律师们曾告诉我会帮我脱罪,但他们食言了。从那以后,我就自己处理案件。因为我没钱支付律师费……他们处理案件的方式很混乱,但他们不想……以应有的方式代理你的案子,即便你向法院申请更换律师,也往往得不到批准。如果你因为律师的不管不问而被判监禁,我的意思是,我认识很多人比这些律师和其他人更懂法律。嗯……监狱里就是这样,尤其在某某监狱(真实名称已隐去),那里有一个法律图书馆,你可以在里面做很多事情,包括找到自己的案件。你知道的,很多人在法律图书馆自学以后翻了案。

杰弗里入狱后,听到了其他人的经历,对自己和他人的专业知识都更有信心,

---

[176]　See Abu-Jamal(2009); Milovanovic(1988).

但也加剧了对律师的不信任。

相较而言,优势群体的被告人除了会见律师和自己的亲属之外,一般不会与其他人讨论法律问题。一些人对自己涉嫌犯罪之事感到尴尬,他们担心这种事会惊骇到圈内好友。斯蒂芬·道格拉斯就是这么想的。他在一个中产阶级家庭中长大,住在波士顿以西半小时车程的弗雷明翰,那是一个静谧的工薪阶层社区。道格拉斯在高中毕业前夕被捕,罪名是涉嫌非法闯入及小额盗窃。报纸上刊登了他被捕的消息,这让他的父母大吃一惊。道格拉斯告诉我,自此之后他多次被捕,"他们(父母)最不喜欢的事情就是一而再、再而三地在报纸上看到我的名字"。他还记得父母第一次看见他因犯罪登报时的反应:

> 我登上了那份报纸的头版新闻……我记得放学回家以后我看到弗雷明翰的报纸《米德尔塞克斯新闻》,还有一个便利贴,上面写着"史蒂维,看看这个!"当我撕下便利贴……捡起报纸时,它展开了下半截,底下写着:"失物重现"。我一看就叫了出来:"妈的!"(呵呵)不过我的名字后面带了个"Junior",我叫"斯蒂芬·小道格拉斯",但报纸上写的是梅普尔伍德路 1025 号的斯蒂芬·道格拉斯,那是我爸。所以他们当时很生气。

我问他,父母怎么对他发泄愤怒。"没怎么样,"他说,"他们给我找了一位律师,是曾跟我妈妈(在药物实验室)一起共事过的人。"尽管道格拉斯的父母不愿意将儿子的案件情况告诉律师以外的任何人,但随着年龄的增长,道格拉斯会与外人谈论法律。现在道格拉斯已经 30 岁了,他还没找到工作,住在中途之家＊,他经常与儿时的朋友和在戒毒中心认识的熟人讨论他遇到警察和出席审判的经历。"现在每个人都知道我犯过罪了",道格拉斯发现,他像其他弱势群体被告人一样,不仅愿意而且渴望与他人交流法律知识和诉讼经历。

被告人掌握的法律知识会影响他们对诉讼结果的偏好。法律知识不仅是他们用以谋求某些诉讼结果的工具,而且也改变了他们对诉讼结果最终影响的认知。换言之,掌握法律知识让被告人对刑罚附随后果的理解更为深入。他们眼中的刑罚附随后果与律师或其他司法官员看到的大不相同。因此,被告人对律师的对抗

＊ 美国为从监狱释放的罪犯设置的社会适应性训练的过渡机构。——译者注

也会体现在对刑罚结果的不同偏好上。

　　弱势群体被告人对其所在社区的社会地位有着深刻认识，这种认识同样影响了他们对刑罚的理解。他们对刑罚的理解可能同参与立法、制定政策和实施审判的政客及司法官员大相径庭，这种差异最突出的表现就是关于各种量刑选择的目的，在分级量刑方案（如中间刑罚）背后的逻辑上尤为明显。犯罪学家诺瓦尔·莫里斯和法学家迈克尔·汤里将"中间刑罚"定义为介于缓刑和监禁刑之间灰色地带的刑罚，其包括"严格的缓刑，巨额的罚金，社区服务令，监视居住和强制医疗"。[⑰]这种类型的刑罚通常被称为替代性制裁，因为从表面上看，它们的惩罚性比监禁刑要弱。当前在地区法院和轻罪法庭中，替代性制裁愈发受到法官青睐。[⑱]不过，虽然一般认为这类"中间刑罚"比监禁刑轻，但一些学者的研究表明，法官的量刑偏好其实是主观的。[⑲]我认为对刑罚本身性质好与坏的判断确实是主观的，此外也取决于被告人的邻里社区关系和他们掌握的资源。因为良好的邻里社区关系和充足的资源才能帮助他们遵守替代性制裁的要求。

　　在我的访谈对象中，中产阶级被告人的刑罚偏好往往与律师和立法者的思路一致，但弱势群体被告人（尤其是那些生活在被警方高度监控社区中的被告人）的刑罚偏好却往往相反。至少有四位工薪阶层和贫困阶层黑人被告人明确提到，比起缓刑他们更倾向于被判处监禁刑。曾被判处缓刑的威廉就是如此，他是一位从小在工薪阶层家庭中长大的黑人。他告诉我："缓刑不是为黑人准备的。"他是这么说的：

　　　　我："缓刑是什么感觉？"

　　　　威廉："我觉得……缓刑不是……缓刑不是为黑人准备的。"

　　　　我："嗯。这是什么意思呢？"

[⑰]　Morris and Tonry(1991，4).

[⑱]　See Phelps(2016).

[⑲]　参见 Petersilia(1990)；Wood and May(2003)。在被定罪的罪犯和/或被监禁者的样本中，学者们发现，某些中级惩罚被认为比某些监禁期更严厉（参见 Martin，Hanrahan，and Bowers 2009；Petersilia and Deschenes 1994；Spelman 1995)。一些学者已经考虑过，偏好是否因种族/民族而异。例如，伍德与梅（Wood and May 2003) 发现，在他们的样本中，大约四分之一的黑人缓刑犯报告说，他们宁愿在监狱服刑，也不愿接受各种替代方案。然而，我不知道有研究考虑了阶层差异，或者考虑了这种偏好如何限制被告的法律决策。

威廉："你在缓刑期受到的待遇是不同的。黑人和白人在缓刑期的待遇完全不同，与其他任何人都完全不同。这也适用于亚裔、拉丁裔，随你说，无论什么种族。就我个人经验和与其他人的讨论而言，我们都觉得缓刑不是给黑人准备的，这就是为什么很多黑人都在服监禁刑而不是缓刑。"

威廉认为缓刑是一种不公平的待遇，其他人则认为缓刑期所附的条件太过繁琐，因为他们所处的社会关系和社区治安都不利于执行缓刑。这些人认为，缓刑不仅带有种族歧视，还表现出了社会学家莫妮卡·贝尔提出的"法律隔阂"[180]。这些弱势群体被告人之所以不信任缓刑，是因为立法者在设置这一刑罚时并未考虑到贫困阶层的有色人种社区日常生活的真实结构。正在服缓刑的工薪阶层黑人理查德认为，既要与邻里朋友和家人保持日常关系，又要遵守缓刑要求颇具难度：

> 你得提防任何做蠢事的人，不能和任何在外面鬼混的人打交道。我只是，我得对周围环境小心翼翼。你知道，我可能会在错误的时间、错误的地点和别人打一架……另外，作为一名黑人男性，即便你不愿意，也难免琐事缠身……伙计，这太鬼扯了，（有一次）我和一个抽大麻的家伙在一起……我本来想离他远点，但最后我还是回来了。接下来我就被要求尿检，结果是（抽大麻）阳性。我没有抽大麻，但就因为闻到了大麻，尿检阳性。所以我就……你知道，别说我不能抽了，我连靠近都不行，就是这样。

在理查德眼中，"身为黑人男性"的特征让他不得不保护自己，以免卷入是非之中，不然他就特别容易受到缓刑的监控。他说自己不能与吸食大麻的人在一起，否则可能导致违规。一些贫困阶层的白人被告人也表达出了不满，他们认为要遵守缓刑条件，就没办法工作。如前文所言，被告人欧文就曾表达过希望自己被判处监禁而非缓刑的愿望。赛琳娜律师在访谈中说："他曾经说过'我不能判缓刑，因为我可能没法平安度过缓刑期'，他还说：'我愿意在监狱里待上一年或者一年半。'"在对托尼娅的访谈中，她也表明了自己在缓刑期承受的诸多负担，她说缓刑"就像在坐牢"，二者是一样的：

> 我："你说缓刑就像是坐牢一样，这是什么意思呢？"

---

[180]　Bell(2017).

托尼娅:"我的意思是缓刑其实也很艰难。"

我:"嗯。请你具体描述一下。"

托尼娅:"嗯……你没办法过正常的生活,也很难完成他们的要求,嗯……参加项目、心理咨询、戒毒课程……来回波士顿和布雷茵特里进行尿检,还要自己付路费和检验费。……而且他们还想让你正常工作。但是我怎么把这么多的缓刑要求跟工作安排在一起呢?!所以根本没有人愿意雇佣你,你知道吧,你只能在缓刑期安排的各个项目里来回奔波。"

托尼娅的缓刑条件很多,因此她很难维持自己的工作,这或许是缓刑给她额外附加的另一个"条件"。托尼娅已经被多次判处缓刑,又多次因违反缓刑规定而再次遭到处罚,这些负面经历让她认为,缓刑只是表面上惩罚较弱罢了,实际上这无异于另一种刑罚制裁。

事实上,这些被告人之所以更倾向于选择监禁而非缓刑,往往是源于自己曾经服缓刑时的挫败经历。因此,即便他们表示不愿意服缓刑,但实际上仍然难逃被判缓刑的命运。笔者根据访谈无法判断被告人有多大概率会根据缓刑及其他替代性制裁的经验选择监禁,但律师向笔者证实,确实有一些被告人会选择监禁。少数律师表示,缓刑的确不一定是最好的结果。一位公设辩护人表示,他与一些同事对待此事的态度有所不同,他经常问自己的委托人:"如果你最后被判有罪,你希望判决结果如何?"他之所以这样,是因为他发现一些被告人宁愿坐牢也不愿意服缓刑:"你知道吗? 有些人可能会说:'让我坐牢,我宁愿坐几个月牢也不想服三年缓刑。'"许多弱势群体被告人根本碰不到这种愿意倾听他们意见的律师,许多贫穷的工薪阶层被告人表示,自己的律师往往不理解自己的倾向,即便有律师用心良苦、将心比心,法院的诉讼程序也不允许他们明确表达自己的诉求。因此,被告人对抗律师的原因既包括二者在诉讼战略上的分歧,也包括二者在判决结果上的分歧。

第三节　被告人的消极抵制

在抵制辩护的被告人中,约有一半人表现出了积极对抗律师的举动,另一半人则有所不同：他们对美国的刑事司法制度感到失望后，决定采用消极抵制的做法，听天由命，听任辩护律师的安排。笔者使用的"消极抵制"一词，是指被告人在面对刑事司法制度及无法逃避的惩罚时的不满表现。消极抵制在既要应对刑事指控，又要面临生活困境的被告人中最为常见，尤其是人到中年以后的被告人。通常情况下，他们面临的生活困境比刑事指控更为紧迫，譬如贫困、精神疾病和毒瘾。正如一位公设辩护人所言："许多被告人只是有些精神问题或滥用药物，这时候他们就会表现为：'随便吧，我们赶紧把案子定下来，赶紧完事儿。'"事实证明，对于一些被告人而言，处理生活困难比应对刑事指控要重要得多。

在被告人与律师的互动之中，消极抵制比积极对抗要更为直接，因为当被告人消极抵制律师时，他们之间的互动（无论是积极的还是消极的）都要少得多。尽管该项研究中消极抵制的被告人与积极对抗的被告人数量大致相当，但笔者对此并不惊讶，因为学者们早已认为绝大多数弱势群体被告人都会"驯从"，他们认为贫困阶层的被告人在司法程序中是被动和驯服的，笔者也在研究对象中发现了被告人类似的被动情况。但正如下文所指，被告人之所以会消极抵制，还牵涉一项重要因素，那就是他们往往还要努力应对法庭外更复杂紧迫的生活困境。因此，学者们总是将贫困被告人的消极抵制解读为他们对涉嫌的案件和判决结果不感兴趣，这是错误的。实际上，他们往往是被生活困难压得喘不过气来，才不得不接受法院的判决。

第一章提到的拉丁裔工薪阶层妇女玛丽就符合这一特征。她向笔者描述了自己涉嫌使用危险武器伤害罪的情况。她对自己的律师有一种矛盾心理，既相信他又不相信他。玛丽在传讯到案时第一次见到被指派的律师，她不知道如何看待对方："我不知道对他感觉如何，因为他看起来没有办案经验，而且很紧张。"在第一次见面后，她想聘请一位私人律师，因为"我觉得他不行，不能胜任我的案子。这可是一个严重的犯罪案件。"但她和父母都负担不起高昂的诉讼费，只得作罢。后来，在与律师通过几次电话，参加几场法庭听证会以后，玛丽觉得或许可以信任他了。当笔者与玛丽访谈时，她对律师的态度已经从刚开始的怀疑，变为了一种默许的信任——即使她对律师有所保留，但已别无选择：

我："你现在信任他了吗？"

玛丽:"嗯,我想我现在是的,我信任他了。刚开始我还没有,不过他说:'别担心,我已经了解案情了,你放心。'于是我想应该会没事的。我就相信他了,你知道,我信任他。他不像原来案子里的桑德拉律师那样,一副'我吃定你了'的样子。他不一样,但我之所以信任他,是因为我想赶紧结案,所以我选择相信他。"

玛丽对律师的这种矛盾心态还外化为对律师和诉讼程序的冷漠。她觉得诉讼程序并不在自己的掌控之中,而是在很大程度上取决于庭审当日法官的情绪。玛丽在旁听他人案件后认为,法官的情绪对被告人的判决结果很重要,但被告人既无法预测,也无法控制:"如果碰巧哪天法官心情好,那么每位被告人的判决结果都会不错。但如果那天法官心情不好,你就没有好果子吃了。"

除了自己的案子之外,玛丽还因为诸多生活困难而心事重重:她最近和男朋友分手了;搬回家与家暴的父亲和逆来顺受的母亲同住;她在 2014 年涉嫌的案子让她丢了医院导诊台的铁饭碗,至今没找到合适的工作。所有这些问题以及现在涉嫌的案子导致她开始抑郁、焦虑和酗酒。她哀叹道:"在上一个案子以后,我的工作一直不稳定,说实话这太难熬了,我改变了很多,跌到了人生的谷底。严重的抑郁症让我完全变了个人,我已经不是原来的我了。"她感到十分沮丧,每天闭门不出,于是开始酗酒:"去年我开始酗酒,每个周末甚至工作日都喝。"

玛丽的这些日常琐事导致她错过了开庭时间,即便出庭也表现得漠不关心。访谈结束后,笔者跟玛丽一起参加了前述使用危险武器伤害罪的预审听证会,她和律师起初准备提出一项驳回证据的动议,但笔者看到她的律师告诉法官,不再坚持这项动议,只想确认审判日期。穿着灰色的毛衣和蓝色牛仔裤的玛丽就站在律师旁边,面无表情,一脸沉默,看到法官和书记员很快确定了开庭日期。笔者不清楚玛丽是否对此知情,但稍显积极的被告人一般会对这最后关头的变化感到愤怒,至少也会有些恼火,然后与自己的律师争论,但玛丽并没有。日期一定,律师就向法官表示感谢,低声对玛丽说了些什么。玛丽点了点头,离开了法庭;她的律师则留下来继续为其他被告人辩护。

两个月后,在玛丽受审的当日,笔者再次旁听了庭审,她却没有出现。玛丽的律师向法官解释说,她因一项新的指控(醉酒驾驶罪)而被捕,在另一家法院受审过

了,正在一家公立精神科医院住院,目前尚不清楚她是自愿住院还是法院命令:

　　检察官:"法官大人,被告人住院了,证人今天也被叫走了。此案涉及相互指控。相互指控人将在(某日期)到达这里,我们可以在那个时候再开庭审理。"

　　法官:"那我们再重新排期吧。"

　　玛丽的辩护律师:"多久?"

　　法官:"不会太久的……没有人会在某医院住很久。"

听到法官的话,房间里的其他几名律师开始咯咯地笑起来,他们正在等候自己代理的案件开庭。法官继续笑着说:"既然她住院了,我今天就不让她出庭了。让我们再定一个开庭日期吧。"官员们对玛丽住院的嘲笑表明,被告人因患有毒瘾或精神疾病而错过开庭属于普遍现象。法官例行公事般为玛丽的案子确定了一个新的开庭日期,通知检察官和证人至少还要再来一次。几个月后,玛丽和笔者失去了联系,但笔者了解到,使用危险武器伤害罪最终被驳回,原因可能是因为证人没有到庭,也可能是她涉嫌的其他案件性质更为恶劣。尽管她避免了使用危险武器伤害罪的刑罚,但除了日益恶化的精神疾病和毒瘾之外,她还要面对醉酒驾驶罪的指控。

消极抵制律师的被告人通常不会出庭,律师也会与这些被告人失联,对寻找他们感到无能为力。一天早上,笔者跟着西比尔律师一起旁听庭审,那天她要开四场听证会。她说,按道理有四位被告人将出庭,但估计其中两位不会来。西比尔的预测是对的。其中一位被告人无家可归,不仅吸毒而且没有手机,西比尔已经好几个星期没联系上他了。另一位被告人也有毒瘾,据称上一次发现他还是在一家酒吧里,他有多次缺席庭审记录,因而身负多个逮捕令,这表明他很少按时出庭。不过西比尔已经联系上了这位被告人的表亲,开庭前几日,西比尔给被告人的表亲打电话,请她提醒被告人出庭日期。这位表亲说如果自己看到他就会加以提醒。当法官传唤这两位被告人时,西比尔一直在拖延时间:"早上好,法官大人。不好意思,我今天还没见到我的委托人,我想他们应该在赶来的路上。"并非所有律师都愿意为自己代理的被告人拖延时间。西比尔是一位年近三十的黑人女律师,她眼睛里闪烁着光芒,显得非常关心自己代理的被告人。但就被告人缺席之事,她再有同情心也于事无补。上午晚些时候,在两名被告人分别被第二次和第三次传唤后,法官发出了首次缺席逮捕令。休庭后,法官要求书记员询问这二人的下落,经查询发现,其中一名男子被捕后在另一家法院受审。法官大声说:"很明显,他昨天就没参加市中心另一处法庭的审判,他本应在那里的一宗案件中出庭受审的。"旁听席上的所有人都可以听到他的话。法官总结道:"我将对他的首次缺席作出裁决。"

当被告人开始在诉讼中显露出消极抵制的举动时,他们就会不出席庭审,甚至不跟律师会见,此时律师很难甚至根本没办法了解被告人的态度,更不知道判决结果会给他们的生活带来何种影响。然而,这些信息对于减轻被告人的刑事责任、寻求检察官和法官的让步、让判决符合被告人的最大利益可谓至关重要。在我对辩护人办公室为期一个月的调研中,律师们常常对被告人的缺席行为表示失望。被告人经常会缺席会见,当面会见和电话会见皆是如此。当律师想要重新安排时间时,一些被告人会找一些看似合理的借口(比如称自己突然要加班),一些被告人会道歉,然后重新安排时间会见,一些被告人干脆不理会律师。笔者起初计划在辩护人办公室旁听五次律师与被告人的会见,这些会见都是早已排定日期的,但真正举行的双方会见仅有一次,而且是重新排期以后举行的。大多数情况下,律师和被告人之间只会在开庭当天会见,要么是在单独的会见室里,要么是在法院走廊里。在不开庭的时候,他们通常以短信或语音信箱传达新的消息。

缺席的被告人不会与律师进行明确的沟通,他们可能会在不知情的情况下同意某些诉讼事项,而这些事项可能会给他们的生活带来难以预料的后果。杰兰是一个棕色皮肤的 19 岁男孩,他的母亲是来自佛得角*的移民。在我见到杰兰的时候,他沉默寡言,似乎已经决定听天由命了。当日早上,杰兰准备就一项非法持有枪支弹药罪的指控作出认罪答辩,他的律师赛琳娜告诉我,如果杰兰认罪的话,就要接受一到两年的附条件缓刑,条件是他必须获得高中文凭,找到工作,支付缓刑费,等等。然而杰兰既不吸毒也不酗酒,这种听天由命的消极态度十分令人惊讶。可以看出,杰兰感觉自己的案子在生活中并没有那么重要,他急于摆脱母亲的控制,想与同龄人一起吃喝玩乐,这可能才是他消极抵制律师和审判的原因,他一心

---

* 位于非洲西部的大西洋岛国。——译者注

只想早点结案。此外,这已经不是杰兰第一次涉嫌犯罪了,他的青少年犯罪记录包括非法侵入、持械抢劫和贩卖大麻。尽管他从未明确告诉过我,但从他和他母亲的相处方式中可以看出,他似乎陷入了与家庭和学校的严重疏离之中。

杰兰的律师赛琳娜是一位二十多岁的拉丁裔女性,笑容可掬,平易近人。虽然她是笔者调研中最年轻的公设辩护人,但在她两年左右的工作中,已经积累了不少代理经验,颇受其他司法官员好评,他们认为赛琳娜善良且有耐心。和西比尔律师一样,她也很担心自己代理的被告人:"我会一直焦虑到最后一秒,直到法官说出'驳回起诉'。"她的担忧会很明显地表现在肢体动作上,有几次在法庭上笔者看到赛琳娜一边焦急地咬着嘴唇或玩着手上戴的戒指,一边等待她的委托人被传唤。笔者很清楚她有一颗宽宏大量的心,她的委托人面临的潜在刑罚后果给她带来了压力。

虽然像杰兰这样的被告人自己都满不在乎,但赛琳娜还是会替他们担心。赛琳娜说,当她第一次见到杰兰时,杰兰在聆讯程序中没有提出任何问题,似乎也并不上心。聆讯后,他匆忙地离开了法庭。赛琳娜冲出去追上他,基本上算是恳求他放慢速度,给自己一个联系方式。她说:"我就说'嘿,能给我一个电话号码吗?'他马上就给了我一个号码。"在代理本案的几个月中,赛琳娜会联系杰兰,询问他是否愿意会见,讨论案件的问题或者策略,但他拒绝了。赛琳娜说:"事实上,我们真正谈论过的只有开庭日期。我当时说:'你想开个会吗?'他说:'不用,没必要。'所以我们就没有会见。"故本案一直是赛琳娜律师独自处理的。她试图提出一项禁止证据的动议,允许他缺席庭审,这样他就不必出庭了。但杰兰拒绝提出这项动议。后来,她将就自己认为惩罚性较小的认罪协议与杰兰协商,但杰兰几乎没有提出自己的意见。"他只是说'这听起来不错'。"赛琳娜回忆道。

在认罪答辩听证会当日,杰兰迟到了。赛琳娜律师试着给他打了几次电话,但都是语音留言。然而,杰兰的母亲已经抵达了法庭,她来这里不仅是作为被告人亲属,还是作为杰兰犯罪的目击证人。是她在杰兰的房间里发现了弹药,然后报了警,这才导致杰兰被以涉嫌持有枪支弹药罪送上法庭。由于担心儿子,杰兰的母亲准时出席了他的所有听证会,聚精会神地坐在旁听席上。目前还不清楚她是否愿意指控自己的儿子,但她显然很关心杰兰的一举一动,她感觉儿子可能会离她而去。过了不久,杰兰终于抵达法庭,他向赛琳娜问好,他的母亲走过来,但杰兰挥舞着瘦长的胳膊,把母亲赶走了。他似乎还在为母亲叫警察来抓自己而生气。在审理杰兰案件的早期,赛琳娜派了一名调查员去他家询问其母亲是否会作证指控他。调查员报告说他不确定,她可能不会。其实不管他母亲的证词如何,来过这所房子的警察也可以出庭作证。

杰兰赶走母亲之后,我跟随赛琳娜律师和杰兰二人走进法院的一间会见室里讨论他的诉请。这个房间里有一个大窗户,对着法庭外的走廊。我观察赛琳娜律师仔细地向杰兰讲解什么是认罪程序,他放弃了何种权利,他必须告诉法官何种决定以及他在服缓刑时需要遵从的条件,等等。杰兰从头到尾都是点头,时不时地小声说"嗯"来回应赛琳娜律师。他的目光游离,经常从认罪协议转向路过窗外的人。在最后签署认罪协议书之前,赛琳娜问他是否还有问题要问,杰兰说没有:

　　塞琳娜:"检察官的量刑建议是给你判处两年的附条件缓刑,你需要拿到高中文凭,不过我改了下,你只需要上高中课程,不要求你一定得获得高中文凭……另一个条件是检察官希望你重新参加青年建设计划或续阶计划＊。你觉得可以吗?"

　　杰兰:"嗯……可以。"

　　赛琳娜:"只要你觉得这些条件合适就行。"

　　杰兰:"是的,没问题。"

　　赛琳娜:"如果法官同意这个认罪协议的话,你确定你可以接受整整两年的缓刑并且遵守这些条件吗?"

　　杰兰:"嗯……行吧。"

赛琳娜随后开始讲述认罪答辩的形式和提出方式,提醒他认罪后所放弃的权利:

　　赛琳娜:"那么,当法官在审判中问你这些问题时,只要我们愿意接受这个认罪协议,你就回答'是的'。"

＊　一种就业培训课程。——译者注

杰兰:"嗯。"

赛琳娜:"好的,法官会要求检察官仔细认定指控的性质。他们将描述认罪答辩中认定的案件事实。"

杰兰:"嗯。"

赛琳娜:"对了,还有 65 美元的缓刑费,但我会尽量帮你免掉,因为你没有工作。"

杰兰:"我马上就要开始工作了!"

赛琳娜:"那行,太好了。如果你付不起这笔钱,你只需要和你的缓刑监督官谈谈,法官会想办法解决的……你还有什么问题吗?"

杰兰:"不用,没有了,非常感谢!"

赛琳娜律师把认罪书滑过桌子,让杰兰在上面签字。当他们来到法官面前时,赛琳娜说服法官接受了缓刑的辩诉交易,还把缓刑期从两年降到一年,条件是杰兰需要找份工作。他的缓刑费也被减少为 25 美元。

杰兰的最终判决很轻,但也只是一个缓刑判决——这意味着,如果他再次被捕,没有支付缓刑费用,找不到工作,或者他的母亲再次报警,就可能会再次长时间地陷入刑事诉讼之中。杰兰在面对这一切时的消极态度令人惊讶。从笔者对他与赛琳娜律师讨论的观察来看,尚不清楚他是否意识到自己的缓刑条件可能会以各种方式困扰他。他没有向赛琳娜求助有关他案情的潜在隐患。此外,他从未告诉赛琳娜是否有任何事情困扰着他,或者他对案件是否有其他想法和选择。当笔者静静地坐在房间里看着他同意认罪时,很难不插手干预,坚持让他仔细考虑这些条件可能带来的所有后果。但也许对于杰兰来说,与他在日常生活中面临的困境相比,这样的判决结果不值一提。

本章小结

当被告人不信任律师的专业知识或担心他们不愿意履行有效辩护职责时,就会作出抵制律师的举动。与此同时,被告人会认为有必要自学法律知识,运用各种专业知识来保护自己。[181]他们不仅在监狱、社区中自学法律，还会通过旁听庭审来获得法律经验。这些外行知识有时候会与律师的专业知识相矛盾，受到律师和法官的质疑，结果就会导致被告人与律师意见相左、关系紧张，甚至会在法庭上公开爆发冲突。

被告人之所以自学法律，是出于对司法官员和司法机构的不信任。该现象揭示了这一群体对法律知识和专业技能的矛盾立场。研究法律犬儒主义的学者表明，居住在严管街区中的弱势群体更倾向于认为司法当局不仅知法犯法，而且无力应对犯罪。[182]学者们重点关注于这种愤世嫉俗的态度对犯罪程度和报警意愿的影响。政治学家则侧重研究人们对司法程序的负面体验和对法律的不屑态度如何削弱政治机构的公信力。[183]相较而言，笔者的发现揭示了被告人一方面对司法官员嗤之以鼻，另一方面对诉讼权利和程序抱有期望的矛盾心理。许多贫穷的有色人种被告人和工薪阶层被告人都渴望了解具体的法律规定，他们还乐于在社区中传授这些知识。在无法确定后果的情况下，律师往往不愿意行使某些权利或启动某些诉讼程序，但被告人更相信自己掌握的法律知识。由此可见，将被告人对司法官员和司法机构的不信任与对法律本身的不信任混为一谈是错误的。[184]在笔者的研究中，绝大多数弱势群体被告人仍然对法律抱有信心，但并不相信司法官员（包括警察、法律援助律师和法官）和司法机构（包括警察部门及法院）。他们认为自己在法

---

[181] 参见 Sandeur(2015)关于民事法庭中非专业人员与专业人员的比较。专业专门知识通常被理解为至少包含两个组成部分：实质性专门知识（即法律和程序知识）和关系/程序专门知识（即将实质性专门知识付诸实施所需的技能和关系，例如法院官员之间的关系）（参见 Barley 1996；Kritzer 1998；Sandeur 2015）。一位同事曾向笔者建议，将刑事被告人的法律知识和技能描述为"专业知识"是不合适的。然而，笔者并不同意这种批评，因为笔者认为，将他们的知识和技能列为一种专门知识（尽管是非专业知识），表明即使他们的知识最终被法律专业人员忽视，但他们对法律权利的了解在技术上是准确的。在第四章中，笔者展示了法官和律师如何对被告人利用其专业知识的企图作出消极反应。关于非法律专业知识在民事法律环境中的贬值和复杂性，见 Bertenthal(2017)；Galanter(1974)；Kritzer(1998)；Sandeur(2015)。

[182] Kirk and Papachristos(2011)；Sampson and Bartusch(1998).

[183] See Lerman and Weaver(2014).

[184] 研究法律犬儒主义的学者也注意到了其他悖论，包括法律犬儒主义的存在，以及在某些情况下愿意依赖某些当局（参见 Bell 2016；Carr, Napolitano, and Keating 2007），以及法律犬儒主义和对"法律实践"或惩罚某些罪行的法律的合法性的信仰（参见 Kirk and Papachristos 2011, 1191）。笔者发现的悖论是不同的，它意味着法律上的玩世不恭，以及对法律理想程序和权利的信仰。

庭上能利用法律武器和资源争取胜诉。社会学家凯蒂·卡拉维塔和瓦莱丽·詹尼斯在对刑事申诉制度的研究中,发现了一个类似的悖论:尽管人们对申诉过程及其可能产生的不利结果持怀疑态度,但被监禁的人仍然"表达了对法律和证据的深深信仰"。[185]作者揭示了当代美国占主导地位的权利意识形态与美国当前的大规模监禁时期之间的明显冲突。罗亚尔总结了弱势群体被告人之间这种自相矛盾的看法。尽管他认为这一制度对黑人不公平,但他觉得"实际上,制定法律就是为了推翻法律",罗亚尔对此很乐观:"他们制定了法律,就可以推翻法律。不过不是由我们去推翻,而是由他们来推翻……所以,如果你学会了法律,就可以推翻它。"

被告人掌握的专业知识不仅包括如何在法庭上行使权利的程序性知识,还包括刑罚制裁如何实际运行的经验性知识。[186]他们对后者的认知往往比司法官员更为全面,毕竟司法官员几乎体会不到什么叫遵守缓刑条件、服刑、支付罚金和诉讼费。[187]对刑罚制裁实际运行方式的经验性知识会影响被告人的选择,让他们倾向于选择那些看起来更严厉的刑事处罚。实际上,对于生活在波士顿严管社区的贫困阶层有色人种被告人而言,警方和法院的严厉管控让他们难以选择惩罚性较低的替代性制裁,这导致他们宁愿去监狱坐牢也不愿在外服缓刑。虽然在我们眼中,许多人可能认为缓刑比监禁更好。但笔者在调研中发现,贫困阶层被告人反复解释缓刑期的生活有多么的煎熬,即便他们没有再次违法,也会受到警察的骚扰,害怕因为新的指控被捕,担心违反缓刑条件(比如违反宵禁或错过与缓刑监督官的会见)而受到处罚。所以一些被告人才会说比起缓刑,他们更倾向于选择监禁的判决。但是,不理解这一实际困难的律师会假定他们更倾向于被判缓刑,所以他们只能以自学法律来对抗。

当被告人在面对律师和法庭审判时几乎对诉讼程序不以为然,就属于"消极抵制"行为。消极抵制的部分原因可能是对律师和其他司法机构不信任,这种现象在被告人与律师的关系中更为常见,因为在被告人眼中,刑事案件相较于生活困难属

---

[185]　Calavita and Jenness(2015,18).

[186]　See Clair(2020);Rios,Carney,and Kelekay(2017);Stuart,Armenta,and Osborne(2015).

[187]　参见杨(Young 1999)关于低收入黑人美国男子的文化资本——使他们能够在弱势社区生活,同时阻碍他们在占主导地位的社会中流动的文化习惯,另见 Carter(2003)。

于次要问题。他们在法庭之外面临的贫困问题、帮派斗争、居无定所、毒瘾或精神问题都比刑事案件更麻烦也更紧迫。当被告人每晚都在发愁栖身何处时，还要求他们每月出席一次持有大麻罪的庭审显然是异想天开。因此，这些被告人做出了很多让律师不满且阻碍诉讼进程的事情：他们错过了开庭，不回律师电话，不遵守法院命令。这些被告人与律师之间的关系虽然不至于紧张，但显得很冷漠，他们之间存在隔阂，缺乏沟通，最终导致律师也对被告人的下落和利益漠不关心。

我希望，本章内容能够破除贫困被告人是诉讼程序的被动接受者的迷思。由于研究人员和记者经常从他们调研的律师或其他司法官员的角度出发，认为弱势群体被告人对诉讼程序持被动态度，并聚焦于律师的挫败感上，而律师只会觉得委托人似乎没有与自己沟通交流。[188]实际上，这一研究并没有考虑到被告人与律师之间的积极对抗现象和消极抵制现象所起的作用。当被告人消极抵制时，虽然从法庭互动上看他们可能很被动，但其在庭外起到的影响却比比皆是。笔者通过与被告人的访谈得知了他们在诉讼之外的生活，了解到了许多被律师和法院所忽略的生活困难。笔者同时发现，许多被告人似乎并不关心自己的案子，而把精力花在与房东斗智斗勇，努力恢复元气或者其他更为紧迫的事情上。

除此之外，被告人与律师之间的对抗关系也突出表明，所谓贫困阶层被告人的被动态度其实是片面的。尽管在民事诉讼中已经有被告人与律师之间对抗关系的描述，但很少有刑事诉讼方面的研究证明了被告人与律师之间的关系具有对抗性。[189]相反，学术研究通常反映出公设辩护人对被告人消极态度的不满，公设辩护人们表示，这些被告人经常不出席会议，不透露自己的生活信息和案件背景。[190]这些研究得出的结论是：公设辩护人应设法让贫困阶层被告人认识到积极参与诉讼

---

[188] 一些研究认为，被告人似乎没有行使其正式的正当程序权利，例如将其案件提交审判（例如，Blumberg 1967），而其他研究则更普遍地表明，被告人是法律制裁的被动"消费者"。关于后一点，例如，乔纳森·卡斯珀指出，他在1970年代初约谈的大多数被告人都抵制诉讼程序，只是想结束这一过程（Casper 1971，1972）。根据卡斯珀的说法，他们的抵制源于对某些法律辩护缺乏了解，对律师的不信任，他们认为打赢官司可能会适得其反，以及他们承认自己的事实罪行。马尔科姆·费利同样指出，由公设辩护律师代表的被告"与私人律师的委托人相比，精力和兴趣要小得多"（Feeley［1979］1992，89）。

[189] 有一个例外，见摩尔（Moore et al. 2019）在民事方面，关于"福利贫民"在与律师和福利机构的关系中的抵制，参见萨拉特（Sarat 1990）。

[190] Emmelman（2003）；Flemming（1986）.

程序、维护与律师关系的重要性。但在笔者访谈过的所有疏远律师的被告人中,与律师呈对抗关系的人和与律师呈顺从关系的人的比例大体相当。这种对抗状态经常发生在法院的职权范围之外。虽然有一些被告人在法庭上公然对抗律师,但笔者观察到的大部分情况要么发生在与律师的闭门会见中,要么发生在被告人的社会关系中。被告人会与家人和朋友谈论自己的案件,袒露出对律师的失望以及寻求法律建议。

本章通过对被告人积极对抗和消极抵制律师行为的研究,以及随后两章中的实证考察,能够纠正学界对"专家与客户关系""专业与业余知识"以及"法律对主体的控制力"的理论认知。当前,社会科学家和业内专家已经就"专业与业余知识"展开了诸多研究。[191]除律师与被告人的关系之外,还有许多关系涉及客户寻求专家意见的现象,医患关系和师生关系就是最常见的类型。在这些关系中,专业人士对解决客户带来的某些问题所需的专业知识拥有合法的控制权,面对医院、保险公司、大学管理层和其他更高级别的官僚时,专业人士必须决定是否站在客户的立场作出决策。[192]

半个世纪前,社会学家玛丽·R.豪格和马文·B.萨斯曼曾论述过,在大量机构的帮助下,专业权威日益受到客户的"反抗"——从贫困阶层社区的小学到为慢性病患者服务的医院都有发生。[193]几年后,豪格预测,随着我们的受教育程度越来越高,用户友好型技术越来越多,个人就有机会自学专业知识,这意味着客户将越来越不信任专业人士,越来越多地挑战专业人士的权威。[194]时至今日,互联网已经普及到了全世界,谷歌搜索和WebMD(美国互联网医疗健康信息服务平台)的丰富可用性和普及性,印证了豪格数十年前的预测。社会学家也发出了类似的警告,特别是在自然科学领域对气候变化的否认以及在特朗普时代提出的"本质真实"。[195]普通人有越来越多的机会接触到大量相互冲突的思想和知识,这让我们可以自己做研究而非征求专家意见。在法律界,少数学者记录了民事诉讼中律师与客户关系

---

[191]　Freidson(1986);Haug and Sussman(1969);Lipsky(1980);Saks(2012).

[192]　Haug and Sussman(1969);Kritzer(1990);Lipsky(1980);Rosenthal(1974);Seim(2020).

[193]　Haug and Sussman(1969).

[194]　Haug(1972).

[195]　For example, Collins and Evans(2007).

的这种变化;习惯于用专业知识主导客户的律师突然发现,他们需要就在什么情况下和多大程度上允许客户自己决定诉讼策略展开协商。⑲

　　许多弱势群体被告人的举动在一定程度上证实了上述观点。一些不信任律师的被告人往往自学专业知识,进而质疑和挑战律师的专业权威。然而,在刑事诉讼中,被告人真正能有效运用自己专业知识的能力是有限的。即便被告人进行反抗,刑法的强制性并不会受到震荡,诉讼制度改革也不会出现,这些被告人的命运不会真正改变。相反的是,弱势群体被告人在运用自学的法律知识时,他们的诉讼程序会变得更加繁琐。这些被告人可能会通过质疑犯罪的定义,自己提出动议,拒绝接受缓刑来获得一点尊重或自主权。⑲但与此同时,他们也会面临律师和法官的负面回应,后者会否定他们的行为,接下来第四章会详述。讽刺的是,这些现实状况表明,律师与被告人互动中的阻力助长了法律霸权。这种霸权被社会学家帕特里夏·伊维克和苏珊·西尔贝描述为"美国社会中持久而强大的结构"。⑲遵从这种潜规则、接受职业权威的被告人会受到奖励,逆反的被告人则会受到惩罚。

---

⑲　See MacFarlane(2017);Mather,McEwen,and Maiman(2001);Rosenthal(1974);Sarat and Felstiner(1997).

⑲　参见 Rios(2011)关于黑人和拉美裔青年不尊重缓刑监督官的文章,他们认为这是为了维护尊严。关于假释者的自主性和赎罪努力,这些人遵守一些规则,抵制另一些规则,从未意识到重新监禁的威胁,参见 Werth(2012),关于被边缘化的黑人的普遍抵抗,参见 C.J. Cohen(2004);Kelley(1996).

⑲　Ewick and Silbey(1998,249).

第三章　顺从律师的优势群体被告人

在一个惠风和畅的夏日，我与布里安娜相约在一家面包店外碰面。布里安娜是一位白人，已过而立之年。她十分健谈，边喝咖啡边讲述她的童年和家庭。她出生于波士顿北部城市萨默维尔，从小在一个以白人为主的中产阶级和工薪阶层社区中长大。她说："我家那里有一条长长的大路，旁边是很多小岔路，那里的社区有自己的公园，就跟罗杰斯先生*住的社区一样。邻居们有爱尔兰人、意大利人和葡萄牙人，都是一个个大家族。"布里安娜的父母一共生了六个孩子，他们家坐落在社区的一条小道上，孩子们喜欢在门前闲逛玩耍。布里安娜的母亲在大学是学护理学专业的，生前在当地一家医院担任值班护士，父亲则是高中毕业，参军退伍后成了一名出租车司机，每当孩子们放学回家时，父亲已经为全家做好了饭菜。直至今日，虽然布里安娜吸毒酗酒，但仍然和家里关系亲密。她的父亲现在退休在家，坚持要求布里安娜在戒毒之家治疗时和自己住在一起。

当我们谈论起她的家庭时，布里安娜的电话响了，她惊呼道："天啊，这是我的律师！"我说："哦，接电话吧！"她在和律师开始谈论其涉嫌的非法持有毒品和吸毒驾驶犯罪，我则在一旁等待。那年冬天，布里安娜在开车走夜路时，不慎把手机掉到了座位底下。她伸手去捡，导致车辆急转撞上了雪堆。警察赶到现场，觉得布里安娜的事故很"滑稽"，然而布里安娜在与警察交谈时开玩笑说自己需要"她的药"。所谓言多必失，布里安娜说完就觉得自己口不择言了，警察马上要求搜查车辆，发

---

*　指美国著名儿童电视节目《罗杰斯先生的街坊四邻》。——译者注

现了几种苯二氮卓类药物*。

正在跟进布里安娜案件的是一位30多岁的女律师,名叫莱娅。在电话里,莱娅提醒布里安娜下次参加法庭听证会时一定要带上苯二氮卓类药物的处方,这样就能向法官证明自己是合法持有药物的,其涉嫌的非法持有毒品罪就有希望被撤销。布里安娜说自己只有其中一种药物的处方,另一种药物的处方可能找不到了(后来她向律师承认自己没有另外一种药物的处方)。她告诉莱娅律师自己会"试试看怎么弄到一个处方"。莱娅调转话题,抱歉地告诉布里安娜自己接下来几周要外出度假,"我可以向法官申请推迟几周再开庭吗?"布里安娜回复说没关系,因为自己的案子没有附加预审条件。她们决定两个月以后再开庭,这样不仅莱娅可以有足够的时间享受假期,布里安娜也可以想办法获得处方。当我们继续访谈时,我问布里安娜是否信任莱娅律师,她毫不犹豫地回答:"当然!我跟她能沟通,我百分百支持她。"

布里安娜是幸运的,她出身于优势群体,有一位值得信赖且容易接触的律师,这些因素十分重要。在种族和阶层背景上,布里安娜虽然比上不足,但比下有余。她是白人,读了两年护理学,相对于本书中其他被告人和全国大多数被告人,她受过更好的教育。我遇到的几乎所有像布里安娜一样的被告人——也就是中产阶级或工人阶级白人——都透露出了这样一种共识:在缺乏法律知识和经验的情况下,他们选择信任自己的律师;他们认为律师会考虑自己的诉求,并能就自己的诉讼目标与律师沟通;最终,他们服从于律师的专业技能。

与本书中的弱势群体被告人不同,所有种族的中产阶级以及白人工薪阶层被告人都更倾向于在家人或朋友的帮助下聘请私人律师。居于优势群体的被告人往往在社交圈里结交了律师朋友或认识律师,以至于一些人甚至在结案以后仍然能与律师保持联系而无需付费。不过可以肯定的是,也有一些优势群体被告人负担不起聘请私人律师的费用。布里安娜就是如此,她甚至压根没考虑过自己要聘请一位律师,她既请不起律师,也不觉得需要聘请律师。几年前做了髋关节手术以后,她为了止痛再次吸毒酗酒,导致上班屡次迟到而失去了护士的工作。常言道,

---

* 具有成瘾性的镇静剂。——译者注

"屋漏偏逢连夜雨"，一些优势群体被告人可能恰好在失业、戒毒或者经济拮据的时候被捕，此时这些穷困潦倒的被告人只能依赖于法院指派的援助律师。即便如此，他们仍然觉得自己能够信任公设辩护人和法律援助律师，而这正是弱势群体被告人所不信任的对象。优势群体被告人在与警察接触时，往往因其社会背景而受到友善对待，也使得他们与大多数律师之间产生了文化共鸣。尽管这些被告人也曾在青春期时与社会疏离，但这种疏离往往发生在与同龄人、家庭和学校的关系中，而非法律层面。当他们违法时，司法官员往往会放过他们。而且，即便他们与家人有矛盾，当他们遭到起诉时，家人们依然会站出来帮助他们应对诉讼，而他们的父母、配偶等家庭成员往往是受过良好教育的富裕群体。

正是出于对律师的信任心理，让优势群体的被告人及其律师能够发展出以"委托"为特征的互动关系。这种关系是通过多种互动建立起来的，每一次互动都会让他们的信任更进一步，也会让二者的联系变得更加紧密，双方会就各自的诉讼目标和选择达成共识。优势群体被告人与律师的"委托"关系从三个层面展开：其一，承认自己对法律概念和法律规定缺乏认知；其二，将律师视为具备法律知识的专业人士，并与之沟通交流；其三，尊重律师提出的意见和建议。通常而言，优势群体的被告人很少或几乎没有遭到过逮捕，他们几乎不具备法律专业知识，也很少尝试了解刑事司法制度如何运作。他们不会与律师争论应该采用何种诉讼策略，而是允许律师利用专业的法律知识为自己服务。此外，优势群体被告人明白律师会考虑自己的诉求，他们会与律师沟通诉讼目标，并且接受律师对该目标可行性的专业判断。当优势群体被告人对自己的案件感到失望不满时，往往会将其归咎于法院或者司法制度本身，而非辩护律师。在私下会见中，律师成了同情优势群体被告人的倾听者，能够让他们在法庭上保持克制，沉默不语，看起来规规矩矩。

布里安娜的案件就体现了被告人与律师关系中的优待特征。布里安娜刚开始吸毒喝酒只是图个乐子，但最终染上了毒瘾和酒瘾。她说："我 17 岁就开始吸（可卡因），21 岁的时候毒瘾已经很重了……17 岁时，我们一起嗑药吸大麻；我们还吸可卡因和致幻蘑菇……我们成天都在喝酒。"尽管如此，布里安娜仍然从护理学校毕业了，但染上毒瘾的人是很难兼顾护士工作的，她时而清醒时而迷醉，就这样坚持工作了十年。她说："护理工作对她而言易如反掌，没人知道我（什么时候在吸毒），我从不流鼻涕。"事实的确如此，多年以来，她的同事都不知道她在吸毒，不过自从接受髋关节手术之后，她再也没办法掩饰毒瘾发作的状态了，以至于在多日旷工之后被单位开除。她在年轻时，有几次吸毒被警方当场抓获，不过警方和法院每次都放过了她。有一次，她和几个朋友在铁轨附近喝酒时被警方发现，虽然未成年人饮酒违法，但她说"警方并没有抓我，他们把我放走了"。不过，随着手术结束，布里安娜的毒瘾复发了。她先被关进了戒毒所，然后被送进康复中心接受心理治疗，现在则住进了戒毒之家，同时在一家小便利店当收银员。不过，布里安娜是自愿住进现在的戒毒之家的，这与诸多弱势群体被告人不同，他们往往是被法院强制命令入住的。布里安娜曾先后五次被捕，但无论犯下何种罪行——从非法持有大麻到毒驾——都只被判处无条件缓刑而已。她每次都能如此幸运地轻松脱身，对之前代理案件的律师也毫无怨言，以至于诉讼经历在她眼中基本上都是无关紧要的。

布丽安娜对现任律师莱娅的评价也不例外，她告诉我，自己很欣赏莱娅的美甲、名牌戒指和金耳环："莱娅律师很棒，很有魅力，我喜欢她的自信。"布里安娜第一次出庭候审时并不认识莱娅，但恰好旁听了莱娅代理的案件。她看到莱娅律师在法庭上热情激昂地主张无条件取保一名被告人，法官最终采纳了莱娅的主张，判决这位被告人可以具结保释，无需支付任何保释金。布丽安娜被莱娅律师打动了。休庭期间，布里安娜微笑着走近莱娅，莱娅也注意到她的目光，便问她："嗨，你还好吗？"布丽安娜说："还好，我有个毒驾案子，想请您为我辩护。"莱娅律师恰好是当天聆讯程序的值班律师，她可以接手布里安娜的案子。于是，莱娅律师与书记员沟通后成了布里安娜的辩护人。

布里安娜和莱娅律师似乎从一开始就很容易地建立起了信任关系，布里安娜愿意在关键时刻与莱娅交流并听从她的意见。起初，布里安娜想作认罪答辩，她并没有想脱罪，只是单纯想早点案结事了。不过莱娅律师不同意，她提醒布里安娜警惕认罪带来的潜在法律后果，比如吊销驾驶执照等等。布里安娜说："我当时说：'如果让我（认罪）可以判一年缓刑的话，我现在就愿意。'但她（莱娅律师）说：'不，你不会想认罪的，你的驾照会被吊销一年。'我感觉她就像在说：'别妥协，只要你努力，我就愿意为你抗争到底！'"布里安娜决定听从莱娅律师的建议，不作认罪答辩而是要求正式审判。布里安娜和莱娅都满怀热情地告诉我无罪判决是如何产生的。莱娅向陪审团展示布里安娜在警察局的录音,录音显示,她被捕后冷静从容,并没有显示出她受到了吸毒的影响。当莱娅在庭审中盘问警察时,向陪审团证明了警察认为布里安娜吸毒的唯一证据是她没有通过单腿跳测试*。但是,莱娅向陪审团解释说,布里安娜最近做过髋关节手术,单腿跳起来很困难——所以她当然没办法通过测试。莱娅得意地笑着对我说:"过了一刻钟,陪审团就出来宣布了无罪判决罪了。"这场迅速又及时的胜利,巩固了布里安娜和莱娅律师之间的信任关系。

距第一次采访布里安娜两个月之后,笔者跟随她去了法院。她和莱娅律师在这次开庭时要着力解决另一项控告,即非法持有毒品罪。我们在法院前廊短暂地见到了莱娅律师,她站在对面一边挥手一边说,自己会很快回来。莱娅律师当天有几个案件要处理,不得不奔波于各个法庭之间。在大厅等待时,布里安娜向笔者讲述了曾经的案件,她的男朋友以及戒毒之家的"女孩们"。半小时后,莱娅再次经过时短暂停留了一下,向布里安娜透露:今天的目标是说服法官同意判决莱娅附条件缓刑,而非判决有罪。莱娅对此满怀希望,但莱娅告诉布里安娜,她在游说法官时布里安娜不能参加,只有莱娅与检察官能在法官面前,布丽安娜不能在房间里听到或参与对话。莱娅律师问布里安娜是否介意留在大厅里。布里安娜点了点头,允许律师替自己辩护。

10分钟后,莱娅律师回来了,我们转到一个会见室里坐下。莱娅一反常态,变得沉默寡言,她没能带回好消息。法官并没有同意判处布里安娜附条件缓刑,而是倾向于判处有罪且作有条件保释。莱娅律师说布里安娜已经被判处过太多次附条件缓刑了,即便她确实是个"可爱的白人女孩",犯罪记录也未免太多了:"法官觉得你已经经突破附条件缓刑的底线了"。莱娅直言不讳:"提供这两种药物的处方是你现在能避免被定罪的唯一办法。"布丽安娜眯起眼睛,在座位上挪动了一下身子。她激动地抱怨,自己只有一种药物处方。莱娅律师回答:"两个都需要",布丽安娜叹了口气:"我永远也得不到。"然后,她拿出一封戒毒之家的证明函给莱娅,问她这个函件是否有帮助。布里安娜大声说,戒毒之家的朋友在函件里建议马萨诸塞州法院对上瘾者宽大处理,也许把这封信给法官看会是个好主意。莱娅律师并不赞

---

* 美国警方在怀疑驾驶者可能涉嫌醉驾毒驾时,会要求对方进行现场清醒测试,观察其用单腿跳跃时能否保持平衡。——译者注

同此举，她觉得这封函件可能会进一步证明布里安娜在处方问题上撒了谎，进而产生相反的效果。布丽安娜明白了，便把函件塞回钱包里。

一个月以后，布里安娜因为无法获得第二张处方而认罪，她被判处六个月缓刑及强制戒毒。虽然她对强制戒毒的刑罚感到不满，但她认为莱娅律师已经尽力了。如果这一结果发生在前文中的托尼娅、德鲁或其他许多弱势群体被告人身上的话，很难想象他们会跟布里安娜一样产生如此乐观的看法。

布里安娜当时并没有意识到，她对莱娅律师的信任将会很快获得回报。莱娅律师通过谈判，让法官允许布里安娜在服缓刑时接受毒瘾检测，检测结果将决定其最终是否真的要接受强制戒毒。幸好布里安娜没有提交戒毒之家的函件，所以法官并不知道她住在戒毒之家，更不知道她过去曾有毒瘾，于是同意让她先做毒瘾检测。不久之后，医院鉴定布里安娜不需要进行戒毒治疗，于是仅仅过了一个月，布里安娜的缓刑就提前终止了。布里安娜在短信里兴高采烈地说："哇！哈哈哈！我的案子解决啦！"

本章揭示了像布里安娜这样的优势群体被告人如何处理自己与律师的"委托"关系。在本研究中，优势群体被告人普遍体会到了"委托"关系给自己带来的好处，一些弱势群体被告人在享受到特权的情况下也是如此。[199]优势群体包括那些与亲朋好友有人脉关系、有财力、有稳定工作以及极少与警察接触的群体。尽管这些优势群体的被告人在青春期曾经历过与社会、家庭疏离的阶段，但在与警察和其他官员沟通时，他们很少感觉到自己被疏远。他们惊讶于自己也会有站在法庭上接受审判的一天。由于缺乏诉讼经验，他们在与辩护律师沟通时会直截了当地告诉律师自己的目标，也能清楚了解自己的诉讼进程。被告人对律师的信任巩固了二者的关系，让其愿意听从律师的专业意见。尽管优势群体被告人会在诉讼早期感到担忧和不安，但与弱势群体被告人经历的挫折和服从相比，他们经历的庭审程序往往会相对轻松。即便案件的最终结果未能遂他们所愿，优势群体被告人也经常能获得律师的安慰，因为他们的目标不仅仅在于获得有利的诉讼结果，还在于轻松的诉讼体验。

---

[199]　参见附录中的表 10-14。中产阶层有 92% 的人会授权律师处理案件，贫困阶层仅有 24%。工薪阶层白人中有 70% 的人会授权律师处理案件，非白人中有 61%。

第一节　充分信任律师

读到这里,如果认为优势群体被告人比弱势群体被告人更有可能信任自己的律师,也就不足为奇了。当我问他们曾经或现在代理他们案件的律师时,那些在经济上享有特权的被告人——能自己聘请律师的被告人——充分地信任自己的律师,即便诉讼结果不如人意也依旧如此。[200]对于负担不起律师费的中产阶层被告人而言,他们的诉讼经历相对温和,有些人甚至没有诉讼经历,与律师和其他专业人员的人脉关系增进了其对律师专业性的信任。一些被告人可以借助家人或朋友以较低的价格,甚至无偿获得私人律师的辩护。即便是那些没有聘请私人律师的优势群体被告人,也多半会信任法院指派的辩护律师,要知道这些律师在弱势群体被告人眼中可是被污名化的。法院指派的律师在为优势群体被告人辩护时能做到有效辩护,就连这些律师自己也认为优势群体被告人配得上称职尽责的专业意见。

优势群体被告人信任律师的原因恰恰是弱势群体被告人不信任律师的原因。种族和阶层的不同会导致二者的诉讼经历截然相反,也让被告人与律师之间发生的故事千差万别。首先,弱势群体被告人之所以怀疑律师,往往是因为他们的法律援助体系过于贫穷,被告人认为其诱发了诉讼程序的迅速终结,导致法院指派的辩护律师无法关注被告人的个人诉求。相较而言,优势群体被告人往往会在法律援助体系之外聘请私人律师。许多人认为,付费能在一定程度上确保律师将时间与精力投入案件之中。[201]其次,弱势群体被告人与律师之间的文化隔阂和生活差异在优势群体被告人与律师之间很少发生。相反,优势群体被告人往往称自己与律师之间能产生文化共鸣。再次,优势群体被告人往往认为司法制度运行良好,至少对自己有用。这是因为他们普遍缺乏诉讼经验,而且在以往与警察和法院打交道时受到了优待。当然,如果他们提起站在庭外走廊的贫困被告人时,可能会持相反观

---

[200]　在其他研究中,聘请私人律师的被告人表现出对其律师的更高程度的信任(Casper 1972),并对其律师的能力更有信心(O'Brien et al. 1977)。

[201]　然而,私人聘请的辩护律师可能有自己的反常动机。例如,他们可能鼓励被告人参加审判以收取更高的费用,即使审判可能不符合客户的最佳利益(Schulhofer and Friedman 1993)。

点。最后,优势群体被告人还认为律师对他们认真负责,不仅倾听了自己的意见,而且好像也考虑到了他们的诉求。[202]莱娅律师就曾说布里安娜是一个"可爱的白人女孩",这与上一章中黑人工人阶层被告人和贫困被告人遭受虐待的感觉形成了鲜明对比。

有经济实力的(被告)人很少依赖捉襟见肘的法律援助体系。出身中产阶层家庭的被告人经常向我讲述自己在青少年时期违法犯罪时,父母如何为他们聘请律师。比如第一章中提到的 J.M. 就出身于富裕家庭。他在十几岁时因非法持有大麻和其他轻罪被捕,但他的父母替他找了辩护律师,他几乎不记得这些逮捕经历了。他说:"我父亲认识一些很好的律师,他为此花费了很大精力。我来自一个小镇,他有一些人脉关系能让我的案子要么封存,要么直接撤销。"

诸多案件表明,这些人之所以聘请律师,不仅仅是出于自愿,事实上他们也别无选择。这是因为,被告人必须符合一定条件才能要求法院指派辩护律师。在马萨诸塞州,被告人必须符合以下三个贫困标准之一方可申请法律援助:其一,他们必须属于政府救济对象;其二,他们的税后收入不得超过联邦贫困线的 125%;其三,必须证明若支付诉讼费则可能占用家庭的"生活必需品、食物、衣物和住所"的开支。[203]被告人的贫困状况应由缓刑监督部门在被告人遭到聆讯前确定,缓刑监督官会与被告人进行简短的面谈,以确定其是否符合上述任意一项标准。法官基本上会考虑缓刑监督官的评估意见,并最终决定是否为被告人指派辩护律师。笔者在法院调研期间目睹了二十余次关于法律援助资格的裁定,这些程序非常简短,每个被告人不会超过 5 分钟。要么,缓刑监督官会向被告人询问其经济状况并记录于法律援助决定书上;要么,被告人会悄悄地自行填写法律援助决定书。被告人关于自己的收入水平、失业状况和政府救济的描述很少会得到任何系统的证实。

然而,一些被法院认定为低收入群体的被告人也有机会获得经济支持,即便他们自己没钱,也能找到亲朋好友资助,这些被告人有机会在法律援助律师和私人律

---

[202] 博卡奇尼等人(Boccaccini et al. 2004)发现,对律师更高程度的信任与被告人认为他们的律师(无论他们是法院指定的还是私人聘请的)允许他们参与自己的辩护的看法有关。

[203] See "Eligibility Requirements for Indigency(Waiver of Fees)" on the Mass .gov website, accessed December 24,2018,https://www. mass. gov/service-details/eligibility-requirements-for-indigency-waiver-of-fees.

师之间选择。此类被告人中有一部分会选择聘请私人律师,但一般只会在他们发现自己不信任法院指派的辩护律师时才会如此。比如,布里安娜就从不认为自己需要依靠家人为自己聘请辩护律师,她似乎与法院指派的公设辩护人总能相处很融洽。但本书开头的阿诺德就截然相反,阿诺德是一名自由撰稿人,在接受聆讯时向法院报告了自己收入并被认定为低收入群体。一开始,他对法院指派的律师充满信任,但经过数次会见之后,他变得不再信任这位律师。他回忆说,这位律师的法庭表现不佳:"(她)确实为我的案子做了准备,但她有很浓厚的(东欧)口音,我认为他们(司法官员)听不懂她讲什么。"此外,阿诺德还感觉这位律师不相信他是无辜的,她告诉阿诺德要"攒点钱吃牢饭"。阿诺德说:"这对我来说是一个危险的信号,她说这种话表明她愿意接受法院的安排,而不是站在我的立场强硬起来。"由于对法院指派的律师这个群体持怀疑态度,阿诺德联系了他的篮球经纪人,后者找到了一名叫布雷特的私人律师。阿诺德的经历表明,与白人中产阶层被告人相比,黑人中产阶层被告人可能更有理由不信任法院指派的律师。下面我们将看到文化共鸣和种族偏见如何让白人,尤其是中产阶层和工人阶层的白人获得优待。

其他有经济实力的被告人会选择立刻放弃法律援助,当他们认为聘请私人律师能提供更好的、符合个人需求的辩护业务时尤其如此。西比尔律师是笔者随访的公设辩护人之一,她称有一些本该由自己代理的案件的被告人会在聆讯后马上自行聘请私人律师。她说,一位受过高等教育的亚裔女性被告人因为醉酒驾驶被捕,她因为处于毕业待岗期而被法院归为低收入群体。当两人在聆讯会见时,这位被告人说自己在考虑聘请私人律师。

西比尔说:"她很快告诉我,她想找一位私人律师。她问我,聘请私人律师值不值?我说:'我认为,根据你告诉我的案情,如果你想找私人律师代理案件那就是浪费钱,因为私人律师能做的我也能做。但是这取决于你的个人意愿,你乐意就行。'最后她说她找到了一位律师。我就说:'你要确定他来出庭,不然的话,我从程序上仍然是你的辩护律师。下次开庭的时候记得叫他一起来。'"

这位被告人后来向西比尔律师表示,她确实聘请了一位私人律师。讽刺的是,在成为公设辩护人之前,西比尔也曾就职于一家私人律师事务所,她处理的大部分醉驾案件与这位被告人的案子并无二致。从办案经验上看,西比尔可以很容易地帮助到她的委托人，而且无需像私人律师一样收取额外费用。西比尔说，那些能支配家庭财富且几乎没有诉讼经历的人最有可能聘请私人律师："我认为，这些家里很有钱的被告人通常是有生以来第一次出庭。"

被告人自行聘请律师而非选择法律援助制度的行为，似乎是一种当人在危急时刻稳定情绪的应对方式。一些被告人称，他们之所以选择自己聘请律师，是为了消解案件给他们带来的情绪压力。第一章中的白人被告人阿曼达就属于这类人，出身于中产阶层家庭的阿曼达讲述了第一次被捕后选择律师的重要性。当她还在读大学时，和男友在公寓外贩卖大麻而被同学举报，于是她因涉嫌非法持有并预谋贩卖毒品罪被捕。她讲述了自己对法律制度的迷茫和困惑："我（记得当时）很害怕，不懂……嗯……什么都听不懂。然后，在各个诉讼程序中，我都需要律师用通俗的表达跟我沟通。"聘请律师后，阿曼达焦虑情绪得到了纾解，尤其是这位律师是她通过一个提倡大麻合法化的组织找到的。正是因为她之前曾与这个组织多次在网络上交流，所以才能找到一位拥有相同政治立场的私人律师。

支付报酬也是一种具有象征意义的重要社会交易行为，因为这有助于增进双方的信任关系。被告人向律师付费代表着二者之间签订了合同，这种关系似乎比法院向被告人指派一位律师更为坚定。中产阶级拉丁裔男子迭戈向笔者描述了自己付费聘请律师辩护后获得了安全感。他在读大学时因为持有大麻而与其他同学一同被捕，他向同学借钱聘请了一位私人律师。这位同学也是本案的共同被告人，而他的父亲是一位富裕的大学教授。我询问迭戈是否会与律师意见不一或者质疑律师，他告诉我没有发生过这种情况，他说：

> 我确信我们花了这么多钱，然后这个，你知道吧，嗯……嗯……我猜他们在办案中是顶级水平的，就像，我想就像我的手，或者，我就像遇到了内行一样。我也不知道……什么或者怎么处理，比如问什么问题——我觉得，你知道吧，他们自有判断，我有什么好操心的呢？

对于迭戈而言，向律师付费会让他感觉自己"遇到了内行"。此外，他还表示自己一直认为律师总体上有着"良好的判断力"。

与弱势群体被告人相比，优势群体被告人因为有能力聘请私人律师，让他们在选择辩护律师时有了更多自主权，因此几乎没有人会通过法律援助制度选择律师。

即便法官允许他们重新选择指派的辩护律师，他们也不选。对于法律援助律师而言，他们有时候可以决定代理谁的案件，并且要求法院将某些被告人分配到自己名下，就如莱娅律师和布里安娜一样。但对于依赖法律援助制度的贫困被告人而言，他们能得到谁的帮助取决于法官。只有掌握财力的被告人，才能掌握律师的选择权。对他们而言，选择律师是一个自主行为，这给他们提供了一种掌控感，就如前文中阿曼达一样。除此之外，这一选择权的运作方式类似于保险，聘请私人律师的被告人能随时随地地辞退律师，再聘任更值得信赖的律师[204]。因此，被告人的选择权对律师的辩护形成了更大的驱动力。

文化共鸣是增进被告人与律师之间信任的另一个重要因素。文化共鸣在优势群体被告人中更为常见，对于缺乏经济实力的优势群体被告人而言，文化共鸣往往会为他们与法院指派的法律援助律师之间建立信任关系奠定基础。出身于中产阶层的被告人经常提到自己在与律师沟通时对其专业领域的熟悉程度。[205]第一章曾提到的简女士即是如此，简是一位金发碧眼的白人女性，她在访谈时穿着连帽衫和人字拖，看起来无忧无虑。她的父亲是一位联邦法官，母亲则是一位硕士毕业的中学教师。从孩提时代起，她就感受到了高薪职业给人带来的压力。不仅如此，她的姐姐毕业于常春藤联盟高校，目前在纽约一家营销公司工作，而她自己最终成了一名急诊科医生，因为"我不知道我想要做什么……我不想坐在办公室里一动不动"。她回忆，尽管无法忍受办公室的工作，但基于自己青春期的社交经历，办公室的环境能让她感到舒服。她刚满 20 岁不久就被捕，当时母亲帮她找了一位律师。她很欣赏这位律师"务实"的工作态度，而且这位律师和他的办公室看起来很专业。简说："我之所以信任他，是因为我信任我的母亲，我相信她在镇上有值得信赖的朋友。我信任这位律师还有一个原因，就是他的办公室布置得很好。他看起来是一个务实的人，好像很懂法律的样子。"对于简而言，其对律师的信任感建立于对法律知识和专业精神的文化共鸣及期望之上。

在调研中，一些工薪阶层白人被告人也描述了自己与白人律师的文化共鸣现

---

[204] 关于被告人在支付律师费时的"杠杆感"，参见 Casper(1972，112)。

[205] 关于中上阶层的社会化，使其在社会空间和文化对象之间变得轻松自在，参见可汗（Khan 2010）。

象,这与第二章中工薪阶层黑人被告人和贫困被告人诉称的歧视与不尊重现象形成了鲜明的对比。回想一下,波士顿大约有75%的公设辩护人是白人,这一比重在法律援助律师和其他私人律师之中可能更高。布里安娜表示,她在自己过去的几个案子中,聘请了一位同为爱尔兰裔的律师,她十分看重这位律师的族裔。布里安娜最初是在接受法院指派辩护律师时认识他的,她非常喜欢与其合作,在后来的案件中,布里安娜就主动聘请他为自己辩护:

> 布里安娜:"他是法院指派给我辩护的律师,但后来我又付费请他给我(另一个)醉驾(案件)做辩护。"
>
> 我:"你为什么决定这么做?"
>
> 布里安娜:"因为他太棒了,他就像是……爱尔兰人,就像是美国的爱尔兰人。(他)知道我的生活处境(咯咯地笑),知道我是什么样子的,你懂吗?他太酷了,他就像在说'怎么又是你?'就像跟你开玩笑一样。"

布丽安娜觉得她的律师"很棒",部分原因是他们有着共同的爱尔兰裔背景。

其他工薪阶层被告人还向笔者叙述了自己与律师分享人生经历和生活品位的故事,这是超越种族或者民族认同感来促进互信的方式。年近三十的沃尔夫向我讲述了自己与律师因为欣赏对方的幽默感和共同的自行车爱好而结缘的故事。沃尔夫曾在自行车店工作,他在访谈时戴着红袜队(波士顿知名棒球队)的帽子。沃尔夫说,被捕前几个月,一名男子走进他工作的自行车店,想为即将读大学的女儿选购一款独特的自行车。当时店里很忙,沃尔夫告诉这位男子,可能没办法按时交货。不过,两人攀谈时,沃尔夫对这位男子很有好感:"他很酷,而且(在何时能交货的问题上)他不是个傻子。"因此,沃尔夫为他调整了排期,以便早点准备好自行车。后来当沃尔夫被指控醉驾时,法院为他指派了辩护律师。他离开法院时居然又遇到了这名男子。沃尔夫惊讶地问他:"你怎么在这里?"原来这名男子是一位辩护律师,于是他们又开始聊了起来:"他太棒了,他只是坐在那里跟我讲笑话。"这位律师提出能以较低的价格代理沃尔夫的案件,沃尔夫记得他当时讲:"我可以帮助你,因为你帮我女儿提前安排好了自行车。我的正常收费是2500美元,但对你我只收500美元。"

优势群体被告人还表示,由于他们之前缺乏诉讼经历,更别提负面的诉讼经历,所以他们别无选择,只能信任自己的律师及其专业知识。对于许多首次被捕的中产阶层被告人而言,突然卷入刑事诉讼是一个重大打击。第一章开头提到的白人被告人瑞安是一个典型的例证,他的经历表明一个对法律制度持天真想法的被告人会更容易信任自己的律师。他回忆自己在十几岁被捕时的惊险遭遇:

> 那时候我被吓坏了,是的,你知道,我看到他们带来的人,带来的怪物,这些人戴着手铐走来走去。我担心自己被逮捕(起诉)。你知道,我对整个刑事诉讼及其程序运作都太天真了。你知道吗,我从来没想过有一天自己会出现在法庭上。我不是这么长大的,我从没见过这些情况,但事实上我就站在那里。

由于瑞安没有诉讼经历,所以第一次受审时感到惶恐慌乱,他非常感谢律师提供的专业知识与经验。瑞安说:

> 对,他很棒,他是一个实在人,让人感到安心,因为他处理我的案件时信手拈来,如同例行公事一般。当我吓得要命的时候,他根本不担心。所以,当他说"别担心""一切都会好起来的"的时候非常好。他已经代理了无数个案子,所以,你知道,他不过是再来一次而已。我需要他,因为我不知道自己在做什么。

令人欣慰的是,瑞安的律师已经处理了"无数次"这种案子——律师的丰富经验已经远远超过了他自己。

黑人吉米在一个多种族混居的中产阶层社区中长大,他的父母都受过大学高等教育,他描述了自己一开始接触刑事诉讼时的天真无知,也正是这种缺乏诉讼经历的"天真无知"促进了他对律师的信任。吉米16岁时偷了一辆带婴儿座椅的自行车在家附近转悠,引起了警察的注意,进而被捕。吉米在聆讯时十分困惑,他说:"我不知道他们在做什么,也不知道这个程序为什么这么长。"吉米的律师起到了重要的协调作用,他拿吉米被捕的事情开玩笑(吉米说:"他原话大概是:'你有婴儿座椅?'这太酷了,对,他很酷。")。律师的玩笑让吉米开始信任他,由于吉米的父母缺乏诉讼经验,所以也必须依赖律师。吉米说,他的父母认为自己应该把案子"放心交给(律师)",一切都会好起来的。

由于被告人要积累法律知识、应对负面的诉讼经历,所以对律师的信任很重要，这能够改变被告人的人生。如果被告人反复遭遇负面的诉讼经历，会导致其后来不再信任法院指派的律师，这是被告人生活日益艰难的关键标志。罗伯特的经历揭示了优势群体被告人对律师的信任感如何随着时间的推移及其地位的下降而逐渐消失。罗伯特是一名在伍斯特（波士顿以西的一个大城市）郊区长大的白人，出身于工薪阶层家庭。17岁时，罗伯特因涉嫌非法持有大麻被捕，这是他第一次被捕，也是一次"文化冲击"。他描述了自己在警察局里的惊骇体验："我和比我年长的人在里面，他们聊起，你知道，他们都是老油条了，他们聊起自己做的事。你知道吗，我有点受到文化冲击的感觉，你知道吗，因为就像我说的，我只是个踢足球和卖大麻的孩子。你知道吗？"他既恐惧又没经验，于是愿意相信自己的律师。他认为律师对诉讼制度更为了解，期待其能利用自己与检察官之间的关系，"按照检察官的要求"，达成有利的认罪协议。最终，罗伯特被判处入狱四个月，他觉得"这在我看来还不算太糟"。但多年后，在因盗窃罪和持械抢劫罪被捕后，他越来越怀疑律师，尤其怀疑他们与检察官之间的关系："有的时候，对，你会感觉到这些公设辩护人跟检察官都是朋友，他们并不想在法庭上辩论。"由于多次被起诉以及对律师的怀疑日益增长，他开始跟弱势群体被告人一样自学法律。在访谈中，笔者询问罗伯特，如何确定自己是否得到了一个"公平的结果"。他答道："我和法院打交道有二十二年了，我只是见得多了，我见过人们得到了什么，他们在案件中获得了什么，你知道吗？所以我有一个大概的认知。"罗伯特的经历尤其体现了被告人与律师之间非但没有产生信任，反而加深怀疑的现象。

第二节　白纸般的诉讼经历

信任的基础早在优势群体被告人与律师第一次互动前就已经产生，随着他们之间互动与合作的深入，信任的基础会越来越牢固。优势群体被告人在第一次法庭聆讯与律师会见时，会意识到自己对刑事诉讼和庭审程序的细节问题一无所知——我到庭后坐在哪里？我在接受聆讯时站在哪里？我能不能去法庭外的洗手间？被告人发现自己对诉讼程序缺乏了解，是以"委托"为特征的被告人与律师关系的开始。

被告人缺乏诉讼经历,不仅与种族歧视和阶级差别有关,还与其年龄有关。被告人年龄越小,诉讼经历就越少,尤其是中产阶层的孩子,他们不仅会获得家庭的荫庇,还会得到司法官员"下不为例"的宽宥。优势群体被告人首次被捕的年龄比弱势群体被告人要晚。[206]中产阶层被告人首次被捕的年龄中位数为 19 岁,而工薪阶层和贫困被告人的年龄分别为 16 岁和 17 岁。白人被告人首次被捕的中位年龄是 18 岁,黑人的则为 16 岁。对于这些十几岁的青少年而言,优势群体被告人与律师之间的关系往往是由其父母居中协调的。学者们已经证明,中产阶层父母在孩子的学校教育和课外生活中扮演着积极的角色,当他们的孩子遇到麻烦时也会如此。[207]许多人支付律师费、旁听庭审、作出抉择,尊重且信任律师。可以肯定的是,中产阶层被告人的父母也几乎没有刑法方面的经验。

上文提到的瑞安在大学被捕时,父亲为他聘请了一位辩护律师。他笑着告诉我,"(他)对整个刑事诉讼程序及其运作方式如此天真"。同样,出身中产阶层家庭的黑人约瑟夫第一次被捕时,也是母亲为他提供了重要帮助。16 岁时,约瑟夫因为涉嫌非法闯入罪被捕,但他担心母亲的惩罚胜过法律的惩罚,他说:"我并不害怕警察,但我妈会杀了我的,哥们儿!"他和律师之间的事务完全是由母亲沟通处理的,在母亲和律师"解决一些问题"之后,约瑟夫被判处缓刑,母亲替他支付了赔偿金。另一位被告人凯玛被捕后,父亲为她解决了麻烦。受过高等教育的凯玛已经年过半百,她父亲是一位受过高等教育的工程师。我们在一家咖啡馆里进行访谈,她俯身喝下一杯咖啡,笑着回忆起当时的经历。20 世纪 80 年代,凯玛在读高中时第一次被捕。她参加完派对后酒驾回家,车子撞到了尖桩栅栏。警察赶到事故现场,随即逮捕了凯玛。父亲雇用了一位邻居代理本案,她则当起了甩手掌柜。她回忆道:"我从来没有上过法庭,他们俩处理好了一切。"凯玛没有为她的犯罪行为承担任何正式的法律后果,时至今日仍然为自己不知道律师如何处理该案的细节而暗自窃喜。

父母和其他亲友在优势群体被告人与律师的沟通中发挥了核心作用,直至被告人成年。笔者在波士顿的各个法院调研期间多次发现,那些看似出身于中产阶

---

[206] 参见附录中表 4。
[207] Lareau(2011, 2015)。

层家庭的年轻成年被告人往往会有一两个忧心忡忡的家人陪同出庭。相比之下，弱势群体被告人要么单独出庭，要么有家人陪同出庭。不过，后者的家人即便在场，一般只能提供精神支持，很少会在被告人与律师的沟通中占据主导地位。笔者通过采访和观察，发现了一个持续性的行为模式：被告人与律师的"委托"关系中既包含中产阶层家长的参与因素，也包含其自身缺乏诉讼经历的因素。

笔者在某次旁听西比尔律师的庭审时，明显从西比尔跟康纳的案子中体会出被告人与律师"委托"关系的特征。那天，西比尔为工薪阶层白人男子康纳辩护，康纳二十多岁，金发碧眼，体格清瘦。他们在康纳因非法闯入罪而被聆讯时第一次见面，西比尔回忆，当时康纳的父亲和阿姨都来了，康纳奇怪地对西比尔有些疏远。起初，西比尔认为康纳可能是一名种族主义者，因为西比尔自己是黑人。她说："因为他肯定不喜欢我，他（似乎）不喜欢黑人。"一段时间过后，他们聊得多了，西比尔对康纳也更了解了，康纳对西比尔也产生了好感。西比尔开始觉得，也许康纳只是在聆讯中心情不好而已，或者是因为其他原因而有些急躁。西比尔说：

> 当我问他在（聆讯）期间发生了什么事，他告诉我："我什么都不记得了。"我只是觉得他可能不想跟我说话，也许是不信任我。也许是当时兴奋过头，也许是喝多了，我也不知道。但我仍然觉得他是个奇怪的孩子。

尽管康纳对西比尔律师很冷淡，但西比尔律师认为自己对其有辩护义务。她认为自己不仅要对康纳负责，也得对其父亲和阿姨负责。康纳的阿姨深度参与了本案，也很尊重西比尔律师。西比尔说，她要求以审前转处程序*代替审判程序处理康纳的案件，因为康纳才20多岁，没有犯罪前科，而且证明其非法闯入罪的证据很弱（证人拒绝接受警方询问）。如果该案成功转处，康纳就只会被判处90天缓刑，指控也将被驳回，该次聆讯记录也会从档案中清除。

开庭当日，康纳已经被法官传唤了两次都没到场，每一次法官传唤到康纳，西比尔律师都说："虽然我还没见到他，但希望他今天能来。昨天我确实跟他见过面，他说他一定会来。"法官发出了拟作缺席判决的意见，开始审理其他案件。西比尔律师给康纳打电话，康纳连连道歉，说自己坐公交车堵在路上了。一小时四十分

---

* 对被告人实施社区矫正的审前分流制度。——译者注

钟后,康纳姗姗来迟,他戴着帽子和太阳镜,穿着修身的裤子和夹克,里面是一件 T 恤。西比尔律师和他在法庭外碰头,把他的手机收进自己的包里,因为波士顿大多数法院都禁止司法官员以外的人使用手机。大多数被告人都知道这个规定,他们一般会把手机放在家里或者付费寄存在街对面的商店。康纳似乎并不知道这个规定,所以西比尔律师就替他保管了手机,免去了这种蝇头琐事。毕竟这只是康纳第二次出庭,所以他还不了解法院里的基本流程和规范。康纳通过金属检测仪时,一位官员要求他摘掉墨镜和帽子,警告他在法庭上不能戴帽子。

康纳第三次被传唤前,他的阿姨也来到了庭审现场。康纳的阿姨身材瘦削但打扮时髦,穿着宽松的裤子和黑色毛衣,一看就是中产阶层出身的老年人,像一位大学教授、老师或者图书管理员。康纳走向审判席,站在西比尔律师的旁边,虽然她面对着法官,却目不转睛地盯着康纳的一举一动。西比尔律师提出,本案应适用审前转处程序:

西比尔律师:"早上好,法官大人!我上周就本案提交了适用审前转处程序的动议,本案已经于×月(真实信息隐去)进行聆讯,由于当时法庭人多节奏快,我没能提出审前转处程序。现在,我要求撤销对他的聆讯,他既没有被开具逮捕令,也没有犯罪记录。"

法官:"这是重罪,对吧?"

西比尔律师:"不是的,这是一起未遂的非法闯入案件。根据法律规定,犯此罪最多被判处五年监禁。此外,目击证人没有向警方提供任何信息,所以这并不是普通法中最严重的犯罪。犯罪发生时,康纳才 20 岁左右,尽管他现在已经超出了审前转处程序的年龄范围,但依据法律规定,您可以自由裁量。"

助理检察官:"法官大人,从记录上看,被告人在其他任何州都没有犯罪记录。"

西比尔律师:"他现在是一名厨师,正在努力完成学业。因此,我要求缓刑机关对他进行评估,并考虑对其适用审前转处程序。"

助理检察官:"郑重声明,我反对。"

法官:"我不确定是否撤销聆讯,不过如果我这样做了,缓刑机关可能会反对,但我们可以判他缓刑。我们下次开庭再议吧。"

法庭定好下一次开庭日期后,康纳、他的阿姨和西比尔律师在法庭外的走廊里碰面。西比尔律师快速解释了刚刚的经过。她说,康纳需要下楼去缓刑机关,开始审前转处程序。审前转处程序可能会附随着 90 天的行政缓刑。如果康纳在此期间没有被捕,那么他的案子会被撤销,法官很可能会同意删除他的聆讯记录,这样他不仅可以避免被判刑,而且不会留下案底。西比尔律师问康纳有没有什么问题,康纳深思熟虑片刻,摇了摇头。不过,他的阿姨连续问了两个问题:"下次开庭前,康纳还需要做什么吗?""助理检察官说了什么?"西比尔律师耐心地回答了这两个问题,康纳则安静专注地站在一旁。康纳似乎很高兴自己的案件可以适用审前转处程序,这样他很快就能被免予起诉。回答完康纳阿姨的问题后,西比尔告诉康纳要下楼去办理缓刑手续,填写表格。她已经把手机还给康纳的阿姨了,等会儿阿姨会在法院外等他。

被告人之所以缺乏诉讼经验,一方面与被告人及(或)其家庭有关,另一方面也与他们听从律师的建议有关。由于对法律和诉讼程序缺乏了解,优势群体被告人往往会依赖律师,他们认为律师是能够与自己私下讨论刑事法律问题的唯一权威。

第三节　与律师积极沟通

优势群体被告人与律师打交道是很常见的举动,正如上文中康纳的阿姨、阿诺德和布里安娜所做的那样。他们不仅信任自己的律师,而且有大量疑惑有待解答。一旦他们认识到自己对法律的无知,就会向律师寻求答案。他们总是事无巨细地寻求律师的建议——什么时候到庭？穿什么衣服？如何获得最好的结果？要采取何种最佳策略？

在笔者访谈过的优势群体被告人中,几乎所有人都说要么由自己直接与律师沟通,要么由其他人(通常是自己的父母、配偶或者其他监护人)沟通,自己在旁边倾听。他们会向律师咨询问题,讨论如何就案件程序作出选择,也会恳求律师换位思考,假如自己是被告人会如何做。这种亲身参与的本能促使他们能够与律师分享重要的案件细节,在必要时,优势群体被告人(或者他们的代表)可以敞开心扉、直言不讳,做你在互相信任的关系中会做的任何事情。在这样的沟通过程中,他们的个人生活、法律偏好等种种重要的细节都会一一浮出水面,律师便可借此洞察到被告人对不同策略潜在后果的担忧。比如,同样是醉酒驾驶被吊销驾照的处罚,对于依赖公共交通出行的上班族可能无关紧要,但对于必须开车出行的上班族而言却至关重要。几乎每一位我访谈过的辩护律师都表示,他们愿意为任何想要获得最有利的法律结果的客户辩护,但前提是被告人愿意跟他们分享案件的关键细节,且遵照既定的诉讼策略行事才行。这些案件细节能帮助律师发现被告人的一些重要信息,律师在法庭听证辩论时可借此提出被告人的从宽情节。例如,辩护律师经常喜欢在法庭上陈述被告人令人印象深刻的工作经历、戒赌戒酒的努力或者读书深造的细节。当然,这一切的前提是被告人愿意对律师敞开心扉。

被告人与律师之间要实现这种沟通,前提是被告人信任律师且承认自己缺乏诉讼经验。被告人唐在访谈中指出了这一点。唐是一位浅肤色黑人,留着灰白色的胡须,五十出头。唐的母亲受过大学教育,是一位中学教师,但唐连社区大学都没读完就辍学了。我访谈唐时,他所涉嫌的几宗贩毒案件的诉讼程序已经持续两年多。唐早在 30 岁时就开始贩毒,曾被判处三年监禁。出狱后,唐改过自新,参加了戒毒计划。在妻子的扶助下,他成了一名大学清洁工。然而几年以后,他被解雇了,但当时他正需要钱供女儿读大学,完成他未竟的梦想。他说:

> 我已经戒毒很多年了,后来在(大学)做清洁。不过,由于注册就读的学生减少,他们开始裁员。当时我女儿正在读大学,我要负担她的学费。我和我老婆当时的工作都不错,女儿说要在校外租一间公寓,我们都同意,就给她租了个房子,她跟室友一起合租,两人各摊 600 美元。不过我被解雇了,我得想法子做点什么赚钱。但是工作太难找了,我得赚点快钱。所以我开始重操旧业,卖起了海洛因,然后我又复吸了。

在没有告诉妻子的情况下,他又开始贩卖毒品以维持生计,但不到一年就被捕了。

起初,法院在对唐聆讯时为其指派了一位法律援助律师,他想自己会凑钱聘请一位律师,他说:"我们打算聘请一位私人律师。"在和妻子商量后,他们决定先问问岳母有没有听说过法院指派的那位律师。唐的岳母是波士顿地区警察局的退休侦探,岳母打听后发现这位律师名声很好。于是,他们决定接受法院指派的律师,唐说："她（岳母）打电话给一些人，打听这位律师怎么样，他们说他是最棒的律师之一，所以一直由他代理我们的案件。"在岳母的推荐下，唐很快对律师产生了信任：抛开最初的犹豫不决，唐开始与律师分享自己戒毒的经历，他愿意参加戒毒治疗，也将对"二进宫"的恐惧告诉了律师。律师在几项驳回证据和指控的动议上与唐通力合作，认真考虑了他接受戒毒治疗的意愿，并利用这些信息与助理检察官协商。不过，助理检察官不同意在非监禁刑下对唐进行戒毒治疗：

> 我的律师告诉法庭，我有孩子且一直在工作，法庭应该考虑让我接受戒毒治疗。但这似乎不可能……他们想让我坐牢，只想判我坐牢……我觉得这是种族歧视，我真的这么认为。我见得太多了，哪些人被判处戒毒治疗，哪些人走上了毒品法庭。

尽管唐非常不满，但他对律师的看法一直没变："这个家伙，对！他工作太努力了！"正如唐所言，他的律师之所以没办法与检察官就戒毒治疗达成协议，不是因为律师的辩护力度不够，而是因为法官和检察官的种族歧视。

在这次访谈后，唐的下一次——也是最后一次——庭审日期确定了。在这次庭审中，唐做了认罪答辩，被判处监禁二年，缓刑三年。根据该州法律，他被判处的刑期要远低于最高刑期。法院之所以对其从轻处罚，是因为检方决定撤销部分对他的指控以换取其认罪。唐仍然认为，助理检察官的种族歧视让他没办法获得更轻的判决。然而，他并没有四处宣扬，只告诉了我和他的律师。他说："这太鬼扯了。我是说，显而易见，要是你没钱，你不是白人……事情就这么简单。我完全确信，没什么其他原因。"但这些发言是唐私下跟笔者说的，在法庭公开陈述中，他恭敬地说："我知道我可以更自律，可惜我还是染上了毒瘾。阿片类毒品确实很流行，多年来，我一直在寻求帮助，我觉得我非常需要……得到帮助。我为我的犯罪行为向法庭道歉。"法官回应道："好吧，你的态度是对的，两年后你会继续接受治疗，我知道你会改邪归正。"律师的诚信可靠让他们在这两年的时间里保持着有效沟通。尽管唐对自己要入狱感到不满，但正是基于对律师的信任才接受建议，做出了认罪答辩。

被告人能通过与律师的沟通交流学会如何避免潜在的诉讼后果。笔者在观察律师与被告人的会见时发现，律师会持续告知被告人各种诉讼结果将给被告人带来的常见"副作用"。根据指控和判决的不同，这些潜在的诉讼后果包括驱逐出境、失去工作、失去护照、剥夺投票权或者成为陪审团成员的机会或权利，等等。[208] 按照法律规定，律师在被告人认罪答辩之前应与其协商，并将认罪的后果明确写在认罪书上。[209] 这些后果对于有些被告人并不重要，如果被告人不与律师沟通并咨询相关问题的话，许多律师可能只会告知其最显而易见的后果，不会提及其他后果。

我在随访汤姆律师的时候，观察到他与另一名被告人的沟通带来的好处。汤姆律师是前文中提到过的德鲁的公设辩护人。某天，汤姆代理的被告人加布在法庭上承认了一项首次醉驾犯罪的指控。加布是一名四十多岁的拉丁裔工薪阶层男性，他穿着合身的西装，打着领带，不怎么说话，看起来很内向。尽管加布本人只是一位受过高中教育的技术人员，不过从穿着上很容易被误认为是律师。那天，加布的妻子——一位好奇且健谈的白人——一直陪在他身边。加布的妻子问了我几个关于研究目的的问题，觉得加布也应该参与进来，她甚至没有把本研究项目的《知情同意书》交给加布，而是放在自己的包里。加布和他爱人的生活背景有着很大差异，加布是国外移民来美从事工薪阶层工作的，他的妻子则在波士顿北郊一个白人为主的社区长大，那里住满了中产阶层的青年人才。

在法院的一个小会见室里，汤姆律师、加布和他的妻子一起看了一遍答辩状。汤姆律师开门见山地告诉他们，逮捕加布的州警察刚刚抵达法庭作证，如果他们决定不认罪的话，检察官已经准备好参加正式审判程序。汤姆律师和加布事先已经讨论过几次认罪的问题，但他们还是最后审阅了一次认罪表格：

> 汤姆律师："那么，现在州警察已经到庭了，你还愿意接受一年的附条件缓刑吗？"

> 加布："是的，我愿意。"

> 汤姆律师："好的，虽然我们已经讨论过了，但我想再确认一遍。总的来

---

[208] 例如，认罪告知书第二节的标题是"被告人放弃权利和外国人权利通知"。内容是："我明白，如果我不是美国公民，根据美国法律，本法院接受我的认罪、不认罪或承认足够的事实可能会导致被驱逐出境、被排除在美国之外或被拒绝入籍的后果。"

[209] 关于卷入一般刑事诉讼的附带后果，参见 Clair and Winter（2020）；Kirk and Wakefield（2018）；Lageson and Maruna（2018）；Pager（2008）。关于刑法和移民法的交集，参见 Asad（2019）；Stumpf（2013）。

说,你认罪后,缓刑部门通常还会对你进行风险评估,他们会决定你多久要报告一次,可能要一个月好几次吧……这个法院离你的住处近吗?"

加布:"不近啊。"

加布的妻子:"不近,最近的法院是××法院。"

汤姆律师:"好的,如果你愿意的话,他们一般会把报告缓刑的法院转到离你最近的法院。如果缓刑附带任何课程,他们会给你一个完整的解释。"

汤姆律师对被告人之投入,体现在他与被告人细致入微的交流之中。汤姆在开始谈话时就提醒他们,加布可能不得不在离住处很远的法庭报告,这会很麻烦。

在大约40分钟的会见中,他们讨论了接受认罪答辩可能产生的附随后果。大部分对话是加布的妻子主导的,她提到了很多关于加布的工作和生活的细节。她认为加布如果接受认罪答辩协议,工作和生活可能会受到影响。她主动询问汤姆律师,加布的生活是否会受到认罪的影响,如果的确如此,要如何减轻后果。例如,她担心虽然加布被处以附条件缓刑意味着案件会被驳回,但这也可能影响其就业。因为即便附条件缓刑不算犯罪,但加布的公司仍然可以调查到他的逮捕记录和出庭记录,对方就会发现其曾被指控过:

加布的妻子:"在背景调查时会显示什么?"

汤姆律师:"会显示案件尚未结束。"

加布的妻子:"附条件缓刑结束以后呢?"

汤姆律师:"案子就结了,不会定罪。但私人公司有时候确实会查阅公共记录,所以你也可以考虑在缓刑结束以后把案底封存。"

加布的妻子:"好的,我们要怎么做才能做到这一点?"

汤姆律师:"你现在可以去那里(办事员的办公室)请教一下怎么做。这要求你在缓刑结束后立即出庭,等待三十天后,你会被传唤出庭。到时候你必须说明,这个案件记录会对你的就业、住房或者法律允许的任何事项有影响,那么法官会封存本案的案底。如果你打电话给我,我可以帮你。严格来说,那时候我已经不再是你的律师了,不过我很乐意帮忙。我以前处理过各种非常严重的案件。"

加布的妻子:"如果公司老板发现了这件事,我们该怎么办?"

汤姆律师:"嗯,公司老板法官就管不到了,他们确实可以解雇你。但老实说,许多人并不认为醉驾是严重的犯罪。"

加布的妻子:"但有些人会!我认为这是一种耻辱。"

加布的妻子还询问了一些缓刑期内可能发生的琐碎问题,例如驾照被吊销后怎么办,因为加布没办法开车上班和就医;缓刑期间要旅行怎么办,因为他需要探望其他州的亲戚;缓刑费可否免除,因为这对低收入家庭来说是个很大的负担。当天晚些时候,汤姆律师向法院陈述了加布的这些个人情况,并提出了种种诉求。汤姆律师提出的减免缓刑期费用的请求被批准了,但更换缓刑报到法院的请求未获批准。不过,办事员向他们保证:"醉酒驾驶犯罪的缓刑报到次数并不频繁,缓刑犯只需要一个月向报到的法院打一次电话即可,甚至不需要自己亲自出面。"

此后,笔者询问汤姆律师同加布和其妻子交流的感受,被告人就其案件向律师询问如此多的问题有多常见?律师又如何处理如此激烈的交流场面?汤姆律师说,被告人们非常愿意与律师交流,这对他为被告人以及潜在的客户辩护是极有助益的。在汤姆律师担任公设辩护人的早期生涯中,其并未意识到被告人可能会担心判决带来的附随后果。但现在,当被告人们一个接一个地提出"这些问题"之后,他会对判决的附随后果进行"一般性的解释"。每当被告人提出一系列他从未考虑到的问题时,他都会暗自记在心里,以备不时之需。

对此类后续问题的询问构成了被告人与律师"委托"关系的关键。正如唐和加布的经历所揭示的,他们与律师之间的沟通需要以信任为前提,而这种信任又是从被告人对诉讼的不确定和不了解中产生的。唐、加布和加布的妻子都专心地听取律师的意见,而且他们最终都会采纳律师的建议,因为他们知道哪种诉讼策略最为可取,也了解如何避免诉讼产生的附随后果。优势群体被告人往往会不断追问和提出诉求,这使他们得以避免或者至少预见到这些附随后果,但弱势群体被告人则无法做到这一点。例如,第二章提到的被告人杰兰选择听天由命,他没有向赛琳娜律师提出什么问题,律师自然也不会向他提供建议,所以他并不知道一旦成功服完缓刑就能封存自己的犯罪记录。

第四节　遵从司法体制

遵从法官、遵从律师、遵从知识，是优势群体被告人与辩护律师关系中的最后一个特征。被告人会发现，当他们表现得尊重和顺从，其诉讼结果往往会如律师所言符合自己的预期。与弱势群体被告人不同，即便优势群体被告人最初会因被迫认罪或服刑时间超过预期而感到犹豫或者沮丧，最终也会听从律师的判断。他们会认为判决结果最符合自己的实际情况，庆幸自己没有被判得更重。不仅如此，他们还表示，当自己被律师带上法庭时，心态也会变得相对轻松，因为他们发现自己紧张焦虑时，律师表现得波澜不惊、举重若轻，这能让他们平心静气。

显然，优势群体被告人对律师的遵从与弱势群体被告人对律师的质疑截然不同。优势群体的被告人深度参与案件，积极与律师沟通案件细节。因此，即便他们接受了律师的诉讼策略，也是建立在其自身对诉讼结果的期望之上。与消极的弱势群体被告人不同，优势群体被告人会与律师会见，出庭受审，他们往往非常担心自己的案件，会考虑诉讼之外的诸多问题，前者则对此无动于衷。对于优势群体被告人而言，刑事案件给他们原本看起来岁月静好的生活抹上了令人震惊的污点，因为至少在外人眼里，他们不可能产生家庭矛盾或者染上毒瘾。

优势群体被告人对律师专业水准的尊重是令人敬畏的，以至于在极少数情况下，他们即便坚信自己的诉讼策略更为有利，也会遵从律师的不同建议。当他们的诉讼策略与律师的建议相左时，会选择相信律师的建议，因为他们认为自己的想法比起律师的专业知识而言可能只是一厢情愿的非明智行为。以工薪阶层白人韦恩为例，他在将近 30 岁时因醉驾被捕，父亲帮他找到了一名私人律师，并为他支付了费用。这位律师的年纪已经很大，几十年前曾为他父亲的案子辩护过。作为醉驾案的初犯，韦恩的案子就像例行公事般简单。他的律师与助理检察官沟通后，达成了一个宽严适中的辩诉交易方案：只要韦恩认罪，检察官就只要求他服一年附条件缓刑，附加参加醉驾者课程培训。韦恩的律师建议他认罪，韦恩回忆道："他绝对是逼我去认罪，不要提正式审判，100% 是这样。"韦恩和父亲都不同意认罪，因为本案有一个争议点，韦恩被捕时差一点就通过了现场清醒测试，他还拒绝做酒精呼吸测

试。所以,他觉得自己有理由反驳这一指控。韦恩强调:

> 我差一点就通过了现场清醒测试,只是有一次双手平举走直线时被绊倒了而已。在现场清醒测试以后,他们又要我做酒精呼吸测试,我拒绝了。我不喜欢这样。

在查阅警方报告后,韦恩和父亲都觉得本案中没有证据证明他醉驾。韦恩说:"我的父亲坚决要上法庭,因为他对这份报告很上心,他说:'警方的报告看起来不错,我们可以胜诉。'"韦恩夹在父亲和律师之间很难受,但他也凭直觉认为自己能胜诉:"这是一件值得骄傲的事,我和我的父亲'同仇敌忾'般地认为:'我们不认罪,我们能赢!'"但韦恩最终还是听从了律师的专业意见,从某种程度上说,不断出席庭审让他感到"精疲力竭",律师的建议会让他轻松一些。他说:"我只想在缓刑期间改过自新。"此外,他的律师告诉他,结合自己处理其他醉驾案件的经验,韦恩拒绝检察官提出的认罪条件是错误的。韦恩回忆,律师告诉他,"检察官的量刑建议很宽容"。

与韦恩不同,其实对法律知之甚少的优势群体被告人很少就诉讼策略与律师产生冲突,因为他们并不知道该选择什么。优势群体被告人与弱势群体被告人之间的差异在于,他们没有像后者一样自学法律知识,而是倾向于在诉讼中完全听从律师的专业意见。他们向律师倾诉自己的担忧,相信律师能够为他们分忧解难。相应地,律师会指导他们如何应对诉讼,代表他们与诉讼各方(检察官、缓刑监督官、法官、控方证人和被害人)谈判,并及时与被告人沟通。前文第一章提到的瑞安在诉讼中的表现就生动诠释了优势群体被告人遵从律师的现象。瑞安是一名中产阶层家庭出身的白人被告人,他被指控涉嫌在商店盗窃。我陪同瑞安来到法庭,旁听其听证。在这次听证会上,瑞安的律师必须向法官表态,瑞安到底是做认罪答辩还是接受正式审判,不过这取决于检方提供的认罪从宽条件。瑞安穿着宽松的马球衫、卡其裤和白色的运动鞋。他独自坐在法院走廊的长椅上,脸颊通红,额头冒出细密的汗珠,腿止不住地抖动,每当有律师揣着文件夹路过时,他都会小心翼翼地打量对方。笔者走近他跟前问好,他擦了擦汗说:"我有些担心,不知道会发生什么,我也不想总是来开庭。"笔者询问瑞安,自上个月访谈之后,他是否跟律师会见交谈过。他说没有,不过他仍然相信律师的辩护是他获得最佳诉讼结果的唯一机会,因为他自己对关于商店盗窃的法律或者判例一无所知。正如其早前在访谈中所言,他的律师很可能"每天要代理三四个商店盗窃案,所以他知道该怎么说怎么做,你知道吗?"

瑞安的代理律师切斯特是法院指派的辩护律师,笔者了解到,他经常代理这个法院的案件。切斯特已经六七十岁了,其他律师都认为他有些古怪,一位律师说,切斯特律师是个好人,他是想代理好案件的,但他经常衣冠不整,准备不足,而且开庭屡屡迟到。那天开庭时,笔者和瑞安都目睹了这些问题,尽管如此,瑞安仍然对切斯特律师有信心。

当瑞安被法庭传唤时,切斯特律师尚未抵达法庭。瑞安拖着沉重的脚步走上法庭,他不好意思地告诉法官,不知道律师在哪儿。法官说:"下一轮吧",意思是将本案延迟到切斯特抵达再开庭,瑞安只得回到走廊里的座位上。法院对待习惯性迟到的律师和被告人的宽宥方式并不一致,一般会视被告人的守法记录和律师的辩护表现而定。例如,当天另一名被传唤的被告人缺席了法庭审判,助理检察官马上建议法院签发逮捕令,其理由是被告人在之前的案件中也有过缺席的前科。被告人的律师当庭表示:"法官大人,我和我的委托人沟通不太顺畅。"这表明,签发逮捕令可能是迫使该被告人出庭的唯一方式,于是法官立即签发了逮捕令。这种对有前科被告人的强硬态度与前文中同样迟到的被告人康纳的宽宥态度呈现出鲜明的对比,因为康纳只是初次缺席,其辩护律师西比尔告诉法官,他当天一定会来。

瑞安似乎对律师迟到一事无动于衷,尽管他内心很紧张,腿一直在抖动,但也只是静静地坐在走廊里,耐心地等待。这一表现令笔者感觉很惊讶,多年以来,笔者目睹过无数起完全相同的情况,但结果往往大相径庭。如果弱势群体被告人的律师迟到了,他们往往会表现得非常不满,认定律师的迟到之举就是无效辩护的明证。有时候,这些被告人会"低声"说自己的律师无能、种族歧视或者粗心大意,不过声音会"低"到整个旁听席都能听到。某一天,我在同一个法庭的旁听席无意中听到这种抱怨,当律师姗姗来迟时,被告人说:"该死的,时间已经到了";当临近午餐时间而被告人还未被第二次传讯时,被告人会说:"这真是太不尊重人了,大家都在等,我们还有事呢!"有的被告人在旁听席一坐就是几小时,官员们似乎对其视而不见，看起来令人十分同情。然而，笔者也理解法律援助律师们面临的压力，由于要代理的案件太多，他们每天都疲于应付不同被告人的种种诉求，奔波在不同的法庭甚至法院之间。当瑞安被第二次传唤时，切斯特律师方才跌跌撞撞地走进法庭。他抱歉地说："你好，法官大人！对不起我来晚了，我知道这是我的案子，但早上我出门时拿错了案件材料。"说罢，他转身跟被告人席上的瑞安握了握手，跟他低声耳语了几句，然后走过去跟助理检察官讲话。切斯特律师要求再次推迟开庭，他想跟检察官协商处理本案，然后切斯特律师领着瑞安走出了法庭。

几分钟后，切斯特律师回到法庭，他为另一位被告人代理审前听证。我好奇地看着他在最后一刻提出证据开示的动议，法官愿意听取他的理由，但他并没有准备好正式提出动议的表格。于是他疯狂地四处翻找，最后决定在便笺纸上草草写下动议。切斯特律师撕下黄色的便笺纸，走到法官前递了上去。这种非正式的动议（因为不是按照法庭诉讼文书格式要求写成的）凸显了律师的身份，正是因为他享有特殊的法庭地位，才能非正式地提出动议。不过，切斯特临时提出证据开示动议的做法暴露了他准备不周的短板，这可能导致本就不信任律师的弱势群体被告人更加不信任律师，对自己的命运也更加忐忑。

在休庭期间，瑞安向切斯特律师讲述了自己的经历和最近的工作情况，几分钟后，他再次被法庭传唤。切斯特律师和助理检察官达成了一项协议，只要瑞安完成8小时的社区服务，就可以撤案：

> 助理检察官："法官大人，我们有一个可行的解决方案。我们同意在瑞安完成8小时社区服务后撤销对其指控。因为我们对本案进行调查后发现，虽然警方报告被告人挥舞着一把刀，但证人在传讯和接受询问时都说没看到他持刀。此外，虽然指控他的是入店行窃，但他并未携带赃物离开店铺。"

法官花了几分钟时间阅读警方的报告，然后抬起头来。

> 法官："警方报告中说，这件赃物是被告人带到店外了。律师，你对这个有什么要说的？"

> 切斯特律师："法官大人，我的当事人有轻微的前科。他今年三十二岁。在昆西长大。"

瑞安低声对切斯特说，那不是他的家乡。切斯特律师继续说道：

切斯特律师:"对不起,他在斯普林菲尔德长大。他上了大学,获得了学士学位。他最后一次喝酒是在案发当天。他去戒毒,然后去了中途之家。就在一两个月前,他去了戒酒之家,现在他住在牙买加平原*,目前在上班。"

法官:"根据普通法和切斯特律师的报告,我允许你提出的被告人在社区服务八小时的动议。"

切斯特律师:"好的,我的当事人一个月大概可以做八个小时。另外,法官大人,他问他是否可以在慈善组织完成社区服务,而不是在法院指定的组织中做?"

法官:"不行,我不同意。"

庭审结束后,笔者问瑞安对自己的判决有何感想:

笔者:"你觉得你的判决公平吗?"

瑞安:"你是说八个小时的社区服务吗?"

笔者:"对啊。"

瑞安:"当然啊,我肯定很高兴能这样判,但我不知道其他人会被怎么判,他们似乎没有被公平对待。她(法官)太严厉了,我看到别人的案子觉得非常担心。"

尽管瑞安对自己的判决感到满意,但他对其他被告人的判决结果并不是很确定。他似乎是在告诉笔者,他已经意识到了自己的特权身份让他在法庭上获得了优待。无独有偶,其他优势群体被告人也曾直截了当地向我表达过这种看法。

本章小结

本章考察了被告人与律师"委托"关系的构成条件。优势群体被告人往往会信任律师,并与他们发展为"委托"关系,这一"委托"关系建立在双方互相信任的基础之上。一般而言,中产阶层被告人和工薪阶层白人被告人几乎没有诉讼经历,即便有,也多是良好的、正面的或者平淡无奇的经历。与弱势群体被告人相比,他们不

---

* 波士顿市中心西南一处地点。——译者注

太可能在社区遭到警察的监控，也不太可能受到法官的歧视。他们经常对法律抱有天真的看法，没想过自学法律知识。因此，他们更倾向于相信律师对诉讼程序和司法规则的真知灼见。当被告人开始认识到自己对法律的无知时，他们便开始与律师交流自己的重要信息和诉求。即便诉讼结果是不确定的，优势群体被告人一般也会听从律师的专业判断，相信他们已经理解了自己的期望。

在对波士顿法院的被告人及辩护律师进行调研之初，笔者的预判与以上发现是相反的。毕竟，几十年的社会学研究都表明，我们已经对优势群体人士在各种各样的场合与环境下如何与专业人士互动有了相当多的了解。主流观点认为，上流社会和中产阶层人士不仅很有主见，而且要求颇高。比如，学界研究表明，中产阶级在家长与教师的关系中会向教师提出自己的诉求，在医生与患者的关系中会要求受到医生的重视。[210]无论是在教育、工作还是医疗机构中，处于优势群体的人们似乎都表现得一样：他们在权威人士和专业人士面前更有主见，而处于工薪阶层和贫困阶层的人们则更为服从。[211]

然而，特权在刑事诉讼中的表现与其在其他领域中的表现有所不同。虽然笔者调研过的优势群体被告人也向律师表达自己的诉求和期望，即明确告诉律师自己想实现的诉讼结果，但他们提出诉求的方式却是恭恭敬敬的。与此同时，他们在表达诉求时较为隐蔽，要么在律师办公室中协商，要么在法院走廊里窃窃私语。与弱势群体被告人相比，他们最终更有可能遵从律师和法院的权威，接受律师的专业建议。可以肯定的是，被告人与律师的"委托"关系可能发生在具有各种背景的人群之中，即便是在一些贫困被告人和有色人种被告人中也会发生。当他们在年纪尚轻、涉世未深的阶段陷入刑事诉讼时，如果遇到可以与之建立信任关系的律师时，弱势群体被告人也能体会到"委托"关系的好处。然而随着时间的推移，弱势群体被告人比优势群体被告人更有可能排斥律师。此外，大多数刑事案件中，尤其是可能遭受严厉刑事处罚的案件中，优势群体被告人几乎都会授权律师替自己作决定，因为他们信任律师，尊重法官，也敬畏司法权威。

那么，为什么当优势群体人士成为被告人时，他们与政府机构和专业人士的互

---

[210] Calarco(2018)；Gage-Bouchard(2017)；Lareau(2011)；Shim(2010).

[211] Lareau(2015)；Stephens, Markus, and Phillips(2014).

动交流会与在其他环境下的表现大相径庭呢？这是因为刑事诉讼具有独一无二的特征。首先，与其他主流的日常环境不同，优势群体人士极少会接触到刑事诉讼和刑事法庭。年少时，他们会去上学、参加夏令营、举行周末课外活动、参与体育赛事，生病了就去看医生；人到中年，他们则出入各种工作场所，穿梭于同事、助手和老板之间，但走上法庭扮演被告人的角色则是绝无仅有的独特经历。笔者访谈过的优势群体被告人对法院、警察、缓刑和假释等法律机构和制度的了解比弱势群体被告人要少得多，瑞安、韦恩和阿诺德就曾坦承他们对此一无所知。

相比之下，在学校和去工作都是他们的日常生活，在这些领域他们更容易取得成绩（至少他们自己认为如此）。他们知道如何让这些机构为自己服务，而非依赖或服从于这些机构。年少时，优势群体出身的人会向老师谋求便利，长大以后则继续为孩子索取权利[212]，一些中上阶层的家长可能认为教师的社会地位比较低。[213]与此同时，当优势群体出身的人来到医院时，他们会认为自己有权了解医学知识，他们经常体检，觉得自己才最了解自己的身体。[214]在工作环境中，当他们成为经理或公司高层，又会认为自己很懂商业文化，还会根据自己的品位挑选同道中人与他们共事[215]，重现他们的文化主导地位。[216]简而言之，出身于优势群体的人认为其掌握了这些日常领域的专门知识和理解能力。然而，当对象换成了刑事司法机构时，他们就变得一无所知了，在刑事诉讼中，他们感到自己必须依赖于他人的专业知识和权威——那就是自己的辩护律师。

其次，如果说日常生活中的主流机构是在给予权利和资源的话，刑事法院则与之相反，它的功能是剥夺一个人的权利和资源。当教育机构和医疗机构在为客户提供宝贵的资源时，刑事法院却成了"客户"的威胁，这里是不讲投资与回报的。一个人最宝贵的资源——自由——会在法庭上受到威胁，这是在其他机构不可能发生的事情。对老师、医生或者雇主表现得态度强硬苛刻不会带来很大的风险，好的话可以享有更多资源，坏的话大不了换学校、换医生或者换工作。但在刑事诉讼

---

[212] Calarco(2018)；Lareau(2011).

[213] Reay(1998)，as cited in Stephens, Markus, and Phillips(2014).

[214] Shim(2010).

[215] Erickson(1996).

[216] Rivera(2016).

中,尽管中产阶层被告人也可以更换律师(确实时有发生),但代理费用是不同的。刑事法院按照自己的时间安排来运行,法官没有兴趣等被告人换了律师以后再继续审理他的案件。最终,被告人会发现自己无权选择哪个法院或者法庭来决定自己的命运。对于优势群体被告人而言,在法庭和律师面前固执己见没有好处,比如布里安娜在和莱娅律师沟通后就很快意识到这一点,她同意莱娅律师在没有出席听证会的情况下为自己辩护。然而,对于弱势群体被告人而言,他们在日常生活中面临着更大的劣势,所以在法庭和律师面前固执己见也坏不到哪里去。事实上,弱势群体对律师和法官的抵制可能让他们收获更多,他们能获得尊重,诉求能得到重视,或者让司法体制承受更大的负担。

第四章 对抵制者施以惩罚，对顺从者加以优待

　　一天早晨，西比尔律师代理的案子即将召开预审听证会，我陪同她来到法院等待被告人参加庭审。西比尔律师与其他几位辩护人一起坐在陪审席上，我坐在旁听席前排。将近九点，法官还没到庭，但法庭里早已人声鼎沸。旁听席或者拘留室里的被告人们被逐一传唤至律师席，大约十五名辩护律师和几位检察官在律师席与陪审席之间来回穿梭。一些人在安静地翻阅案卷或者与书记员核对案卷，一些人在半开玩笑地议论早间新闻，还有一些律师与检察官抓紧最后时间就案件展开协商谈判。走廊里挤满了各种各样的人，大约四分之一是白人，其他人则是非裔、拉丁裔或者混血。他们举目四望，寻找是否有空余的座位。有的人和身旁的家人低声交谈，有的人静静坐着，眼神里透露出忧虑，还有一些人只是面无表情地等待审判。几分钟后，一名官员高喊："全体起立！"审判庭顿时鸦雀无声，大家齐刷刷站了起来，一名黑人法官从办公室走出来，坐上了审判席。

　　最初的几个案件都在处理关于证据开示的最后期限、提出动议的日期等一般问题，听证过程就这样按部就班地顺利进行着。在听证时，被告人们都在保持沉默。每当法官提出个人问题时，被告人都会转过头跟律师低声耳语，再由律师代表他们大声陈述信息。仅从这些简短的观察很难看出被告人与律师关系的特点。他们的关系有可能是积极的，也可能是消极的。如前几章所言，被告人与律师之间的积极关系以优势群体被告人与其律师的关系为典型代表，在这种情况下被告人愿意将权利委托给自己的辩护律师，而被告人与律师之间的消极关系以弱势群体被告人与其律师的关系为代表，他们与律师处于不信任和疏离的状态。被告人与律

师的窃窃私语可能并不意味着其将权利委托给了律师，背后可能隐藏着两人积累已久的内部冲突。只是这个冲突尚未爆发，不为人知而已。不过，无论被告人和律师属于何种关系，这些互动都显得平静而规矩，这让法庭活动变得很和谐，正如法官、律师、书记员、缓刑监督官所希望的那样。

不过有时候，被告人和律师的关系会非常紧张，以至于毫不掩饰地呈现于法庭之上。这时候，法庭上形成的共识和秩序就极为脆弱，很容易遭到破坏。从弗兰克的案子中可见一斑。

弗兰克是一位黑人，他穿着法兰绒格子衬衫，身材颀长，一头卷发，看起来三十出头。弗兰克的律师是一位白人，他所在的律师事务所是弗兰克所在工会的法律顾问。弗兰克出庭听证时，一边往律师席走，一边四处张望着寻找自己的律师，看起来好像有什么事情困扰着他，他急切地想对法庭说些什么。他与律师并排站在律师席上，刚好就在走廊另一端。法官和律师开始谈论案情，弗兰克因在一次家庭聚会上打架，涉嫌扰乱治安罪和袭警罪，今日出庭是为了确定开庭审判的日期。不过，律师告诉法官，他觉得自己不能再代理弗兰克的案子了，也就是说他想从法律程序上"退出代理"。[217]弗兰克怒不可遏，立即向法官解释：他的律师拒绝在案件中提出动议，这是他们出现分歧的真正原因。弗兰克向法官恳求道：他对律师的唯一诉求就是他要替自己辩护。听到这番话，律师离开弗兰克，往律师席里面靠了上去。这时候他离法官比离发言席还近，只剩下弗兰克一个人孤零零地站着。这位律师显然在克制自己的愤怒，"我们的关系已经破裂了，我要退出代理"。弗兰克挥舞着手臂，激动地说。

弗兰克："那他为什么要退出呢？我需要他的律师事务所给我指派一名律师，他是一个工会律师，但他没有听我的要求。"

法官："但是现在你们之间的关系破裂了，他要退出代理。你现在需要另请一名律师，先生。"

㉗　当律师对法官说他们想从一位被告人那里"退出"时，意思是，出于这样或那样的原因，他们不再希望担任被告人的律师。有时，拒绝继续为被告人代理的律师反映了一种以抵制为特征的关系，正如笔者在整本书中一直使用的那样。其他时候，如果律师有利益冲突或被告人决定聘请私人律师，则拒绝继续担任被告人的律师是律师必须做的事情。

弗兰克:"那我怎么办?我需要协助,我要找律师。你看,为什么我必须要他做我的律师?因为凭我自己是找不到律师的,我需要他代理,或者换个律师代理也行。"

法官:"但你并不穷啊,你有这么多钱可以自己委托辩护人。"

弗兰克:"但我需要他来代理!"

法官:"你听着,你们在法庭上来来回回的表现,足以说明你们之间的关系已经破裂了。律师提出的退出代理成立!"

弗兰克开始在发言席上来回踱步。他不满地双手叉腰来回走动,弄皱了本来平熨的衬衣。法官向前倾了倾身子,似乎想让弗兰克认真听他讲话。法官接着说:

法官:"先生,你的开庭日期定在(下个月)1号。"

弗兰克:"好的法官,我能换个时间吗?下个月1号前我来不及请律师。"

"不行,时间已经定了。"法官翻了个白眼。弗兰克背向法官,自言自语地从我身边走过,径直走出法庭。法官的话所透露出的问题显而易见:弗兰克和他的律师之间的争吵证明二者之间的关系已经无法修复。

法官并没有要求律师听取弗兰克的诉求,而是允许律师退出代理,其结果是弗兰克现在没有了辩护律师。此前,弗兰克是通过其所在工会获得的免费法律援助,但现在因为工会律师不再为其辩护而陷入了困境。他被告知,由于收入过高,他不符合获得指派法律援助的资格。不过他认为自己的收入很低,没钱聘请辩护律师。当弗兰克走出法庭以后,书记员宣布下一个案件开庭,法庭秩序得以恢复。弗兰克在法庭上失控造成的紧张气氛似乎立即消散了。然而,笔者对司法不公的疑惑并未消散,法庭不仅无视被告人的程序请求,似乎还对其要求律师辩护的诉求施以惩罚。

笔者没有采访弗兰克或者他的律师,但二者关系破裂的情形是有目共睹的。笔者推测,他们在私下沟通中无法就是否在本案中提出动议达成一致。弗兰克希望提交某些动议,律师却不愿意。当天出席法庭的另一位辩护律师告诉笔者,如果律师认为动议不会被批准或者不会对案件产生实质影响,就不会提出动议。对于弗兰克的案子,这位律师表示:"目前还不清楚弗兰克要求提出什么动议,但他的案子很可能即便提出了动议也会被驳回……在这种情况下,他的动议可能不重要或者起不到作用。"如这位律师所言,尽管该案最终可能被驳回起诉,但弗兰克要么不知道案件可能会被驳回,要么对此结果不满,他或许认为诉讼程序存在诸多风险,就像本书中许多弱势群体被告人所想的一样。

弗兰克因自己的抵制行为先后受到律师和法官的惩罚。律师退出了辩护,法官也无视他的诉求。尽管弗兰克坚称自己无力聘请律师,法官仍然拒绝为他指派法律援助律师。不仅如此,法官还拒绝推迟开庭时间,要求他无论是否重新聘请律师,都必须在一个月内重新出庭。这无疑加重了弗兰克的压力,他不得不抓紧时间重新聘请律师。

法官的这两个决定并非无可指摘,实际上,法官对于这种微小的程序问题享有灵活的裁量权。其一,法官本可要求缓刑机关重新评估弗兰克的经济状况,或者至少建议弗兰克可以自行前往缓刑部门申请重新评估。笔者观察到,许多法院的缓刑监督官在被告人填写收入表格时会高抬贵手,极少真正核实他们申报的收入水平或福利状况。此外,在马萨诸塞州,被告人可以被认定为"边际贫困",即他们虽然在经济上足以负担法院指派辩护律师的150美元诉讼费,但无力花费数千美元聘请私人律师。其二,法官可以推迟弗兰克的出庭日期,检察官也很可能不会反对。但法官似乎对弗兰克过于苛刻,没有考虑任何宽大处理的选择。弗兰克因为大吵大闹,不服从律师安排而被法官惩罚了。

到目前为止,笔者所关注的重点在被告人,关心其青春期经历、种族、民族和经济阶层如何影响他们与律师之间的关系。正如我们多次看到的那样,被告人与律师之间的关系是其在司法制度中遭受不公正待遇的核心。但到目前为止,笔者对法庭上所体现的不公正和不平等现象的描绘仍然不完整,尤其是法官和辩护律师如何应对被告人在诉讼中的配合与抵制之举,仍需要进一步探讨。与此同时,前文一直是通过被告人的视角来看待律师的行为举止,这一视角立足于被告人与律师在交流沟通中感受到的不平等。从本章开始,笔者将着眼于法官和律师的解释和行为,考察他们如何看待和应对被告人,这样可以更为仔细地观察到不平等现象如何由表及里地通过相应的诉讼结果而展现出来。本章要回答的问题是:法官和律师如何回应被告人的抵制之举和信赖之举,最终会产生何种结果?

答案可以在法院的潜规则中找到,也可以在辩护律师和其他司法官员的多重关系中找到。对于辩护律师而言，被告人与律师之间的关系不过是他们要应对的诸多关系中的一种而已。[218]被告人的诉讼经验是通过自己与律师的关系来获取的，尽管他们的诉讼经历也与自身相关，并给其职业生涯打上了深深的烙印，但也与他们和检察官、法官、缓刑监督官、书记员、司法官员以及其他辩护律师间建立的常态化、专业化的联系息息相关。从辩护律师的角度来看，其与被告人之间的关系仅仅是诸多关系的一个组成部分，而所有这些关系都附随着个人期待及行为准则。

在笔者对辩护律师的访谈和观察中发现，尽管律师会慷慨激昂地讲述自己代理的被告人遭遇的司法不公，也会承诺要为被告人作有效辩护，但他们也经常感受到检察官和法官的期望、规范和权力带来的压力。辩护律师往往将有效辩护定义为尽力用自身专业知识来减轻被告人可能遭受的刑事处罚。他们认为，自己对检察官和法官行为的了解属于自身专业知识的核心组成部分。辩护律师经常警告被告人，如果他们不同意作认罪答辩，检察官将提出更为严厉的起诉意见。[219]正如我们所看到的，这种警告更像是对弱势群体被告人的胁迫之举。辩护律师还表示，作为理性的协商者，他们在检察官面前保持自己的信誉很重要[220]，因为信誉关系到自己今后代理的其他案件。辩护律师还会感受到来自法官的压力，为了保证法庭秩序和礼仪，他们需要让本想发声的被告人保持沉默。此外，就像弗兰克的案子一样，法官有时候会让不遵守法庭秩序的被告人保持沉默或者对他们施加惩罚——这些不成文的潜规则要求被告人尊重法庭、承认错误，而不是主张自己的宪法权利。与此同时，法官和辩护律师会优待那些将权利委托给律师并满足法官期待的被告人，优待措施包括减刑、选择戒毒治疗或心理治疗来替代惩罚性判决。一些辩护律师甚至表示会在今后代理案件时，帮助那些与自己合作愉快的被告人减轻判决的附随影响。

可以认为，这一现象是一种隐蔽的、潜意识的种族歧视和阶层歧视。弱势群体被告人因为不信任和反抗而遭到惩罚，优势群体被告人则因为信任与配合获得优

---

[218]　Blumberg（1966）；Eisenstein and Jacob（1977）.

[219]　See Lynch（2016）.

[220]　其他学者也同样记录了辩护律师在检察官和法官中维持信誉的需要（参见，例如，Skolnick 1967；Van Cleve 2012）。

待。在这种前提下,刑事诉讼程序可能会导致判决结果的种族差异和阶层差异(尽管笔者尚未从统计上检验这一推论)。[20]当然,导致富人与穷人、白人与有色人种之间产生差异的原因有很多。在刑事诉讼程序的不同阶段,法官和律师会对弱势群体被告人表露出反感与歧视,对优势群体被告人表现出热情与优待,这些举动对二者之间的不平等发挥了相当大的作用。[22]相对于被告人与律师之间关系蕴含的不平等而言,其他形式的种族主义和阶层歧视不仅业已存在,而且起到了推波助澜的效果。[23]此外,法院指派给贫困被告人的辩护律师和优势群体被告人自行聘任的辩护律师的辩护质量差异已经被证明是导致某些案件结果差异的成因。[24]因此,即使辩护律师致力于为所有被告人提供辩护服务,他们口中所谓的有效辩护可能并不能实现这一目标。本章将向读者展示:律师与被告人之间的互动以及法官对被告人行为举止的反应如何导致优势群体被告人与弱势群体被告人之间的不平等地位。正如我们所见,即便是有效辩护,也不能确保实现正义。

第一节 何谓有效辩护

学者、上诉法院和美国律师协会的指导规则都认为,被告人有权获得"有效辩护"。[25]但是,何谓有效辩护?辩护律师究竟要为被告人做些什么才算是学者和官员们认为的有效辩护呢?

有效辩护和无效辩护围绕着辩护律师对诉讼结果的影响而展开,但其定义十分模糊。律师的部分行为——诸如吸毒、在庭审中打盹——可能被人们理解为无效辩护,但联邦最高法院却为这些行为开脱。某位法官曾对记者说过这样一段引

---

[20]　关于使用定性数据来识别处理和发展因果关系的逻辑推理,参见格林(Gerring 2009)和斯莫尔(M.L.Small 2009)。

[22]　Baumer(2013);Clair and Winter(2016);Emmelman(2003);Spohn(2000);Van Cleve(2016).

[23]　除了这本书的前几章,也见 Murakawa and Beckett(2010)。

[24]　T. H. Cohen(2014).

[25]　See American Bar Association(2003);McMann v. Richardson 397 US 759(1970);Powell v. Alabama 287 US 45(1932);Strickland v. Washington 466 US 668(1984).

人非议的话:"宪法并没有规定律师必须清醒。"[226]的确,这种行为之所以会被原谅是因为法院认为,只有在证明律师的辩护行为对案件的诉讼结果,特别是对定罪量刑产生了负面影响的情况下,才能被认定为无效辩护。[227]当然,在审判程序开始之前,无效辩护可能已经在保释程序、庭前会议、听证动议以及与检察官的协商过程中出现了。其实在刑事诉讼早期,被告人有权对此提出无效辩护的主张,然而大多数被告人会认罪,这意味着他们很少有机会在上诉程序中提出无效辩护的主张。[228]与此同时,初审法院法官被要求应当假定大多数律师的辩护都是专业的,在认定是否存在无效辩护时,要遵循"客观的合理标准"。[229]在全美各地的司法实践中,法官对律师和被告人之间互动的认识通常有限。律师和被告人之间的会见是私下进行的,弱势群体被告人往往会产生不信任感和挫败感,而法官对此可能永远一无所知。基于以上所有原因,辩护律师的种种具有无效辩护嫌疑的诉讼策略,比如错过开庭日期、引用不适当的判例法以及在陪审团面前贬低被告人等行为,均不受法庭制约。[230]

笔者用了一个月的时间跟进采访了三位公设辩护律师(赛琳娜律师、西比尔律师和汤姆律师),且与 40 多位辩护律师进行了访谈[231],他们的执业资历(年限)、种族和性别各不相同。[232]对于他们而言,有效辩护很大程度上取决于他们采取的诉讼策略、诉讼建议和辩护行为是否以及如何影响了被告人的诉讼结果(诸如驳回起诉、保释金额、判决结果、刑种和刑期等等)。辩护律师认为,其辩护行为的作用就在于减轻上述处罚。考虑到我们对上述宪法标准的理解,其实辩护律师对有效辩护作此种理解并不为过。但是,如果辩护律师过分关注通过减轻处罚来实现有效辩护,往往会忽视被告人内心对实现司法公正的渴望,更无法顾及被告人的其他利益。

---

[226]　I. Katz(1995),as cited in Kirchmeier(1996,426—427).

[227]　斯特里克兰诉华盛顿(Strickland v. Washington)。然而,最近的一起第四巡回上诉案件确实认定,律师在审判期间过度睡眠构成律师无效协助(United States v. Ragin,no.14-7245[4th Cir.2016])。

[228]　See Zeidman(1998).

[229]　Strickland v. Washington;see also Kirchmeier(1996);Troccoli(2002).

[230]　See D. L. Bazelon(1973).

[231]　笔者在波士顿至少采访了五名公设辩护律师和九名普通辩护律师。此外,在与 Alix S.温特一起进行的一项研究中,我们采访了东北部州审判法院系统中的 27 名公设辩护律师,该系统类似于波士顿地区的法院(Clair and Winter 2020;Winter and Clair 2020)。有关详细信息,请参阅附录。

[232]　有关更多详细信息,请参阅导言和附录。

许多被告人希冀的不仅是避免重判,而且想表达自身对司法制度的不满,质疑控方对其行为的有罪认定,起诉警察的违法行为,最终洗脱自己的罪名。一些被告人甚至希望自己在与受害人和解时获得实质上的公平对待。例如,一位名叫格拉斯的黑人被控在假释期间违反规定,起因是一位女性朋友指控格拉斯对其实施了性骚扰。尽管法院最终认定他没有实施性骚扰行为,未违反假释规定,但他仍然觉得判决结果很糟糕,正义没有得到伸张。他认为自己与这位女性朋友的互动是正常友好的行为,这位女性却认为是性骚扰。他还认为法院没有考虑到这位女性患有精神疾病。他遗憾地说:"我觉得她需要进行心理咨询,你懂吧。"他提出了一个叫"彼我对抗"的理论,即刑法中的对抗性特征是让自己和被害人都无法摆脱痛苦。最后,格拉斯认为:"虽然我很高兴自己没有被关进监狱,但你明白,我没有胜利的感觉,正义并没有真正实现。"类似于格拉斯这样的案例比比皆是,被告人对正义的期待和辩护人的诉讼策略经常会产生分歧,这在弱势群体被告人和法院指派的辩护律师之中尤为突出,因为弱势群体被告人往往认为,比起减刑而言,程序公正更为重要。

笔者结识的公设辩护律师对代理案件怀有满腔热血,他们发现弱势群体被告人在日常生活和诉讼程序中往往面临着不公对待。[23]本书引言中最先提到的汤姆律师就是其中一分子。汤姆是一个不苟言笑的白人律师,有着将近十年的公设辩护经历。不过,在成为辩护律师之前,他也在其他行业工作过,那时候他经常和警察一起出行,这份经历让他发现了警察在执法中存在的不公:"我变得非常非常担心我国刑事司法制度中的种族歧视和阶层歧视问题。"他说,波士顿地区的警察在执法时带有种族主义倾向,这导致在出庭受审的被告人中贫穷的有色人种比例往往偏高:"你会发现,他们不去南湾巡逻,你在西罗克斯伯里是遇不到这些警察的,但如果你去森林山庄、罗克斯伯里、多尔切斯特、马塔潘的话,就总能看到他们巡逻——这就是'犯罪基因'的成因。哪里有犯罪不是取决于公民在哪儿犯罪,而是取决于警察在哪儿执勤。"正是对警察执法不公的异议,激发了他申请去法学院深造的意愿。在与一位律师朋友交谈后,汤姆得出了结论:"如果你不上法学院,就没

---

[23]　有关辩护律师的类似发现,请参阅(Gould and Barak 2019)。

办法改变制度。"从法学院毕业后,他立即申请去担任公设辩护律师。

第二章讲到的赛琳娜律师也称,正是对种族歧视的忧虑促使她成为了一名公设辩护律师。赛琳娜是一位二十来岁的拉丁裔女性,她从小就想成为一名辩护律师,但直至读了大学,她才将公设辩护律师的重要性上升到伦理高度。她说:

> 我以前从未这么想过。读大学时,我认识了非常棒的同学,他们真的很聪明,我们经常讨论问题可以长达几小时。这塑造了我的伦理观念——什么是正确的,如何才能实现伦理道德的目标。我想当时差不多是这样,我那时候说,"我不认为在州政府当检察官才是唯一正确的选择"。这在某种程度上改变了我对正义、平等和其他类似概念的理解。我读大学时还选修了一门课,大概叫"种族、阶级与法律",差不多是这个名字,这门课有点像是对批判种族理论的介绍……我想那是我第一次认识到:"噢,怎么没人发现这一社会现状,特别是有色人种的处境,其实一切都是有历史渊源的。"

当赛琳娜意识到成为一名检察官并非"做我认为正确的事"的最好途径时,她申请赴法学院继续深造,以求成为一名辩护律师。

西比尔律师也向笔者讲述了她代理的被告人在刑事司法中面临的种族歧视。本书第二章详细介绍了西比尔律师,她是一位高个子黑人女性,二十多岁,切身体会过司法制度中存在的种族歧视和性别歧视。[24]她说:"作为一名年轻黑人女性,尤其是刚执业时,即便我穿着西装也总会被认为是'单亲妈妈'或者缓刑犯,(别人会问)'你是来监狱探视的吗?''你是假律师!'"这一经历深深地影响了她和被告人之间的沟通方式:"我爱我代理的被告人,我能从很多被告人身上看见我自己。"她继续描述被告人遭遇的典型不公正对待:"如果你是一个白人小男孩,身上带着同样数量的毒品,开着同一辆车,那一切都会平静如常。如果你是黑人,你神情恐惧,身高两米,体重200斤,麻烦就找上门来了。"西比尔律师总结说:"司法制度是不公平的,我认为它永远不会公平。但是,我坚信它可以做得更好。所以,我只是在尽我所能提供一点帮助。"像汤姆和赛琳娜一样,西比尔认为她作为公设辩护人的作用是纠正制度的错误。

---

[24] 关于黑人女律师经历的性别种族主义,见 Melaku 2019。

与法律援助律师相比，公设辩护律师似乎更能理解被告人面临的不利处境，对工作也更有激情。法律援助律师既有收费高昂的个人辩护业务，也有收费低廉的贫困被告人辩护业务，他们代理了波士顿地区绝大部分弱势群体被告人的案件。因此，被告人如果由法院指派辩护人的话，他们的案件更有可能由法律援助律师而非公设辩护律师代理。法律援助律师从事辩护工作的方式不同于公设辩护律师。根据汤姆律师的说法，政府聘任某人为公设辩护律师的前提是他们对照顾弱势群体被告人的明确承诺："公设辩护律师的招聘面试非常关注应聘者的奉献精神和意愿、承诺、情感联结以及追求卓越的上进思想。"公设辩护律师在真正代理案件之前需要参加为期一个月的课程培训，而普通辩护律师参加一周就够了。㉓2016年，笔者曾参加波士顿公设辩护律师的部分课程培训，教室里贴满了海报，公设辩护律师被描绘成"无名英雄"和"正义的守门人"。新晋公设辩护律师会在这里接受州内资深前辈的教导，学习的内容从被告人被定罪之后对移民资格的影响到与社会工作者的共事方式等等，十分广泛；他们还将"种族主义"和"制度改革"等概念细分开来展开辩论。一旦新晋公设辩护律师正式上岗，他们就会获得更多的办案资源，这是普通辩护律师难以获得甚至无法企及的。赛琳娜律师认为，相较于普通辩护律师而言，"自己确实能受益（更多）"。这些益处包括获得调查人员、社会工作者的辅助以及频繁的讨论会。笔者曾在公设辩护人办公室吃午餐时见证了他们的讨论会，这些讨论既能帮助律师思考当前案件中的问题，也能为其今后的辩护工作积累经验。

公设辩护律师经常向笔者表示，他们认为普通辩护律师不像他们一样对辩护工作充满激情。对普通辩护律师的评价往往毁誉参半，有的律师做得不错，有的律师则被同行所鄙夷。汤姆律师说："辩护律师的名声总体不太好，不过也有一些优秀的辩护律师。"赛琳娜律师则说：

> 我觉得有一些辩护律师是很尽职尽责的，但有许多辩护律师，尤其是那些年长的、长期执业的律师就不够敬业。他们一般是等到上午十点半才慢悠悠

㉓ 这些关于训练的信息来自笔者在2016年对一名实习公设辩护律师进行的采访。笔者注意到，一份培训时间表似乎显示，公设辩护律师只参加了整整19天的培训，但可能还有其他培训日没有包括在该时间表中。

地走到法庭。我可以肯定地说,我见过一些辩护律师在毫无准备的情况下出庭,最后导致案件进入了正式审判程序,他们就像这样:"哦! 我啥也没准备,因为我没想到最后会造成这种结果。"

除了一些年长的律师不认真对待开庭之外,还有一部分律师带有种族歧视倾向,或者对自己代理的被告人漠不关心。

西比尔律师:"被告人似乎并没有寻找一个了解他身世背景和生活处境的律师,而是随便选了一个人做律师。即便有了专职律师(公设辩护律师),我认为在选拔机制上也还有进步的空间。"

我:"听起来很有意思。"

西比尔律师:"我认为很多辩护律师也挺让人生气的。他们说的有些话听起来很荒谬,而且带有种族主义色彩。有些辩护律师对警察的不当行为一无所知,就像我们要(在公设辩护律师办公室)讨论的东西一样……我见过有些辩护律师发现警察撒谎后感到非常震惊,他们甚至想换个工作。因为他们无法相信警察会撒谎,就像在说:'你是怎么做律师的?'……他们居然才认识到警察可能会撒谎,那他们又怎么能胜任辩护律师的工作呢?"

不仅公设辩护律师如此,其他司法官员对辩护律师的态度同样喜忧参半。笔者某日在法院走廊中等待汤姆律师时,曾和一名法庭翻译聊起这个问题。当笔者说自己在公设辩护律师办公室实习时,她说:"这里的公设辩护律师很棒。"笔者说:"是的,他们很不错。这里的辩护律师似乎也是如此。"她说:"嗯……是的,有些人不错",她停顿了一会儿,又补充了一句:"但也不都这样。"根据笔者离开这一行业后的观察,辩护律师有时候"宽以待己,严于律人":他们自己在开庭时似乎毫无准备,却苛刻地对待被告人,甚至带有种族歧视。不是所有辩护律师都如此,但至少一部分会这样。

虽然公设辩护律师常常认为一些普通辩护律师对被告人漠不关心、种族歧视或者办案效率低下,但赛琳娜律师指出,其实公设辩护律师也难免存在同样的问题。她说:

我认为,包括我在内的公设辩护律师可能会觉得自己很积极进取,我们做的所有事情都显得我们非常乐于助人,以至于人们有时候会忘记审视自己是如何处理人际关系的。我敢肯定，就像世界上所有的部门一样，我们自身也存在问题。我一直在努力直面种族歧视问题，我想我已经成功了。现在我可以非常坦诚地讲述这些问题。

赛琳娜律师认为，她的同事们都有正确的"抱负"，但也身处"种族歧视的社会"之中。她说，这种现状会对他们与被告人之间的沟通方式产生微妙的影响。

尽管普通辩护律师的诉讼资源较少，代理诉讼时也没那么兴致高昂，但笔者访谈的所有辩护律师都在努力减轻被告人所受的指控可能带来的其他附随后果。在辩护律师看来，能减轻被告人遭受的刑罚是衡量有效辩护的通用标准。事实上，即便是公设辩护律师，相较于太过宏观的司法公正，他们的有效辩护承诺往往也只意味着更愿意为被告人在具体案件中减轻刑罚。㉖

辩护律师在被问及检察官起诉的问题时，通常会描述自己与检察官协商以减轻被告人刑罚的必要性。汤姆律师说，波士顿的大多数主办检察官和其他司法官员都很公道：

> 让我很惊讶的是，控辩双方都尽职尽责，而大家并未意识到这一点。不过别误解我的意思，我已经在这里工作很久了，我发现最大的问题在于大陪审团制度和检察官的权力。（不过）我们真的很幸运，很幸运。我们的法官富有同情心，我们的助理检察官办事公道，缓刑监督官很专业，书记员很严谨，我们真的很幸运。

汤姆律师与一些检察官是朋友，他认为与检察官维系的这种亲切、专业的关系可以使其辩护的被告人受到更轻的处罚。当笔者询问他对在诉讼中遇到的检察官的一般印象时，他说：

> "主办案件的助理检察官很棒，很不错。我曾经跟你讲过，我的当事人是吸毒人员，他应该被判处两年半监禁。不过检察官（为他）提供了一套非常完善的戒毒治疗计划。这真的很了不起，而且绝非偶然。他们非常具有同情心……他们认为我们是专业的，我们对他们也一样。我认为与他们的沟通很顺畅。就像我之前说的，我们必须与检察官形成一种友好相处的气氛——不

㉖ 不过，参见法布曼（Farbman 2019）关于"抵制律师"的可能性，即律师可以在法庭内外努力进行更广泛的政治改革的同时，在个案的基础上努力减轻个别被告人的刑罚结果。

是为了成为朋友,虽然我已经和他们中的一对夫妇成了朋友。他们都很友好,我很喜欢。"

像汤姆这样的辩护律师会努力与检察官保持愉快的关系,为自己代理的被告人在辩诉交易中争取更轻的处罚。汤姆律师甚至认为,辩诉交易可以带来更"公平"的结果,因为必须考虑到刑事案件的最终结果要"双方""以社会所认可的方式解决问题"。

不过,并非所有辩护律师都认为自己与检察官的关系甚为友好,也并不认为与检察官展开辩诉交易可以公平地解决刑事诉讼。赛琳娜律师和西比尔律师都认可与检察官进行辩诉交易的重要性,但认为他们之间的关系很简单,除了工作需要之外别无他求。我在询问西比尔律师如何看待公设辩护律师与检察官之间的关系时,她说:

> 嗯,每个人看法不一样。总的来说,我认为大家,我只能说猜测,(对检察官)在一定程度上保持尊重。有的人会与助理检察官们喝点小酒。曾经有一位助理检察官离职以后准备去高级法院工作,然后,你知道的,嗯,会有一个欢送会。这是个业余活动,有的律师会参加。所以,这主要取决于自己的想法。就我个人而言,这完全是职业行为,我可不想被人看到跟检察官在一起。我不想让我代理的被告人知道我跟检察官出去喝酒。就像是"你走你的阳关道,我过我的独木桥"这样。虽然我也会跟一些检察官关系更好一些,不过那只是在法庭上的公干,除此之外没有其他任何牵扯。

赛琳娜也说:

> 我不跟(检察官)说什么别的……有的人,尤其是辩护律师,想方设法让检察官站在自己的立场上考虑,接受自己的诉请。我不愿意这样。我的意思是,如果检察官跟我交流,我也会跟他们讲话。你知道的,我人很好,但我更想表现得专业体面一些。我想和他们保持良好的关系,但我不希望让我代理的被告人误会我和他们是朋友。坦率地说,我也不想跟他们中大多数人成为朋友。不过,如果需要我与他们沟通,我会去的。

和汤姆律师一样,西比尔律师和赛琳娜律师都认识到与检察官沟通可以给被告人带来减轻处罚的好处。但有时,他们觉得与检察官的沟通是多此一举,而且这会给他们在被告人心目中的形象造成严重的负面影响。

对于依法无需强制判处刑罚的低级别犯罪案件，辩护律师就不会注重于跟检察官协商，而是更在意法官的偏好。因为当被告人不一定会被判处刑罚时，法官在量刑时就享有自由裁量权，这时候辩护律师与检察官的协商环节就显得不那么重要了。西比尔律师解释说：

> 我总会提出不同的量刑建议，大多时候我的建议都会被采纳。其实，他们（检察官）想要什么真的不重要，你知道的。他们采纳我的建议固然很好，但判决结果的决定权在法官手上，而我了解法官，这才是重中之重。你需要知道应该对法官说什么，在什么样的法官面前说什么话，呃，但我在面对助理检察官时不管什么情况说的都一样。

除了审判程序之外，基于法官在审前聆讯、保释听证和审前动议中的决定性作用，法官在辩护律师制定辩护策略时同样占据着核心地位。许多辩护律师认为，依据法官对事实与程序的思考方式来确立自己的辩护观点尤为重要。有的法官对某些犯罪持有倾向性立场，比如有法官对涉嫌毒品犯罪的被告人的态度较为温和。公设辩护律师经常会分享此类信息，久而久之，这些法官的偏好就在整个"马萨诸塞州的刑辩律师协会"流传开来，形成了一种整体认知。一名律师曾描述当自己遇到一位新法官时如何搜集信息："如果我遇到一位从未见过的法官，会立即询问周围的律师：'谁是法官？你知道这位法官（是谁）吗？你了解他们的情况吗？'"律师会根据法官的审判偏好"量身定制"自己的辩护策略。不过，有时候法官的偏好具有群体性、可预测的特征，而非每一位法官都有所不同。例如，一位律师表示，不少法官在作出裁决时，会选择一种介于控辩双方保释建议之间的不合理方案。大多数法官的惯常行为方式会塑造辩护律师的总体辩护策略及对诉讼的合理判断。正如本书开头提到的德鲁案，汤姆律师曾警告德鲁，法官对德鲁所提动议作出有利判决的可能性微乎其微。这是因为，汤姆不仅了解法官的偏好，而且认为如此轻率地提出动议有损职业声誉。当然，根据日常法律规范，什么才是轻率？这个问题从司法官员和自学法律知识的弱势群体被告人口中很难说出相同的答案。

除此之外，辩护律师经常强调其与检察官和法官的沟通也是为了维系二者的信赖关系。本书第三章提到的布里安娜的辩护人莱娅律师曾向笔者描述：如何恰如其分地提出程序异议以维护自身信誉。她的处世哲学是"切忌拣了芝麻丢了西瓜"。她举例说明了不恰当的程序异议对被告人产生的负面影响。莱娅律师说，一名辩护律师在会议中坚持要求助理检察官提交自己代理的被告人的正确的申诉，因为助理检察官在正式指控中出现了一个小小的笔误。法官很不情愿地同意了。莱娅律师讲述此事时大笑起来，她认为这位辩护律师不仅没抓住案件要害，可能反而给被告人带来更大伤害。因为一旦申诉成立，书记员就要为被告人重新建档，让被告人的在案记录看起来比实际情况更长，莱娅律师说："所以现在，这个被告人的犯罪记录看起来更多了。如果你在每一个小细节上都计较，这些官员们就不会信任你了。"简言之，辩护律师如果经常提出程序动议，那他在司法官员眼里就不会特别受重视。

辩护律师们还意识到法官一般很重视法庭秩序。虽然他们不认同法官对被告人意见或者动议置若罔闻的态度，但为了避免被告人遭受更为严厉的刑罚，他们也感受到了法庭秩序对人的束缚。西比尔律师说：

> 作为法律共同体的一分子，我知道，如果我行我素，在法官面前说一些不该说的话，非但不能帮忙，还可能对我和被告人造成更大的伤害。即便法官确实需要了解我们对公正司法的诉求，也应该知道这种司法不公一直存在，但是你知道的，有时候我依然需要保持沉默。我需要了解法官，了解法庭上的受众，为被告人争取实实在在的最佳利益。

西比尔律师说，基于她对法官内心想法的认识，她在与被告人私下讨论诉讼策略时不得不劝告其压制自己的愤怒。她说：

> 我代理过的一些被告人会这么说，你知道的："这太不公平了，我们必须这样，我们要起诉警察局，要告诉法官，要他办了你！"我当时说："好吧，但是我们不能真去起诉，这对我们毫无益处，如果要起诉只会耗费更长时间。尽管我们不能像你说的一样要'跟强权斗争'，但结果肯定会让你满意。"

西比尔律师的话说明，"有效辩护"的核心逻辑在于"最终结果"，或者说最终的判决结果比诉讼过程中蒙受的羞辱和不满更重要。

当然，正如我们所见，许多弱势群体被告人认为，自己的辩护律师既不能有效地减轻自己的刑罚结果，也不能理解他们的挫败感，更不会认真对待他们自学的法律知识。即便有时候律师意识到了被告人的不满情绪，他们仍然会试图说服被告人，自己的专业法律知识更为准确，被告人并不知道怎样才最符合他们的利益。相对而言，正如辩护律师所想所述，优势群体被告人更愿意听从律师的意见并遵守有效辩护的要求，弱势群体被告人则更容易抗争或抵制。此时，即便法官和辩护律师表达了对弱势群体被告人的积极态度，也认识到了司法制度的不公正，但在行动上却依然会忽视他们的意见，强迫他们沉默，要求他们屈服。

第二节　惩罚抵制者

几乎所有笔者访谈的律师都不止一次讲到过"不配合"和"难相处"的被告人。本书将之定义为退出诉讼的被告人。我在简单聊天和深入访谈中都曾询问过律师，他们喜欢哪种被告人，不喜欢哪种被告人？他们想与被告人形成何种关系，实际上又是何种关系？在不同的关系中，他们会作出何种反应？几乎每位律师都认为有必要赢得客户的信任。有些律师意识到，被告人对司法制度是不信任的，他们对自己被指控犯罪感到很不满。赛琳娜律师曾说："很多被告人十分激动，这是可以理解的，我愿意包容他们，因为我不知道别人是否给过他们机会让他们宣泄自己的情绪。"

不过，辩护律师也承认，他们并非总能赢得客户的信任：许多处境极为不利的被告人似乎既不跟他们接触，也不听从他们的专业意见。更为糟糕的是，一些被告人对他们表露出敌意。一位公设辩护律师说："被告人总是在为自己不该信任律师寻找理由。"另一位公设辩护律师也认为："被告人很快就会贬低律师。"一位辩护律师反映："有时候你和被告人相处得不合拍。有时候他们会认为，如果你不给律师付钱，律师就不会好好为你辩护。"

赛琳娜律师曾回忆自己代理过的一位特别难相处的被告人。这位被告人被指控涉嫌殴打自己的朋友，他从一开始就不信任赛琳娜。赛琳娜律师说，在双方的会见中，被告人举止冷淡，自暴自弃。在负责这起案件的几个月里，赛琳娜拟定了一项可行的认罪协议，与被告人会面以讨论如何抉择。协议内容是：如果被告人认罪，就不会被处以监禁刑，只需要服缓刑。不过，赛琳娜律师也告诉被告人，她仍然会为正式的开庭审判做准备,但是被告人很可能会败诉,因为被害人与被告人相熟,而且急于指控他犯罪。尽管被告人不喜欢"认罪是你的最佳选择"这种说法,但他并没有要求赛琳娜律师在认罪协议中增加其他条件或者提出其他可行方案。他既不与赛琳娜律师沟通,也不表达自己的担忧,而是"一直试图绕过我(赛琳娜),避开我"。这位被告人告诉赛琳娜律师,他希望找另一位他认识的律师去跟检察官协商。赛琳娜回忆道:

> 当时他大概说的是:"我有个朋友是律师,能不能让他跟检察官谈谈这个案子。"我说:"不行,这是我代理的案子,不能让另一位律师跟检察官谈话! 如果你想让他代理你的案件,那完全没问题,我也不会生气。我现在就去解除委托,然后你可以委托他代理。"他说:"好吧,他不是做刑事诉讼的。"我说:"那不行,你不能找他。"

在开庭当日,赛琳娜律师问这位被告人是选择接受正式审判还是作认罪答辩。但被告人既不愿意接受审判,又不愿意认罪。赛琳娜说:

> 我们到法院以后,把案子过了一遍。他突然说:"我是不会认罪的,我不认。今天我们一定要出庭受审吗? 如果我们……难道我们不能申请延期审理吗?"我说:"不行,今天就是开庭的日期。我们要(认罪),但我必须知道,如果法官坚持你有罪,你是想接受正式审判,还是接受(认罪答辩)?"……他最终既不认罪,也不想受审。我当时想:"那行吧,但今天我们必须选一个。"然后,他就这样走了。他走出了法院,再也没回来。于是,法院对他发出了缺席逮捕令。我不得不走到法官席前说:"我想他应该是去商店买咖啡了。"不过他一直没回来,我只好说:"行吧,就这样吧。"

这位被告人惊慌失措地离开法院之后被开出了逮捕令,赛琳娜律师对此十分生气。她打电话给被告人,让他配合撤销逮捕令,并询问他是否准备重新聘请律师。"他只是支支吾吾地敷衍了过去",赛琳娜回忆:"那好吧,随便你,但一定要告诉我。"赛琳娜告诉这位被告人,由于他在诉讼过程中对案件如何处理毫不关心,又在开庭当日抵制赛琳娜的安排,已经让自己精疲力竭了。

被告人因为缺席被法院开出逮捕令,这会导致判决结果更为严重,逮捕令本身也是一种刑罚措施。当被告人在开庭当日未到庭时,法院会发出缺席逮捕令赋予警察逮捕此人的权力,以强制被告人到庭。逮捕本身不止是一种惩罚措施,还会增加被告人的犯罪前科记录。当被告人被判处刑罚时,法官会查看其犯罪记录以了解其背景。此外,如果被告人今后因为新的指控被逮捕,那么法官在确定保释金数额时也会考虑其缺席开庭的前科。[230]学者研究表明,保释决定对于被告人而言有着重要的影响,如果保释金被定得太高,那么无力支付保释金的被告人就不得不在审前阶段遭到监禁,这将提高他们认罪的概率。[231]全美各地监狱中大多数遭监禁者属于被审前羁押的被告人。[232]对这些尚未被判决有罪的被告人而言,审前羁押是一种惯常惩罚。

将心比心,当被告人在抵制律师的情绪作用下不愿或不能与之沟通时,辩护律师可能也不会尽心尽力地为被告人的案子做准备。西比尔律师坦言,随着资历的增长,她能够看得出哪些被告人不愿意出庭。西比尔认为,被告人之所以抵制律师,大多是出于三个方面:其一是无家可归;其二是染上毒瘾;其三是因为太穷而没有手机,以至于确实无法保持联系。所以,只有两次听证会被告人都出席时,西比尔律师才会真正开始为辩护做准备。她说:

> 我和被告人分别时,常常会意识到自己再也见不到他了。在聆讯时,我能看出来谁不会来,尤其是染上毒瘾的被告人和没有手机的被告人。我会直接跟被告人说,我可能再也看不到他了。刚开始执业时,我还会认真完整地准备辩护,但现在我学聪明了,一旦发现哪个被告人可能消失不见,无法取得联系或者有毒瘾,我就不会为预审听证准备动议或者做其他任何准备。我只会等他们出现以后再准备,因为我必须确保他们到场,而不是做无用功。

对于西比尔律师来说,在审前听证会之后才开始为这些被告人准备辩护,很可能为她处理其他被告人的业务腾出了时间。当然,这种做法也可能让上述被告人感觉律师并未认真对待自己的案子,这就是屡遭弱势群体被告人抱怨之处。

如果被告人抵制律师,在开庭期间既不会见律师,也不接听电话,那么此时辩

---

[230] Winter and Clair(2020).

[231] Dobbie, Goldin, and Yang(2018);Heaton, Mayson, and Stevenson(2017);M. T. Stevenson (2018).

[232] Wagner and Sawyer(2018).

护律师会从最有利于被告人的角度出发作出决定。这种决定的作出可能会是例行公事：律师虽然会为可能举行的正式审判做准备，但内心更希望能与检察官达成合理合规且被告人不会反对的认罪协议。即便被告人没有给出任何意见，律师也必须代理被告人作出这些选择，因为诉讼程序要求他们在某个诉讼期限届满前作出决定。赛琳娜律师向笔者介绍了这个流程：

> 赛琳娜律师："我认为在99％的情况下，到了开庭的时候，你要么从来没跟你代理的被告人谈过走正式审判程序，要么只是在电话里简略地提到过。"
>
> 我："好吧，既然你从来没跟他们讲过正式审判程序，你怎么知道他们到底想选择正式审判程序还是辩诉交易呢？"
>
> 赛琳娜律师："我一般会在预审听证会上询问这个问题。案子到了这个阶段，我已经对他们的选择有所预判了。要么他们会直截了当地告诉我，要么我会看着它（认罪协议）说：'这个案子如果走正式审判程序的话不太好办，我需要跟他们谈谈看能不能达成认罪协议。'或者我们会暂时搁置这个问题，因为不管怎么样我都会为正式审判做准备的。对，我总是会先准备着……你可以设定一个审判日期或者说潜在的处理时间，这个时间既能让你恰好做充分准备，又能让其他所有人觉得这个案子会以认罪结束。一旦法官做了你不想做的事情，或者最终没有达成认罪协议，你就可以把正式审判提上日程了……如果被告人不愿认罪，我也不会迫使被告人认罪。毕竟这是你的案子，关系到你的人生。如果你非要选择接受正式审判，我想这可能是你失败得最彻底的一次。我会按照你的想法去做，这取决于你。"

几乎如同本书中调研过的所有辩护律师一样，赛琳娜律师表示她绝不会强迫被告人接受辩诉交易。笔者的观察也证实了这一点。与此同时，如果被告人抵制律师——比如第二章中提到的杰兰——那么他们往往会被诱使与检察官达成认罪协议。实际上，由律师和检察官谈判达成这些协议几乎不费吹灰之力。此外，如果律师强烈建议被告人认罪，声称这符合其最大利益，那么对于不愿认罪的被告人而言可能是一种胁迫，本书第二章中的德鲁、特洛伊、杰弗里和其他人都曾有此感受。⑳

---

⑳ 一些律师甚至使用"胁迫"一词来描述他们说服被告人接受认罪的努力，他们认为这符合他们的最大利益（A.Smith，2007）。

部分被告人会抵制律师替他们达成的认罪协议,就像前文中赛琳娜律师代理过的那位被告人一样,他一直回避作认罪答辩,而且还逃离了法院。对于这些被告人中的少数人而言,即便抵制律师会导致其他负面影响,但最终会对判决结果产生些许效果。但对于多数人而言,拒绝辩护律师提出的认罪协议则会令他们承受无法估量的代价,比如程序回转、大大延长审前保释期限等。第二章中提到的白人被告人特洛伊向笔者讲述过自己最初如何拒绝了律师提出的建议。当时他被指控涉嫌持有毒品罪,将被判处缓刑一年。不过他认为,鉴于自己没有犯罪前科,认罪协议对自己应该更有利才对:

> 大概是,他(我的律师)回来找我说:"对,就这么认罪吧,缓刑一年,现在就认了吧。"不行,我不可能认的。你知道我的意思吗?因为关键在于,我根本没有犯罪前科。通常而言,如果你只是初犯,他们不会对你很严厉。就像,他们会关照你。所以我就跟律师说:"这是我第一次被捕。我不可能服一年缓刑。凭什么?"

在等待他的律师协商出更好的认罪协议时,特洛伊幸运地获得了保释,但附带了几个审前条件,其一是必须戒毒。对于许多被告人而言,与羁押相比,这种附带强制条件的保释是一种从宽处罚措施,但其同样可以监控被告人,即便他们尚未被判决有罪。[24]几个月后,特洛伊因为缺席开庭而再次被捕,他得知自己的律师终于和检察官达成了一项附条件缓刑的认罪协议。他接受了这个认罪协议。这比当初立即认罪要好一些,因为如果他这次遵守了缓刑条件,就不会留下犯罪记录。特洛伊的经历不仅揭示了一些被告人搁置认罪协议给自己带来的好处,也披露了审前条件的法律成本、非法律成本以及重新被捕的风险。

除了拒绝认罪以外,律师对被告人在法庭内外的其他或大或小的抵制行为也很反感。与消极抵制的被告人相比,积极对抗的被告人更加让律师感到愤怒和不满。汤姆律师把自己最讨厌的被告人称为"混蛋",因为他认为这个被告人举止粗鲁,并质疑他的专业知识。这名被告人被指控涉嫌贩卖毒品,坚持要求汤姆律师提出禁止证据或驳回证据的动议。不过汤姆律师在查阅警方报告和在案证据之后,

---

[24] 科勒-豪斯曼教授(I. Kohler-Hausmann 2018)将此称为一种"有表现条件的"宽大处理形式,允许法院监督被告人的行为,另见 Winter and Clair(2020)。

认为不应该提出动议,他说:

> 汤姆律师:"他就是个笨蛋,混蛋。他的意思好像是我不知道我在做什么,我做得还不够。其实警方的报告是完整准确的,所以根本没必要提出驳回证据的动议,更没办法提出禁止证据的动议,因为他的权利压根没被侵犯。"

> 笔者:"他要你做这些事情,还是做别的什么?"

> 汤姆律师:"是的,他就是说,'你为什么不提动议?你为什么不多提点动议?'实际上别人都觉得我喜欢提出动议,总说我是一个'动议小子'……我像个疯子一样提出动议,但是这个人简直是个混蛋。"

最终,这名被告人决定要上法庭接受正式审判。在整个庭审过程中,被告人一直在质疑汤姆律师的辩护策略。在汤姆律师向陪审团作结案陈词之后,被告人认为有很多重要内容汤姆没有表达出来,当庭对他表示了不满。汤姆回忆道:"他对我说:'你在法庭上这也没说,那也没说。'"这位被告人想让陪审团知道关于他涉嫌贩毒的全部背景,但汤姆认为,说这么多只会让陪审团产生很多疑问,最终会导致事实之间互相矛盾。汤姆对这名被告人提出的许多抗议选择了无视,最终陪审团很快裁决被告人无罪。汤姆说:

> 五分钟后,陪审团回来宣布:无罪。我想这个被告人当时甚至都没主动跟我握个手,当然这早已在我意料之中。在律师培训的时候,前辈们曾经告诉过我们:"如果你遇到了一些非常忘恩负义的被告人,不要惊讶,也别犯错。因为你在做你的本职工作,要知道,并不是每一个被告人都会心存感激,你只需要做好本职工作。"

尽管汤姆律师很生气,但他仍然认为,这些困难不会影响他为被告人做到有效辩护。一般而言,他会尽量不让自己受被告人负面情绪的影响。他告诉我:"这些插曲并没有影响我对案件的承诺,也丝毫不会降低我对辩护的热情。我知道我很有把握胜诉。"

然而,其他律师坦言,对于那些质疑或者为难他们的被告人,他们也会对等地减少付出。由此可见,无论是律师抵制被告人还是被告人抵制律师,都是被告人与律师之间关系呈现出抵制倾向的具体表现。笔者与一位辩护律师在午餐时交流过上文中汤姆律师遇到的案件,这位律师表示,如果她遇到了这种被告人,肯定不会像汤姆律师一样有耐心。她回忆起自己代理过的某个案件,被告人同样要求她提出不合适的动议,但她拒绝了被告人的施压。于是,尚处于羁押状态的被告人绕过了她和检察官,自行向法官提交了动议。律协告诉这位辩护律师,该被告人的举动构成了"单方面沟通",因为动议必须在检察官或者检察官办公室的其他代表在场的情况下才能提交给法官。她说,当她得知被告人的行为时"真的感到很生气",因为这会导致别人质疑她的"专业知识和业务能力"。她还指出,在法官眼中,被告人这么做是不好的,"当这种事发生在我身上时,就是对被告人的伤害。当然,他们会觉得自己被赋予了权利,但他们其实是在玩火自焚,因为这种行为显得很愚蠢,会让法官很恼火"。

有时候,辩护律师会在公开的诉讼场合让其他官员知道自己对被告人的不满。笔者观察到一些辩护律师有这种公开表达自己不满情绪的行为。与此同时,公设辩护律师经常批评那些在庭审中将被告人"扔下车"的辩护律师。笔者发现,公设辩护律师大多将自己对被告人的不满隐藏在心里,或者只在私下与同事抱怨,但一些普通辩护律师会在满是法官、检察官、被告人和旁听者的法庭里宣泄他们的不满。辩护律师公开表达不满的行为无疑加深了弱势群体被告人对律师的偏见,他们会愈发认为,所有法院指派的辩护律师都不值得信任。因为大约四分之三的贫困被告人是由法院指派的辩护律师代理的,而很少有被告人懂得区分公设辩护律师和普通辩护律师。

例如,一名年轻的黑人男性被告人的案件很有希望被驳回起诉,但他在听证会时迟到了,差点导致该案无法开庭。代理该案的白人女律师十分不满,羞辱了被告人。她向法官表明,自己能够掌控被告人的行为。他们的对话如下:

法官:"你当时在哪里? 今天早上9点15分你不在这里。"

被告:"我没有到庭,不过我当时在停车,呃。"

法官:"不,你没有。"

律师转向她的当事人,但声音大得法庭上的每个人都能听到:

律师:"你根本没有在停车! 我整个早上都在给你打电话!"

法官:"好了。我已经批评过他了,你就不用再指责他了!"

在训诫了律师之后,法官看了看他的卷宗。他粗略翻阅了几份文件,然后又抬头看了看。他决定驳回此案：

> 法官："驳回此案。律师费怎么办？"
>
> 律师："嗯，他失业了，无法工作。"
>
> 法官："好的。（判处）社区服务。"

尽管律师在法官面前羞辱了当事人，但法官依然选择了从宽处罚，驳回起诉，允许被告人从事几小时的社区服务来代替支付律师费。此外，法官还制止了律师羞辱被告人的发言。

在另一个案件中，笔者观察到一位白人男性辩护律师和他代理的黑人男性被告人同时在预审听证会上公开表达了自己的不满。这位律师向法官提出了一项禁止听证的动议，以使被告人被捕的视频不被提交到法庭作为证据使用。检察官辩称，这一视频片段应该提交法庭，因为其记录了被告人拒捕的情况。听到这句话，被告人突然喊道："天啊，我当时就一个人，我打不过四个警察！"他怒火中烧，似乎是要为自己的行为并不符合法律对"拒捕"的定义而辩白。法官显然对此很恼火，但在听取助理检察官的完整发言后，她对被告人说："请您让律师代您发言，先生。"律师试图让被告人平静下来，他坚称现在并不是辩白的时机，不过被告人拒绝了。他转身对律师大喊："天啊！我没有拒捕！"律师也喊了起来："别再说了！你为什么要这么做？你在干什么？别讲话！"法官打断了他们的争吵，说道："行了，行了！休庭等候传唤。"律师喃喃地说："谢谢您，法官大人！"律师和被告人穿过走廊去了法院大厅。随后，笔者隔着门隐约听到了律师在低声呵斥被告人。

如上文所述，辩护律师往往试图在法庭上控制被告人的言行举止，以避免他们自证其罪或者损害自己在法庭上的形象。[24]在律师们看来，这完全是出于善意。他们一次次地告诉笔者，尽管从法律上看，被告人确实享有公正审判权，但他们很少建议被告人在庭审时直言不讳地讲出来，更不愿意让他们引起人们的注意。律师们意识到，被告人自学的法律知识几乎没有什么用处。

法官不会总是无动于衷，一些法官会羞辱陷入贫困泥沼的被告人，责备他们不应该拿贫穷或弱势地位当做犯罪的借口。辩护律师表示，他们必须预见和应对这

---

[24] See Natapoff（2005）。

一情况。从这个角度来看,律师之所以要掌控当事人,只是为了在轻视或苛待被告人的法官面前做样子。当法官羞辱被告人时,辩护律师认为被告人有必要为了减轻刑事处罚而隐忍一时之辱。赛琳娜律师讲述了一个法官羞辱贫困被告人的故事:

> 我代理的被告人因为涉嫌非法侵入、意图贩卖大麻等犯罪行为,违反缓刑规定而被捕。他犯罪以后被处以缓刑,但在缓刑期又犯了新罪。法官正在决定如何处理,到底要不要裁决他违反了缓刑规定。这时候,这位拉美裔被告人说:"我刚走出公寓去扔垃圾,外面好多人在大声播放音乐,这就是引起警察注意的原因。我就住在这里,我只是出来倒垃圾而已。"法官最终没有发现(他)违反(缓刑规定)……但后来,法官开始发表长篇大论斥责他,告诉他这次多么幸运。因为在有些地方,有些人什么都没做就被警察击毙或者遭遇其他后果,事实就是这样……这是最艰难的时刻,法官做了你想让他们做的事情,他们马上就要释放被告人……他们既没有威胁到被告人的自由,也没有延长缓刑,没有附加任何条件。但你必须坐在这里,听她胡说八道和责骂被告人。

在忍受了法官的说教之后,被告人很不高兴。赛琳娜律师宽慰他说:"我百分之百同意你的说法,法官这是种族歧视,胡说八道。非常抱歉让你经历了这些。"

除了羞辱被告人的庭外行为,法官还会对被告人在法庭上的抵制举动直接加以压制和威胁。在没有律师居中协调的情况下,法官通常会让试图与他们直接交谈的被告人闭嘴。经我观察,即便一些法官愿意听取被告人的陈述,但当被告人还没询问律师意见就擅自发言时还是会令法官反感的。此外,当被告人确实要为自己发声或者试图自行提出诉讼争点(例如动议)时,他们可能会因为时机或方式不当而遭受惩罚。第二章提到的托尼娅就是明证。她不顾莫莉律师的警告,坚持要在第二次缓刑听证会上讲述自己吸毒的减轻情节。虽然从法律上说,她的认识是正确的,因为法官在判决前确实经常考虑滥用药物史或无家可归等从宽处罚的因素,但法官已经(在第一次听证会后期)向托尼娅申明自己没有被她说服。实际上,法官希望看到托尼娅认罪悔罪,而这正是莫莉律师开庭前坚持要求托尼娅做的事情。

其实,法官希望被告人不仅在宣判阶段保持沉默,最好在审判程序开始之初就保持沉默。笔者在旁听一次故意伤害案件的保释听证会时,一名黑人男性被告人试图为自己辩护。当被传唤时,他戴着手铐站在拘留室里,环顾法庭四周寻找自己的律师。法官说,律师还没有抵达法庭。被告人透过拘留室的小圆洞询问法官,能不能在律师不在场的情况下自行辩护:

被告人:"请您继续为我审理本案,我申请个人担保,法官大人。"

法官:"好的,请稍等,先生。"

书记员通过内线与被告人的代理律师打电话,他的律师是一名普通辩护律师,一整个上午都在监禁区域来回奔波会见被告人。当他气喘吁吁地来到法庭时慌乱不已,上气不接下气。

书记员:"请问某某(姓氏)律师,您准备好了吗?"

辩护律师:"是的,证人今天已经到场了,法官大人。"

被告人在拘留室里一边等待一边朝律师望去,律师与助理检察官低声沟通了一两分钟,法官也坐在审判席上耐心地等待。随后,检察官走向审判席,请求法官允许他们再多谈判一会儿,稍后再传讯本案:

助理检察官:"是的,我们下一轮传讯再开庭吧。"

书记员:"休庭,等候传唤。"

"请坐下,先生",书记员对被告人说,而被告人仍然站在拘留室的小圆洞前,急切地想说话。这时,辩护律师似乎第一次注意到被告人,他指向被告人,并朝着被告人说:"等着就行!"辩护律师和检察官在法庭前坐下,就在我的前面,他们一边查阅案卷,一边窃窃私语。过了十几分钟,书记员告知他们,又轮到了本案:

辩护律师:"法官大人,我在本次(保释)动议中代理被告人。"

法官:"州检察官是什么想法?"

助理检察官:"被告人涉嫌殴打女朋友,今天他女朋友也出庭了。被告人有支付能力,我们要求他支付500美元保释金,并且附带禁止接触令。"

突然,一位女性的声音从身后传来:"法官大人,我可以说句话吗?"法官显然吓了一跳,他抬头望向旁听席说:"不用了,谢谢你,夫人。"后来我才知道这是被告人的女朋友,检察官和辩护律师旋即继续开庭:

助理检察官:"我们开出的条件是被告人应遵守先前颁布的禁止令。"

辩护律师:"我在本案中代表被告人,同时他的预防虐待令案也由我代理。

我想您应该了解本案的历史……您还应该知道，本案被害人（被告人的女朋友）今天出庭了，不过她现在的立场是支持被告人。她希望将禁止令从禁止接触改为禁止虐待。被告人现在之所以被起诉，是因为他被错误地逮捕了。警方以为他被禁止与被害人接触，实际上他只是被禁止虐待被害人。"

法官："但本案争点似乎在于被告人违反了预防虐待令。"

辩护律师："法官大人，根据法律规定，被告人与女朋友争吵并不违反预防虐待令。"

法官："确实，同意。所以本案（此前的案件）已经被驳回了。"

辩护律师："我请求法院考虑在他个人具结担保的情况下释放他，因为本案并没有指控其殴打了他人。"

法官转向助理检察官，问道：

法官："你们和被害人（被告人的女朋友）谈过了吗？"

助理检察官："是的。她表示不再要求对被告人实施禁止令。"

法官："好的。那就不必要求交保释金了。因为被害人已经和检察官达成一致，且不要求对被告人实施禁止令。"

法官判决后，书记员转向被告人说："好了，你被释放了。请在下次开庭时按时到庭。"被告人在拘留室里站起来说："我明白，谢谢您，法官大人！感谢（辩护律师）！谢谢您，书记员女士。"

在本案中，被告人一开始并不想依靠律师，而是想用自学的法律知识来为自己辩护。他想向法官解释，他的女朋友（即本案受害人）希望他回家，如果他在候审期间被释放，不会对被害人构成威胁。不过，他没有被允许发言，他的女朋友想发言也被法官忽视了。这是因为，法官更喜欢辩护律师和检察官用法言法语陈述，而不是听取当事人的冗长陈述。法官的决定与庭审笔录的合法性有关。法官之所以正式询问助理检察官是否问过被害人关于禁止令的意愿，是为了在庭审笔录中留下检方的正式陈述，便于作出释放被告人的决定。从法律规范层面看，如果法官的决定仅基于被告人或其女朋友的直接陈述，其决定的合法性和真实性就可能会降低。因为被告人及其女朋友既没有宣誓，也不是法庭的工作人员。尽管被告人及其女朋友并没有因为试图发声而受到惩罚，但他们被法官无视了。这一刻无比讽刺，这场公开审判的对象就是他,但他自己却被排挤出了这场关涉切身利益的公开审判。刑事诉讼制度为了考虑正式的判决结果,毫无顾忌地把被告人的正义感和尊严感踩在了脚下。

一些被告人其实知道自己的抵制行为可能会带来负面后果,但是他们宁愿以身试险,当被告人深刻感受到司法不公或程序违法时尤其如此,因为他们关心的不止判决本身。这种情况在受到警察不公对待的社会边缘群体中最为常见。被告人乔是工薪阶层白人,他告诉笔者,他的同案被告人鲍勃就拒绝听取律师的建议。乔和鲍勃因涉嫌在剑桥贩卖海洛因而被捕,乔从车窗递给鲍勃几袋海洛因后,乔在车里被捕,鲍勃则在逃跑时被捕。但是,鲍勃在被警察逮捕之前已经将海洛因扔在了人行道上,因此他身上并没有被搜出毒品。

乔回忆说,警方报告里写的是鲍勃被抓获时身上携带了海洛因,"他们一直在撒谎"。乔选择了一位信任的律师,并将案子委托给他处理。不过,根据乔的说法,鲍勃抵制律师的专业建议。两位律师都表示,他们在努力和检方达成认罪协议,争取让对方撤销部分指控。虽然乔犹豫不决,但为了获得相对从宽的认罪协议,他最终决定与律师合作,因为律师"在体制内有朋友,而且,他的成功辩护记录绝了,是个好律师啊!"最终,律师的辩护策略奏效了,乔的律师告诉他,助理检察官提出"撤销六项指控中的五项,只起诉贩卖毒品罪,判处缓刑两年。你接不接受?"乔旋即认罪。与此同时,鲍勃的律师达成的认罪协议更好,据乔所言,鲍勃只需要服一年缓刑。但是,鲍勃拒绝认罪,他选择正式审判程序,这样就能亲眼看到律师在法庭上盘问警察,看看他们会不会在法庭上撒谎。

> 乔说:"(鲍勃)真是疯了。我是说,他们已经说了要给他一年缓刑了,鲍勃却说:'我不要!'他说:'我宁愿坐一年牢,我倒要看看警察在法庭上怎么当着我的面撒谎。'他如愿以偿了,再过3个月他就能出狱了。他在监狱里关了两年,就为了看警察撒谎,真是神经病!"

鲍勃拒绝听从律师的专业意见,也拒绝认罪,最终被判处两年监禁。然而,根据他朋友的说法,鲍勃觉得在整个诉讼过程中保持清白、抵制警方的威权非常重要。汤姆律师也曾说,他代理过的一位被告人也要求汤姆在审判程序中揭露警察的滥权行为来维护自己的尊严。这位被告人被指控涉嫌袭警罪,但他在审判期间声称是警察袭击了他。在讲到这类被告人时,汤姆律师说:"他们就是想揭露警察的错误行为,等你盘问完毕坐下来,他们会跟你说:'你太棒了!'这就是胜利,他们只想要这个。"

第三节　优待顺从者

辩护律师还谈到了他们喜欢的被告人类型。他们喜欢的被告人即本书中提到的将案件全权委托给律师的人,他们承认自己缺乏诉讼经验,愿意听取律师的专业意见,也会服从律师的决定。在法庭上,这类被告人遵从法庭的要求,愿意保持沉默。在本研究中,几乎每一位中产阶层的被告人都将案件全权委托给了律师,相当一部分工薪阶层被告人和一小部分贫困阶层被告人也会如此。因此,不仅仅是私人聘请的辩护律师,法院指派的辩护律师都有与这类被告人打交道的经历。对于这类被告人,辩护律师和法官会加以"优待",也就是在诉讼过程中为他们提供帮助,提供戒毒治疗或心理治疗方案,并且在法律允许的范围内通过辩诉交易程序为他们减刑。

律师们会为将案件委托给他们的被告人提供进一步的法律帮助。我们可以回想起本书第三章中汤姆律师是如何提出帮助加布的。这位面临醉驾指控的被告人在完成附条件缓刑后,其犯罪记录得以封存。汤姆律师对加布夫妇说:"如果你打电话给我的话,我可以帮你(封存犯罪记录)。严格来说,现在我已经不是你的代理律师了,不过我很乐意帮忙,以前我处理过很多情节十分严重的案件。"汤姆律师主动提出帮助加布结案的举动令人惊讶,因为这已经远远超出了法院指派的辩护律师的职责范围。通常情况下,法院指派的辩护律师只会在诉讼过程中为被告人提供法律帮助,一旦结案,他们就没有义务与被告人保持联系,更不用说帮助他们减轻判决带来的附随后果了。然而,几位公设辩护律师都告诉笔者,他们在生活中会与相处极为亲近的贫穷被告人保持联系。相比之下,优势群体被告人不需要指望热心仁慈的法律援助律师,他们只需要继续付费,就可以在诉讼之后继续获得律师的法律帮助,让案子最终了结。我在观察弗兰克(本章开头曾提到)之前,看到一个年过三十的白人男子穿着灰色西装出庭,他要求法院封存他的犯罪前科。他双手紧握在胸前，默默地站在辩护律师身边，律师则向法官解释：

> 他在一家公共汽车公司上班，由于有逮捕前科，现在很难晋升。虽然逮捕最后被驳回了，他也被判无罪，但逮捕前科仍然在案。所以，法官大人，这个前科记录给他造成了困难，导致他没办法在事业上更进一步。

法官转向检察官："你对此有何看法？"检察官摇了摇头："我们没有什么看法。"法官裁定："好的，我相信你的话，这给他造成了困难，我将封存他的逮捕前科。"

一些辩护律师会投入更多的时间和精力来"优待"顺从的被告人。西比尔律师描述了一位和她已经熟识的年轻黑人被告人，他在整个诉讼过程中与西比尔充分沟通，且信任她提出的专业意见。西比尔律师用"真的很酷"来形容这位被告人："他可以跟我成为朋友。我们相处得很好，我会花几小时在看守所会见他。"当时，这位被告人正面临着非法持枪罪的指控，尽管对他不利的证据很充分，但他们还是一致决定选择正式审判程序，因为检察官不愿意提出更轻的认罪条件。西比尔律师为他"感到担心"，因为他的冒险可能招致牢狱之灾，让他在女儿生日来临之前就被送进监狱服刑。于是，西比尔律师开始谋划如何推迟开庭时间，以便让他能陪女儿过个生日。西比尔律师说：

> "我只是在想我能尽力做点什么。我想，也许我可以在法庭上说：'我们还没准备好'，我从没这么做过，这太可怕了，会显得很不专业。我想了种种办法，但最终没有这么做。（但是）我突然发现，'哦！我还没弄清楚这个案子里的指纹信息'。他们（检察官）并不真的需要也不关心，但他们确实没给我（这份证据），于是我向检察官索要。检察官说：'这可能需要几周才行，开庭前可能没办法按时给你。'我想：'啊，不行！'（咯咯地笑）……于是，检察官就同意延期审理了，（我们）最终把庭审推迟了好几个月。"

对于西比尔律师而言，这种看起来"不专业"的策略对她"最喜欢的被告人"是值得的。事实证明，也许是因为她在本案中的投入，被告人经历了两天正式审判之后被判决无罪。然而，这么多的付出只会在少数被告人身上适用，正如西比尔律师所言："我觉得跟他走得太近可能是一件坏事，我觉得自己压力很大……如果我败诉了，可能会哭起来。因为他不仅是我代理的客户，更像是我的朋友。"

除了辩护律师的优待之外，由检察官和法官共同制定的规则也会优待听话的被告人。这类规范特别青睐被告人的顺从与配合——这是被告人与律师授权关系中的最后一个组成部分。诉讼程序对顺从被告人的优待通常在认罪答辩中最为明显。许多学者已经提到过"报复性审判",即如果你不是自愿认罪,而是在审判程序中被定罪,那么你的刑罚就会被加重。[23]社会心理学家莫娜·林奇提出,20 世纪八十年代以来,《联邦禁毒法》的修改赋予检察官的权力越来越大,从而迫使被告人因担心遭受更严厉的处罚而被迫认罪。[24]一些学者认为,报复性审判是合理的,因为强迫被告人认罪能节省诉讼资源和时间。而且,被告人正式认罪对于社区和被害人意味着结案。总而言之,被告人认罪存在着体制上的激励作用。[25]

　　本书通过几个案例展示了辩护律师如何借助被告人与律师间的全权委托关系,告诉他们接受认罪协议能带来的好处,从而促使他们作出认罪答辩。第三章中讲述的康纳、加布和瑞安的案子从不同层面揭示了法院指派的辩护律师如何在认罪答辩中促使被告人服从法院的要求。对于这些人而言,将案件委托给律师处理能让他们在与法院沟通时相对轻松。第三章中的黑人被告人唐心平气和地接受了律师的建议作出了认罪答辩,得以被撤销指控,获得了最短的监禁刑。无数个类似的案例不仅证实了被告人以认罪来表现出服从能换来的好处,而且表明被告人之所以认罪,往往是知道自己能从中获益,而非真心认罪悔罪。

　　尽管大多数被告人会作出认罪答辩,但事实上,这一选择并非总出现在被告人与律师的委托关系之中。在被告人抵制律师的情况下,也有可能作认罪答辩,只不过中间会出现一些小插曲。这些被告人往往在自学法律知识、否认犯罪和抵抗律师之后才会认罪。"迟到"的认罪往往会伴随着先前抵抗带来的"伤痕",他们能从与检方达成的认罪协议中获得的好处会相对较少。通常而言,进入审判程序的案件消耗的时间成本也更高。[26]我们可以从前文贫困白人被告人特洛伊的案件中看到控辩双方达成认罪协议的过程以及被告人最终面临的诉讼成本,他不仅要认罪,还需要接受强制戒毒。除此之外,被羁押的被告人之所以认罪,并不是因为他们听

<hr />

㉓　　Bibas(2004); Blumberg(1967); Bushway, Redlich, and Norris(2014); Mnookin and Korn-hauser(1979); Sklansky(2017); but see Abrams(2011).

㉔　　Lynch(2016); see also E. Bazelon(2019).

㉕　　Blumberg(1967, 32).

㉖　　See Lynch(2016).

从律师的专业意见,而是因为他们没办法保释,又希望能够尽快出狱。本书第一章的工薪阶层白人被告人尼古拉斯便是如此。尼古拉斯一生中大部分时间都在收容所度过,他涉嫌侮辱女朋友和毁坏财物罪而被捕,在案件审理期间被关进看守所。律师告诉他,他可以选择正式审判,也可以选择认罪。如果认罪,他会被判处一年半缓刑,同时需要参加暴力干预课程。他讲述了自己与律师讨论该作何选择的过程:

> "后来,(律师)来看守所会见过我几次。他说:'你知道哈,你有两个选择,要么在这里继续关一个月等待审判,要么认罪后接受缓刑和干预课程等等。你觉得呢?'"

他和辩护律师都认为可以在正式审判中胜诉,因为他的女朋友拒绝出庭作证指控他犯罪。不过,该案要一个月以后才开庭,尼古拉斯没有听从辩护律师的建议,而是接受了认罪协议,因为当时正值仲夏,他在监狱里没办法接受治疗,非常痛苦。他说:"我只是想出去。"

除了认罪之外,与戒毒治疗和心理治疗相关的法庭规范和程序也会优待被告人的顺从行为。正如第二章所言,并不是所有被告人都希望获得替代刑,在这些替代刑附随着强制戒毒或者缓刑监督的情况下更是如此。然而,有一些被告人确实希望获得戒毒治疗或者心理健康治疗,特别是当这些治疗措施是由不必遵守传统法院的惩罚性规则的替代法院提供时。在波士顿地区,戒毒治疗和心理治疗既能让被告人获得医疗资源,又不必承担未遵守治疗规定而导致的负面后果。根据律师的说法,只有一小部分被告人能获得这样的治疗机会。某次午休期间,笔者在公设辩护人办公室访谈了两位律师、一位社会工作者,了解到这一机制是如何运作的。要获得一次替代性治疗的开庭机会,律师必须首先确定被告人是否合适。要物色合适的被告人,则要确认其是否被诊断出了精神问题或患有毒瘾(药物成瘾),这一诊断有时候需要与缓刑监督官商议。一旦确认被告人符合条件,律师就会判断被告人能否"配合"和"遵守"替代法院的相关规定。一位律师说,通常而言,他不会推荐"不愿意接受治疗"的被告人。虽然有些律师担心,让被告人参加替代法院的庭审可能会导致败诉,但参加心理治疗和戒毒治疗的目的是为了让被告人在违背缓刑规定时能够获得第二次机会,而非直接遭受惩罚。辩护律师经常提到,当法官进行心理治疗和戒毒治疗的审判时,他们会更加宽容。因此,经历传统诉讼程序的被告人不仅难以获得法律帮助,而且一旦他们违反了保释期间或附条件缓刑中的治疗计划,更有可能受到惩罚。

被告人在法庭上保持安静克制,是对法庭的一种尊重。这一无声的举动会得到司法官员的嘉许,因为法官们认为自己才是刑事诉讼的专家。然而被告人参与的重要性则被低估了,讽刺的是,法官审理的案件不正是与被告人息息相关吗?法官之所以乐见被告人在法庭上保持沉默,一个最简单的解释就是他们更看重诉讼效率,如果被告人不发言,审判就进展得更快。相反,如果被告人不愿意由律师代劳,而想凭借自学的法律知识自行辩护或者只是想在法庭上发言,就会被视为做了无用功。不过,诉讼效率显然不是唯一的动因。在波士顿地区,许多法官会在每一个案件中耗费相当多的时间。他们会仔细考虑每一个决定,大声阐述自己的理由,美其名曰教化被告人,实际上是为了方便书记员记录。例如,笔者看到一名法官在审理其他案件的间隙和午休花了数小时来决定是否撤销对西比尔律师代理的一位拉美裔黑人女被告人卡米拉的保释。卡米拉在两项暴力犯罪的候审期间因毒品犯罪被捕,法官为此考虑了各种法律因素。有一次,他在自己的办公室里待了整整一刻钟来考虑卡米拉正在配合戒毒治疗的事实是否会影响案件的处理结果,最终他决定撤销卡米拉的60天保释期。不过,考虑到卡米拉配合戒毒治疗,他只选择撤销了一项指控的保释:"我只是撤销了(某某)案件的保释,为新的案件设定了1美元的保释金……显然,这个案子我审起来很困难,我想听听法官在(毒品案件法庭)开庭时会怎么说。我想再听一遍。"如此漫长的审判表明,与其他司法辖区和以前的法官相比,波士顿地区的法官办理案件的压力并不大。[24]

因此,笔者从观察和访谈中发现,那些认为被告人出庭会影响诉讼效率和事实认定的观点并不合理。与笔者交谈过的法官、检察官和辩护律师表示,他们会担心其他官员和公众对自己的看法。为此,他们煞费苦心地确保其他官员相信自己设定的保释金额是合理的,解释证据的可采性问题,确保认罪协议是自愿的。他们所关心的是公众会如何看待这些法庭记录。因此,他们倾向于在开庭时让被告人保

---

[24] For example, Blumberg(1967).

持沉默。当涉及法庭记录时,被告人的发言被认为是带有偏见的、不准确的或者根本不可信,辩护律师和检察官的言论则是合法的、可信的,尽管他们的陈述和观点其实完全相同。对律师和法官而言,他们更在意程序规范而非案件事实,毕竟如何在纸面上呈现出合理的判决更为重要。[248]

对于将案件全权委托给律师的被告人而言,有时候被优待会带来明显的物质利益,比如获得戒毒治疗的机会。但更多的情况下,被告人获得的是从宽处理,例如办案机关不对他们施加威胁,不要求他们保持沉默,或者在认罪答辩之后对他们减轻处罚。因此,律师要做到有效辩护,更多是要求为被告人争取到从宽处理而非明确的物质利益。

本章小结

被告人与律师的关系多多少少都会对法官和律师产生影响,最终会呈现在被告人的诉讼结果上。不同类型的被告人与律师的关系,除了会对被告人的诉讼经历产生不同影响外,还会影响到法律结果:被告人是被判决有罪还是无罪、监禁刑还是缓刑、长期监禁还是短期监禁,等等。法官偏爱顺从的被告人、厌恶抵制的被告人,这通常有利于优势群体而非弱势群体。可以认为,这些做法是将种族歧视和阶层歧视从体制上合法化了,最终导致司法裁判也呈现出种族歧视和阶层歧视的特性。

本章表明,被告人与律师之间的关系在刑事诉讼程序中发挥着重要作用。法院作为一个整体,也将自己融入这种关系之中,并随之发展变化。当被告人表现出消极抵制的迹象时,法官和律师也会作出消极应对。当这类被告人在庭审中公开抵抗时,法官和律师的负面反应则尤为明显。当弱势群体被告人试图自行辩护或者仅仅是想在法庭上发声时,也往往会被忽视、压制甚至遭到惩罚。在笔者观察庭审期间,直言不讳的被告人的陈述很少会被采纳,他们的抵制行为几乎都会给自己招致负面后果。相反,将权利全权委托给律师的被告人经常获得法官和律师的礼

---

[248] 感谢科勒-豪斯曼教授提出了这一有益观点。

遇,还会获得各种有形无形的优待。律师更喜欢被告人与他们互动,朝着共同的目标努力。一旦律师们了解被告人的诉讼目标(比如将监禁刑降到最低,避免缓刑或者获得戒毒治疗的机会),会首先选择从专业角度为他们实现这些目标。通常来说,律师的直觉是准确的,毕竟他们是专业的,他们对法官和检察官的偏好、期望和权力有着更深层次的认识,相较于被告人单兵作战,他们能提出最具有说服力的诉讼策略,使最终的处罚结果更轻。

对于律师而言,被告人顺从律师是二者委托关系中的核心,其有益于开庭审理和庭外沟通。其他学者在对青少年缓刑听证、警察街头巡逻和儿童保护机构听证的研究中发现了相同的情况,顺从律师的被告人会获得诉讼上的好处。[249] 在这些刑事司法程序中,被指控违法犯罪的人们表现出对社会权威(如少年法官、警察和社会工作者)的尊重,表明自己愿意认罪悔罪,重新回归社会。[250]

抵制律师的被告人则截然相反。被告人抵制就意味着他需要继续改造,于是司法机关倾向于施加更强的社会控制力来回应这种行为。例如,研究儿童福利的社会学家詹妮弗·赖克揭示了儿童保护服务机构的社会工作者、法官和指导老师如何矫正被指控虐待或疏于照顾孩子的父母的行为。如果这些父母听从社会工作者和法官的评估,同意他们的治疗方案和矫正计划,孩子们就会被送回来。如果他们质疑这些专家的意见,则往往意味着永远失去他们的孩子。[251]

即便辩护律师遵守了法院的潜规则,也不一定就意味着他们是心甘情愿的。事实上,笔者发现,即便是最有激情的辩护律师也清楚和不满自己在其他司法官员

---

[249] For example,Harris(2009);Reich(2005).

[250] Braithwaite(1989).

[251] 将儿童保护服务机构框定为"治疗状态"的一部分,Reich(2005)认为它试图强迫父母接受国家对正确养育孩子的定义。她展示了一名中产阶层黑人妇女如何与儿童保护机构工作者对抗,即使在聘请了律师并给她的州议员写了一封信后,这位妇女也无法找回她的孩子。儿童保护服务机构诉讼的经验与刑事法庭诉讼的经验有惊人的相似之处。例如,在托尼娅的案件中,监督她缓刑的法官使用了类似于儿童保护服务机构在 Reich 的研究中使用的治疗性语言。他在公开法庭上告诉托尼娅,缓刑的目的是"让你遵守我们选择的规则,帮助你在生活中找到成长"。然而,笔者的发现不同之处在于,尊重不仅在与惩罚当局(即可以带走你的孩子的法院、法官或社会工作者)的互动中有益,而且在与自己的律师互动时也是有益的。与儿童保护服务机构中的社会工作者或法官不同,刑事法院的辩护律师没有被赋予惩罚被推定有罪的个人的权力。相反,他们的法律作用是保护个人的正当程序权利。然而,笔者发现,如果律师感觉到其代理的被告人不愿将权力授予他们,他们可能会放弃这一角色,从而损害他们代理的被告人。

中"被围困"的处境。[252]虽然他们热衷于纠正被告人面临的司法不公，但也意识到自己面临着来自其他司法官员的掣肘，有些阻碍甚至来自被告人。辩护律师再有热情，也无法克服根植于弱势群体被告人内心的不信任和检法两家的强大权力。笔者访谈过的每位律师几乎都表达了同样的挫败感：他们必须说服被告人理解为什么有些动议不能提，为什么有些认罪协议对他们有利，为什么他们应该在法庭上保持沉默。这些形式的胁迫是微妙的、合法的，而且在律师眼中往往是善意的。在他们看来，衡量一位律师是否实现了有效辩护的标准是能否减轻被告人可能遭受的刑罚结果。他们注重的是找到与检察官谈判的方法，说服法官降低被告人的保释金额或刑事处罚。辩护律师经常说，要实现从宽处罚的目的，不仅取决于他们与检察官的谈判以及对法官偏好的了解，还必须洞悉法官对被告人提出程序性权利的态度，比如何时才能提出驳回起诉或禁止证据的动议。

但对于被告人而言，诉讼结果并不是最重要的。辩护律师和弱势群体被告人眼中的有效辩护并非总是同一个概念。即便是最了解弱势群体需求和不公处境的公设辩护律师，也可能与被告人在诉讼目标和辩护策略上产生分歧。[253]弱势群体被告人往往不止想要减轻处罚，有些人希望表达自己的看法，希望法官相信他们的说法；有些人希望控诉警察的违法事实和虐待行为；有些人并不介意被判处更为严厉的刑罚，只要自己不受司法机关的监视就好。我们不能仅仅把弱势群体被告人在法庭上发声的愿望当做是对正当程序的渴望，更不能说司法机关公正司法、尊重被告人就足够了。因为被告人认为，如果能把他们所说的话记载在庭审笔录上，就有机会追究施虐警察的责任，还能揭露社区中存在的司法不公的现象。考虑到弱势群体被告人的生活经历，他们几乎无法相信司法官员会真的公正对待他们。

本书论证了被告人与律师之间的抵制关系在穷人和有色人种工人阶层中更为常见，中产阶层和白人工人阶层则更有可能形成委托关系。因此，司法官员对被告人抵制行为的消极回应和对委托行为的积极回应可能会使不同群体和不同阶层的诉讼结果产生差异。这种差异不仅表现在案件质量上，也表现在诉讼经历上。笔者没有

---

[252] Uphoff(1992).

[253] See Tyler(1984，1988)；Tyler and Huo(2002).

对此论点进行统计检验，但本章中深入发掘的定性证据和逻辑推理证实了这一点。

一个多世纪以来，社会学家和犯罪学家记录了美国刑事司法制度中的种族和阶层差异。[254]从逮捕到监禁，非裔、拉美裔和贫困阶层长期被不成比例地卷入美国的刑事司法之中。[255]学界研究发现，根据不同司法辖区行政数据的量化分析，这些差异大部分不是源于一个人涉嫌的罪名有多重或者犯罪前科有多少等法律因素。因此，学界认为罪魁祸首是某种不公平的歧视，这种歧视是由个体身上若隐若现的种族歧视和阶层歧视造成的。例如，心理学的一些实验研究发现了隐性的偏见思维，但对这一偏见是否会在试验阶段导致对弱势群体的歧视却结论不一。[256]与此同时，定性研究发现某些司法辖区的司法官员也存在种族歧视和阶层歧视。[257]然而，一些学者发现的证据表明，偏见的信仰不一定会导致偏见的结果，事实上，情况可能恰恰相反，表现出偏见的人在作出决策时可能会自行纠正偏见。[258]在波士顿地区，法庭上很少出现明确发表种族主义言论或者带有阶层歧视的检察官、辩护律师或者法官。但可以肯定的是，这种个人偏见是存在的，不过它巧妙地隐藏在司法官员的内心。其结果是，除明显可见的弱势群体总被送上法庭的不平等现象之外，很难将明确或隐含的种族歧视和阶层歧视与法院判决结果之间建立直接联系。

本书从另一视角揭示了种族和阶层歧视，即司法官员制定了一系列规则与诉讼程序，将被告人与律师之间的关系与其相对应，从而导致了种族和阶层歧视。[259]

---

[254]　For the earliest statements, see Du Bois([1899] 1996)；Sellin(1928)；Von Hentig(1939).

[255]　See chapter 1. See also Travis，Western，and Redburn(2014).

[256]　Rachlinski et al. (2008).

[257]　Bridges，Crutchfield，and Simpson(1987)；Van Cleve(2016).

[258]　Rachlinski et al. (2008)；关于种族主义(作为意识形态)和种族歧视(作为行为)之间的区别，参见 Clair and Denis(2015)。

[259]　研究学校、工作场所和其他一线公共服务机构等各种机构的学者记录了主观文化差异的机构歧视。借助关系理论，笔者认为这些文化差异是在互动中产生的，而非群体的稳定特征。例如，穆迪和穆雪诺关于"文化坚守"的论述，即警察和学校教师等，根据他们面前的人所感知的道德品质做出决定的常见方式，参见(Maynard-Moody and Musheno 2003)。另见利普斯基(1980，chapter 8)。拉蒙特等人认为，这种偏见是许多组织中社会不平等的关键驱动因素；某些文化标准受到重视，而其他标准则被贬值。拉蒙特和他的同事认为，基于文化差异的歧视可能会被机构本身，甚至是那些机构应该服务的人，视为理所当然，因为参与其中的每个人都开始相信，一个机构的标准，无论多么武断或偏见，都是合法的。参见 Lamont，Beljean，and Clair(2014)。瑞伊对组织如何作为种族结构发挥作用进行了理论分析，这些种族结构基于表面上中立的组织样式沿着种族界限不平等地分配资源，参见 Ray(2019)。

与个体表现出的明显或隐含的种族和阶层歧视不同,对抵制者施以惩罚、对顺从者加以优待是建立在被告人与律师的互动关系上的歧视,是制度层面的合法歧视,这在其他社会制度中也很普遍。事实上,大多数司法官员可能会认为笔者将这种惩罚与优待归为"歧视"有些可笑,毕竟许多人认为歧视既违背道德,也违背法律,在法庭上没有立足之地。他们可能觉得自己作为法官,再怎么样也不会有意识地一再歧视他人。但是,笔者所发现的歧视源于"一套有利于部分群体的特定规则和程序",而非源于个人对某个种族或阶级群体的反感。[260]这些规则是由每一个司法官员"不假思索的例行公事"构成的。[261]司法制度及法官个人经常歧视某些被告人,但他们和我们早已对此司空见惯,不仅很少认为这样做存在问题,反而认为这是理所当然。例如,法官对犯罪前科较多的被告人判处较长的刑期,对初犯的轻罪被告人宽大处罚,尽管这一做法在法律上是正当的,并且大多数人会辩称这是公平的,但它就是一种歧视。在起诉罪名相同的情况下,行为更严重的被告人会受到更为严厉的处罚,这也是一种歧视。当然,许多人也可能辩称这是公平的,至少从宏观层面上是这样。本书认为,美国的司法制度还允许司法官员根据被告人的抵制行为和顺从行为进行区别对待。正因如此,被告人与律师关系的不同就可能演化成劣势与优势,这种歧视显然是不公平的。

本书对歧视的这一理解进一步填补了对刑事法院的研究与理论。新近研究发现,不平等在司法官员眼中变得司空见惯,不被当做问题来看待。[262]社会学家尼克尔·冈萨雷斯·梵·克里夫发现了道德评价对司法不公的影响。她指出,在伊利诺伊州库克县的刑事审判中,非裔和拉丁裔被告人如果在道德上被评价为懒惰或者堕落,就会被处以更为严厉的刑罚。[263]辩护律师会基于被告人的道德评价来选择性地为被告人辩护。克里夫所称的道德评价借鉴了社会中广泛存在的种族和阶层的价值比喻。笔者认为,法官的决定不仅受到被告人的道德评价影响,还与被告人

---

[260]　Pager and Shepherd(2008,182).

[261]　López(2000,1723).

[262]　See Clair and Denis(2015); Lynch and Omori(2018); Murakawa and Beckett(2010); Olivier, Clair, and Denis(2019); Van Cleve and Mayes(2015).

[263]　Van Cleve(2016),另见 Mears et al. (2017),这表明,与同种族的同龄人相比,坚持"街头准则"文化的被告人更有可能被逮捕和定罪。作者认为,这种差异可能是由于司法官员在决策时对街头行为准则的歧视。

的互动行为有关。如果法官发现被告人了解诉讼潜规则，符合法官的期待，与律师能够建立恰到好处的关系，那么法官就会优待被告人。社会学家伊莎·科勒-豪斯曼发现，纽约市轻罪法庭的法官会"观察和评判"被告人的"现实表现"，以此作为评价他们道德水准的方式。[264]她认为，法庭会优待那些"自律负责"的被告人。[265]我们已经看到，在波士顿地区，要想成为一个举止恰如其分、符合法官心目中道德水准的被告人，就必须在法庭上保持沉默，将权利委托给律师，并服从法院的裁决。

与笔者的歧视理论类似的一个看似合理的观点是，分配给弱势群体的辩护律师水平更差。被告人之所以不信任和抵制律师，是因为这些律师本身不好。提出这一观点的学者认为，律师辩护水平不足导致被告人既更有可能抵制律师，也更有可能遭到严厉惩罚。换言之，不管被告人与律师之间的关系如何，糟糕的律师都会作出不利于案件的选择。事实上，本书第二章已经表明，一些弱势群体被告人之所以不信任律师，部分原因在于他们认为律师效率低下，工作不称职或者不愿意遂他们所愿。

几乎可以肯定的是，与所有行业一样，律师界也有水平高低之分。一些律师的工作效率可能比其他律师更高，有些人无论何时都能同时处理多宗案件，有些人更擅长与检察官打交道或说服陪审团。笔者无法在此研究中获知律师素质的客观指标，例如他们的解雇率、定罪率或他们客户的平均刑期。然而笔者了解到，律师们对自己代理的案件直言不讳：他们发现一些被告人很难合作，而其他被告人则更容易沟通。因此，对于同一个律师而言，不管其工作效率如何，都会把更多的时间和精力花在容易沟通的被告人身上而非难以合作的被告人身上。正如我们所见，此决定往往基于是被告人授权他们代理案件还是抵制其代理案件。此外，重要的不仅是律师的行为，法官也在天平的另一端发挥作用。只注重律师能力差异的观点不能解释法官对被告人抵制行为和委托行为的不同反应。

另一种说法是，如果被告人发现自己的官司胜算越小，就越有可能抵制律师。许多被告人在获知他们遭受的暴力搜查行为是合法的，而且没有途径去排除非法证据时内心非常煎熬。此外，被告人也难以接受诸如"以认罪换取从宽处罚是最佳

---

[264]　I. Kohler-Hausmann(2018，231).

[265]　I. Kohler-Hausmann(2018，231).

选择"的法律意见。因此,当一个案件无论如何都将带来相对较差的判决结果时,被告人抵制律师的可能性就更高。与之相对,如果一个案件将产生较为理想的判决结果时,被告人全权委托律师的可能性就更高。毫无疑问,案件本身情况的好坏当然会对判决结果产生直接影响,事实上,这是法律制度众所周知的明确特征。此外,当被告人面临不利局面时,降低对判决结果的期待也会影响到被告人与律师关系的走向,就像第二章中描述的德鲁和其他弱势群体被告人一样。

然而,被告人案件本身的情况只是影响其与律师关系的几个因素之一,起不到决定性作用,甚至本书开头提到的处于不利局面的德鲁案,也可以通过德鲁与汤姆律师卓有成效的关系来改善。其他被告人的经历则表明,他们案件中的不利情况不仅不能改善其与律师的关系,甚至会产生反作用。但是,第三章中讲到的布里安娜的案例就不符合这一观点。布里安娜的律师一开始就警告她,如果拿不到处方就不得不认罪,但在与莱娅律师接触后,布里安娜变得积极且顺从,虽然她被判决有罪,但避免了受官方监督的戒毒治疗计划,这是因为她把权利全权委托给了莱娅律师。与此同时,其他被告人可能有相当有利的理由或者至少有明确的法律途径来规避严厉的刑罚,但他们为了反抗司法制度的压迫、维护自己的尊严而选择抵制律师,他们坚持提出动议,在法庭上要求发言或者执意选择正式审判程序。此外,像玛丽、杰兰等被告人通常并不关心判决结果,他们抵制律师的动因源于诉讼程序之外。

结　语

"我非常幸运",简自言自语。她笑中含泪,花了一小时向我倾诉童年的经历和被捕的细节,反思了自己陷入刑事诉讼程序的代价。本书第三章曾介绍过,简是一位受过高等教育的白人女性,她的父亲是一位法官,母亲是一位教师。她提到自己花费了 2000 美元聘请了辩护律师,不过对于她而言,这笔钱其实微不足道。她说:"这点钱对我来说没什么大不了的,因为我父亲去世时给我留下了一大笔遗产。"不过,当她谈到处理自己的案件有多么容易时,气氛变得尴尬起来:

> 但我差不多有一个小规模的信托基金……事实上,这更让人尴尬了,因为我很轻易地摆脱了诉讼带来的经济压力,就像是……我不知道怎么说,就是……说起来有点令人生厌。我不知道。我觉得自己本应该有经济压力,因为很多人就是没钱才被判刑,而判刑让他们更加不堪重负。但是我有钱,或者说我真的非常幸运。对于我而言这不是什么大的经济负担。

本研究中有好几位优势群体被告人和简类似,他们在讲述自己的遭遇时,很清楚自己相对于每年被送上法庭的数以万计的弱势群体被告人而言更有优势。第三章曾谈到的韦恩就是上述优势群体被告人中的一分子。他是一位出身于工薪阶层的白人,长期在生活的泥潭中挣扎,他在酒吧工作期间染上了酒瘾,于是长期酗酒。然而,相对于他人,尤其是贫困有色人种被告人,韦恩仍然感受到了特权带来的好处。他在身陷犯罪之后,依靠父亲的关系和财力聘请了一位信得过的律师。尽管他大量服用非法药物,但他从小到大都很少与警察接触。他回忆道:"我身边所有非白人的朋友都遭到过警察的拦截搜查,每一个都是,每一个。我的白人朋友呢?

从来都没有。这是我亲身体会到的相当明显的差异,你知道吗?"

就像简和韦恩一样,越来越多的美国人开始发现美国的刑事司法制度存在的问题。来自各行各业、不同政治派系的人都感觉美国对居民的监禁率过高。如果你是非裔、拉丁裔或穷人,那么你面对的司法制度就会变得严厉得多。这种认知在很大程度上源于美国深陷于一个大规模刑事化的时代。在 20 世纪末期,逮捕率、定罪率急剧上升,监狱规模和入狱人数也大幅增加。尽管在过去几年,这些社会管控力量为我们带来了一段充满希望的社会稳定期,犯罪率甚至也有所下降[266],但 21 世纪新颁布的法律将我们日常生活中越来越多的行为定性为犯罪。[267]每年都有约一百万居民至少会被逮捕一次[268],高达数十万地位或高或低的居民被送上法庭。[269]除了这些统计数据之外,警察对有色人种社区施加暴力的图片和视频在电视新闻和网络媒体中也极为常见。在前些年,与"黑人的命也是命"(Black Lives Matter)有关的组织和活动家发起的黑人生命运动,为揭露这些不公正、引发全国关注发挥了至关重要的作用。[270]

在美国首都华盛顿特区及各州,刑事司法改革已经成为两党关注的关键政治议题,两党领导人有时会携手推动改革方案实施。例如,2018 年,为致力于适度减少监禁和减轻监禁带来的痛苦,美国前总统特朗普曾签署两党一致通过的《第一步法案》(First Step Act of 2018)。该法案内容包括:对某些联邦毒品犯罪进行量刑

---

[266] 1990 年至 2010 年年间,大多数犯罪的逮捕人数都有所下降。从 1990 年到 2000 年,因毒品犯罪而被捕的人数有所增加,但在接下来的十年里有所下降,参见 Snyder(2012)。被关押在监狱或监狱的人数在 2008 年达到顶峰,此后略有下降。同样,接受缓刑和其他形式的社区监督的人数在 2007 年达到顶峰,此后也略有下降,见 Kaeble 和 Cowhig(2018)。

[267] Husak(2008);Stuntz(2001).

[268] See Davis, Whyde, and Langton(2018).

[269] 目前尚不清楚在任一年中有多少人涉嫌刑事法庭案件。然而,我们能确定的是,2016 年全国各地的州法院共报告了 1 780 万起刑事案件("Total Incoming Criminal Caseloads Reported by State Courts, All States, 2007—2016," National Center for State Courts' Court Statistics Project, accessed January 8, 2020, http://www. courtstatistics. org/~/media/Microsites/Files/CSP/Criminal/PDFs/EWSC-2016-CRIM-Page-1-Trend.ashx).我们可以假设,在这数百万起刑事案件中有许多人被指控是惯犯。州法院受理的刑事案件数量总体上与过去十年一样略有下降的趋势。

[270] Akbar(2018);Terry(2015);The Movement for Black Lives website, accessed February 18, 2020, https://m4bl. org/. See also the website of the organization Black Lives Matter, which was started by Alicia Garza, Patrisse Cullors, and Opal Tometi, accessed February 18, 2020, https://blacklivesmatter.com/herstory.

改革,让关押于联邦监狱的罪犯提前获释,为教育规划提供资金等。但是,这些改革受到了批评,因为这些措施注重于投资营利性的保释监督,忽视了曾遭监禁者重返社会所面临的困难,故对监禁率的影响可谓微乎其微。[21]此外,立法为种族、阶层的不平等和不公正的具体问题提供的解决方案还很少。当前的政治改革固然重要,毕竟在美国荒谬的党派之争中,任何这类进步都属于奇迹,不过这些改革的作用就像给巨大的伤口贴上一枚微小的创可贴一样无济于事。如果想要真正治愈刑事司法制度的顽疾,需要更为深刻地认识和理解造成美国刑事司法制度不公和差异的源头。除此之外,还要具有釜底抽薪的决心,从改革走向转型,彻底抛弃旧的制度。

笔者希望,本书能够论证刑事法院是美国刑事司法制度中乃至美国社会中不平等和不公正的核心。换言之,本书详细描述了被告人和律师关系中体现的种族歧视和阶层不公。当前,研究美国司法改革的大部分内容都聚焦于其他方面的不公正,例如检察官强迫被告人认罪、违反无罪推定原则的审前羁押、依赖财富的保释制度以及法律援助制度投入不足现象等。针对这些问题,研究者呼吁改变被告人权利与政府权力之间的不平衡状态,让被告人在对抗制诉讼中有更充足的机会行使自己的权利。相对于法官和检察官拥有的巨大权力而言,被告人群体——无论是贫困阶层还是富裕阶层——所拥有的权利显然都是不够的。对于优势群体被告人而言,一个称职可信且资源丰富的辩护律师能够在一定程度上弥补权利的失衡。正如笔者早已指出的,优势群体可支配的诉讼资源更多,对律师更加信任,与律师的互动程度也更深,因此他们获得有效辩护的机会要远远大于弱势群体被告人。

然而,本书发现,刑事司法制度的运行带来的最大教训是:有效辩护本身并不能代表正义,被告人有权聘请律师也不能为他们带来正义。因为,即使为被告人提供了辩护律师,他们也可能对律师不信任、不理解,进而产生分歧和不满。一些被告人拒绝辩护律师提供的专业意见,另一些被告人则消极抵制整个诉讼程序。即便一位辩护律师能力过人、值得信赖,能够帮助被告人得偿所愿,也不一定就是伸张正义的途径。优势群体被告人获得的辩护体验可以证明,尽职的辩护律师固然能为被告人处理很多事务,确保其被无罪释放或者减轻刑罚,防止被告人的人生受

㉑　Gottschalk(2019);see also Pfaff(2017).

定罪或监禁的附随后果的影响而发生剧变。然而,辩护律师的补救对实现社会正义收效甚微,因为这样的有效辩护面对的是司法不公的制度。美国的刑事司法制度不仅区别对待不同种族和阶层,而且迫使所有被告人保持沉默、屈从国家权威,只能接受警察和检察官的不公对待。即便是受害者,也会在建立于沉默和胁迫基础上的对抗制诉讼中败诉。对于被告人而言,即便他们可能对自己所犯罪行感到悔恨,但在整个刑事诉讼程序中,除了认罪听证会或宣判,被告人几乎没有动力为其行为表达悔意。正因如此,受害者也很少有机会与被告人一起被真正治愈。被告人之所以会认罪,不是因为他们认识到了自己所造成的伤害,而是因为律师告诉他们如果案件变成了正式开庭审判则需要付出更多成本,得不偿失。尽管本书重点讲述了被告人的经历及其与律师的关系,但重要的是要认识到,美国当前的司法制度削弱了受害人的公正。司法公正不仅要求公平对待被告人,而且还要求公平对待被害人,后者的权利和身体不应该受到他人的伤害。[272]

第一节 不平等和不公正

当前,社会学家聚焦于不平等问题,对不公正问题的关注偏少。本书记录了被告人在法庭上由于种族和阶层产生的不平等问题,也记录了社会不公问题。社会学家埃里克·奥林·赖特和政治学家乔尔·罗杰斯认为,社会是不公正的——这是一种不平等的不公正,但这种不平等在不同的社会制度中是可以补救的。[273]他们认为,确定某种差异是否存在不公正,需要"道德判断"。哲学家伊丽莎白·安德森将不公正定义为不公平社会关系的特征之一,她认为:"如果某些事务的分配不平等体现了不公正的社会关系,或者是由人与人之间的不公正关系造成或导致的,那么这种分配不平等就是不公正的。"[274]安德森对社会不公正的定义借鉴了社会关系学家的研究成果,尤其是查尔斯·蒂利的观点,本书同样如此。安德森对不公正的解释来自经验社会学对社会如何运作的解析,即不平等并非来自群体的"内部特

---

[272] See Shelby(2016) on principles of corrective justice.
[273] Wright and Rogers(2010, chapter 10). Emphasis in the original.
[274] Elizabeth Anderson(2010, 18). Emphasis in the original.

征",而是来自个人和占据不同社会地位的群体之间的不平等关系。[275]因此,当不同群体之间物质或象征性资源的不平等构成或导致众所周知的不公平现象时,社会正义原则就需要从制度上予以补救。

本书借鉴了社会关系学的理论成果,充实了文化社会学的理论研究。本书描述了被告人与律师之间的不平等关系及二者互动差异导致的不公平结果,揭示了优势群体被告人在生活中相对于弱势群体被告人的优势。可以认为,这些不平等现象是不公正的,因为其很大程度上源于种族和阶层中不受人控制的差异。从第一章开始,笔者就展示了日常生活中的不平等现象对被告人与律师关系的塑造,他们的青少年经历、社区环境、治安状况、经济能力和社会关系都呈现出了不平等的特征。这些源于种族和阶层的不平等给他们打上了终生的烙印,当被告人走上法庭时,这些烙印便会发生作用。

尽管资源丰富的人往往占据上风,但特权在刑事诉讼中的作用往往与在其他社会机构中不完全相同。大多数情况下,优势群体会在学校、医院或者其他工作场合中展现自己的权利,对老师、医生、办公职员和(某种程度上的)雇主们提出种种要求。但是,当他们身处刑事诉讼中,却会在沟通交流中表现出尊重。当优势群体的被告人涉嫌犯罪时,由于他们对刑法知之甚少,加之诉讼结果具有很大不确定性,所以他们会依赖律师辩护。律师与优势群体被告人之间基于付费或者文化共鸣而建立起了信任关系,律师会把被告人的最大利益放在心上,帮助他们顺利渡过刑事诉讼程序。优势群体因为尊重律师的专业意见和法院的期望而获得了优待。与之相比,弱势群体的诉讼经历比优势群体要多,他们在与警察和司法官员的日常接触中积累了法律知识,但当他们想运用这些知识维护自己的权利时,却往往适得其反,产生了负面效果。在某种意义上,弱势群体被告人会将更多的精力投入自己的刑事案件中,他们拼命想掌握自己的命运,却会因此遭受惩罚。然而,文化社会学家发现,弱势群体在学校和医院等机构中的表现截然相反,工薪阶层和穷人在面对教师和医生时往往会唯命是从。[276]人们会认为弱势群体的被告人越强势、越了解

---

[275]　Elizabeth Anderson(2010, 16).

[276]　Calarco(2018);Gage-Bouchard(2017);Lareau(2011, 2015);Shim(2010);Stephens, Markus, Phillips(2014).

诉讼程序,就越能获得更多的资源和帮助。[277]但在法庭中,这种策略往往会适得其反。这一现象表明,工薪阶层和贫困被告人被不公平的刑事司法制度所束缚。

因此,本书修正了文化社会学中有关制度互动的特权和不平等理论。

由于被告人认为他们与律师关系中的不公正现象时有发生,所以这一现象被视作理所当然的存在,很难被当做不公正的现象。在美国的法律与文化中,人们普遍认为只有在直接证据表明存在明显的、个体层面的歧视,才会存在不公正。例如,要从法律上认定歧视行为存在,必须有证据证明法官或检察官存在"歧视意图",也即对待某个人的方式是基于种族歧视而为。这种证据当然很难收集,因为当代的种族主义者已经知道如何掩盖自己的种族主义偏见。[278]虽然在司法实践中会发生检察官将黑人从陪审团中剔除的情况,但很少有检察官会明确这么表达。虽然陪审团成员会对拉丁裔被告人存在种族歧视,但他们很少直接说出来。[279]与之相反,检察官会以"种族中立"为由剔除黑人陪审员,比如声称某名黑人陪审员居住在高犯罪率社区,或者认为某陪审员可能提出看似无害的理由来说服其他有偏见的陪审员对拉美裔被告人定罪。[280]正如许多学者对法庭、警察和社会的研究所言,种种不公正现象正是通过这种盲目而微妙的种族歧视和阶层歧视出现的。[281]尽管学者和司法官员认为这种微妙的种族主义不公平,但法律却默许其发生。[282]笔者还发现,刑事诉讼中的"潜规则"只想被告人礼貌而顺从地参与诉讼,这导致有色人种的工人阶级和贫困阶层被告人在判决中处于不利地位,种族和阶层歧视在这种"潜规则"中得以运用。这种歧视虽然在制度上合法,但显然不公平。

除了对定罪、监禁和刑期长短的不确定性带来的不平等之外,弱势群体被告人

---

[277] Bourdieu(1984);Lamont and Lareau(1988).

[278] Olivier,Clair,and Denis(2019).

[279] 在美国联邦最高法院福斯特诉查特曼(Foster v. Chatman 578 US, 2016)一案中,一名检察官办公室被发现突出显示并罢免了候选陪审团成员中的所有黑人陪审员,同时明确表示倾向于罢免这些潜在的陪审员。在联邦最高法院佩纳罗德里格斯诉科罗拉多(Peña-Rodriguez v. Colorado 580 US, 2017)一案中,一名陪审员在陪审团审议期间对一名拉美裔被告人发表了明确的种族主义言论。

[280] Clair and Winter(2020).

[281] Alexander(2012);Bobo, Kluegel, and Smith(1997);Bonilla-Silva(2010);Butler(2015, 2017);Clair and Winter(2016);López(2000);Murakawa and Beckett(2010);Van Cleve(2016);Van Cleve and Mayes(2015).

[282] Alexander(2012);Butler(2015).

与律师之间呈现的抵制关系也是一种不公正,因为被告人抵制律师导致二者沟通不畅,以至于二者关系充满了不确定性。在不平等方面,我们倾向于关注不同阶层群体之间物质结果的差异。例如,社会学家经常衡量某些群体的收入多寡,医疗保险是否充足,或者在刑事司法制度中被定罪或监禁的可能性高低。对物质层面差异的关注有其合理性,因为这对于人们的生活而言很重要而且更容易量化,但正如数十年来文化社会学界所倡导的那样,某些更为微妙的、更具象征意义的不平等现象也很重要。社会学家米歇尔·拉蒙特最近在美国社会学协会发表的主席讲话中指出,学者们必须注意她提到的"认知差距",即社会对不同群体提供的价值差异。[283]本书发现,在审判程序中,优势群体被告人与其律师之间的沟通被视为必要之举,但弱势群体被告人与其律师之间的沟通被认为是多此一举。

笔者建议,研究法院的学者们不仅要考虑判决结果(比如刑期)的差异性和程序正义(比如被告人认为司法官员是否公正司法和尊重被告人)的差异性,还要考虑不同被告人以不同方式与法院接触沟通时所获价值和尊重的差异性。我们不仅应关注判决结果的差异,还应关注诉讼体验的差异。程序正义方面的研究侧重于衡量公平和尊严如何影响大众遵守法律甚至参与民主制度的意愿。而本书则敦促学者考虑刑法框架下的价值和尊严差异本身就是一种不公正。[284]对于弱势群体被告人而言,诉讼程序与行使权利之所以十分重要,是因为他们能借此在法庭上作出陈述,这不仅表明了制度的合法性,而且意味着法庭给予了他们在法官、民众和社区面前澄清案件事实的机会。这是实体正义的一种实现方式。对于优势群体被告人而言,澄清案件事实可能并没有那么重要。一方面,他们被捕的可能性较低,而一旦被捕则表明他们可能确实有罪;另一方面,他们在日常生活中普遍受到尊重,在法庭上失去尊严的代价可能并没那么严重。

在当前的刑事审判中,司法潜规则导致被告人在尊严和价值上的差距越来越大。法院的规则允许法官和律师根据被告人与辩护律师的关系作出不同的回应。没有任何法律规则禁止被告人行使法庭陈述权,也没有任何法律明确或模糊地阻

---

[283]　Lamont(2018).

[284]　关于程序正义的论文,参见 Meares(2016);Thibaut and Walker(1975);Tyler(1984,1988);Tyler and Huo(2002)。批评者论文参见 Bell(2017);Bottoms and Tankebe(2012)。

止被告人行使法律权利。没有任何政策能够解释,生活在贫困有色人种社区的弱势群体被告人如何作出所谓的"从宽处罚"的选择,比如选择接受缓刑而非监禁刑,这种选择既没有吸引力也难以被实现。事实上,问题的实质不仅在于没有适当的规则来解释这个问题,更在于很少有司法官员意识到压制和胁迫不合作的被告人的行为本身就存在问题。许多出于善意的辩护律师认为,鉴于检察官在现有制度下的权力,他们能为被告人做得最有利于他们的事情就是迫使他们认罪以换取较轻的刑罚。[285]此外,贫困被告人和工薪阶层有色人种被告人不仅在生活上备受困扰,还要忍受不平等的治安监控。这种生活困境不仅会损害其与律师的关系,而且会使其陷入刑事诉讼的概率更大,但目前并没有法律措施来弥补这一短板。

事实上,如果不考虑日常生活和刑事诉讼中的种族和阶级的不平等现象,司法制度是可以发挥作用的。如果法院在作出判决时仅基于他们亲眼所见的官方文件,比如检方指控的犯罪事实、被告人的犯罪前科和被告人在庭审中的举止行为,而不考虑被告人所处的特权或弱势地位,就可以维持其中立裁判者的合法地位。当被告人听从律师的安排,放弃合法权利,不在庭审中要求陈述时,法院更有能力以高效和正当的方式对案件依法裁判。弱势群体被告人在生活中遭遇的种族歧视和阶层歧视很少受到法官的正眼相待。[286]除非这些不完整的信息可能影响对被告人再犯风险的评估,否则法官往往会认为这类经历不值一提或者真伪难辨。[287]讽刺的是,一个旨在维护社会正义的机构,不仅不去正视导致被告人陷入刑事诉讼的不公正现象,反而试图对被告人的程序选择权施加影响。

法庭上发生的司法不公现象造成的影响远超刑事司法制度本身。优势群体被告人遭遇的司法不公现象要远少于弱势群体被告人。他们受到审前羁押、定罪和监禁刑的概率较低,所以不太可能承担某些刑罚的附随后果,不会丧失就业机会和选举权,不会受到租房歧视。[288]其实法庭与社会并不是割裂的,司法不公反映了社会中的种族和阶级不公,并使其合法化、稳定化。那么我们应该如何应对呢?

---

[285]　例如,参见 A.Smith(2007),其中建议律师应强迫被告人认罪,因为"毫无疑问,出庭受审将严重损害当事人的利益"(480)。

[286]　Clair and Winter(2016). See also Delgado(1985) on the "rotten social background" defense.

[287]　Spohn(2009);Steffensmeier, Ulmer, and Kramer(1998).

[288]　Asad and Clair(2018);Kirk and Wakefield(2018).

第二节　如何改变

本书讲述了波士顿地区 63 位不同种族和社会阶层的被告人群体如何在刑事诉讼中理解和驾驭其与辩护律师关系的故事。本书详细描述了律师和其代理的被告人在法院走廊、律师办公室以及在法官面前的沟通交流,分析其如何对被告人的个人经历和尊严、案件判决结果及社会地位产生深远影响。优势群体被告人相比于弱势群体被告人更为轻松,因为前者信任律师并全权委托他们代理案件,后者则因为不信任和抵制律师而遭到胁迫和惩罚。由此我们可以设想,如果要消除存在于不同阶层被告人之间的不平等现象,可以说服弱势群体被告人将案件委托给律师办理,并且在诉讼中听从其他司法官员的要求,接受认罪答辩,在庭审中保持沉默。可以肯定的是,全美各地的公设辩护律师办公室每天都要接待很多弱势群体被告人,如果告诉他们保持沉默、听从安排,一定会有立竿见影的效果。

然而,这种个体层面的解决方案对解决本书所述的制度性司法不公几乎无济于事。对被告人和被害人而言,除了判决结果中出现的种族和阶层差异之外,法庭上对司法机关的漠视、胁迫和压制行为的默许这一潜规则本身就是不公正的。被告人需要的不仅仅是为了获得从宽处罚而被迫接受辩护意见,他们更需要从根本上改变社会和政治制度的游戏规则。接下来,笔者将从三个层面提出由浅及深的渐进式改革路径:其一是在现有司法制度下变革被告人与律师的关系,以更好地为被告人服务;其二是改革法院和审判庭的工作方式,以应对被告人与律师的关系;其三是对法律和社会层面的总体变革,使被告人与律师的关系不再影响刑事诉讼程序。

第一,在被告人与律师关系层面,辩护律师应该专注于在每一次会见交流中与被告人增进互信。不管是在聆讯、开庭还是在拘留所,辩护律师从见到被告人的第一刻起就应该意识到被告人正在考量他们是否值得信任。被告人会从辩护律师的倾听程度(即便是对案件本身无关紧要的细节)、生活品位或者文化共鸣上衡量其是否值得信任。辩护律师宜接受以被告人为中心的辩护模式的培训,从而更好地满足被告人及其所在社区的个性化需求。[289]以被告人为中心的辩护模式已经在全国主要司法辖区内推行,并且得到了上百个面向贫困地区被告人的辩护组织的支持。[290]所谓"以被告人为中心的辩护模式"是指辩护律师应专注于达成被告人自身认为的最好结果,而非自己所认为的最好结果。正如笔者提到的,有时候被告人希望采取风险较高的诉讼策略或者期望得到更严厉的判决结果,以被告人为中心的辩护模式要求律师理解被告人的这类需求,并及时告知他们可能忽略的潜在后果,而非试图简单地改变他们的想法。

在专业人士处理其与客户的关系时,尤其在律师与弱势被告人的关系中都存在某种固有的家长式作风。[291]律师凭借专业知识增强了自身的洞察力,使他们有能力制定减轻负面法律后果的诉讼策略,也能深入了解刑事案件的走向是否偏离正轨。许多被告人特别依赖律师的专业意见,优势群体被告人更是如此。但许多由法院委派辩护律师的弱势群体被告人往往会抵制律师的专业意见或者对其避而不见。当律师发现自己代理的被告人抵制他们的专业意见时,可能很难眼睁睁看着他们执着地走向一条注定失败的道路。一些律师说,他们自己也会抵制这类被告人。其实,律师应该积极吸引更多这样的客户,正视其独特需求,回应其偏好。不过应注意的是,一些被告人可能由于精神疾病或药物成瘾而缺乏理性[292],他们可能无法完全理解诉讼后果,对于这类例外情况,应做到对症下药。大多数被告人都具备分析问题的能力,律师在诉讼策略上应以被告人对诉讼程序和判决结果的意愿为核心。

对被告人可以采取更宏观的代理模式评估被告人的能力:整体辩护模式。要发展这一模式,需要从三个方面加以改革。在整体辩护模式下,辩护律师应从单纯考虑被告人的诉讼目的和可能遭受的法律后果延伸到兼顾被告人的生活问题。如果实施得当,辩护律师可以将被告人介绍给其他领域的专业人士,例如社会工作

---

[289]　Cochran(1990);Uphoff(2000);Uphoff and Wood(1998).

[290]　参见 Community-Oriented Defender Network's statement of principles here:"Community-Oriented Defender Network," National Legal Aid and Defender Association, accessed January 14, 2020, http://www.nlada.org/community-oriented-defender-network.

[291]　Luban(1981).

[292]　Luban(1981,493).

者,辅助其理顺日常生活,从而有效遵守法院要求。在本研究中,由于需要应对生活困难而消极抵制律师的被告人可以借由整体辩护模式获得帮助。在司法实践中,诸如布朗克斯律师事务所等公设辩护律师机构和法律援助机构成功整合了移民律师、住房律师、社会工作者和其他辩护律师,为被告人的诉讼结果带来积极作用。[293]在波士顿地区,公设辩护律师机构为公设辩护律师和其他普通律师提供了与社会工作者、调查人员和移民律师交流协助的机会。根据律师与这些专业人员熟悉程度的不同,他们的联系范围也有所不同。在有些机构,社会工作者和公设辩护律师在同一办公楼内工作,甚至共进午餐。但对于在其他机构工作或由法院指派的独立职业的律师而言,与社会工作者、调查人员和移民律师的接触并不多。整体辩护模式需要耗费的资金并不少,在这一模式下,既要聘请社会工作者和其他专业人员,又要聘请更多的辩护律师以减轻他们的办案量,这就有赖于州议会的财政拨款支持。[294]因此,实施这项改革不仅需要致力于改变被告人与律师之间的关系,还需要法院、立法和社会三个层面的通力合作。

第二,变革刑事法院的结构、合理分配诉讼资源和改变审判庭氛围,将有助于改变对所有被告人都不利的游戏潜规则,对于工薪阶层有色人种被告人和贫困被告人尤其如此。在本研究中,弱势群体被告人抱怨他们无权自行选择法律援助律师。[295]在波士顿和其他地区,贫困被告人的律师由法院指派且难以更换。如果允许被告人在聆讯时有权选任律师,可能会缓解他们的不满,进而减少其抵制行为。当然,允许被告人自行选任律师也存在不足[296],经常被选中的辩护律师会不堪重负,很少被选中的辩护律师会感到愤怒甚至产生职业危机。与此同时,如果被告人多次要求更换律师(比如他们发现自己与最初选任的辩护律师相处不快时),法官也可能会不耐烦。但这些问题很少涉及正义。在法律援助制度缺乏财政支持的情况下,可以尝试引入允许被告人自行选任律师的办法,比如允许被告人在聆讯时选任律师,但在同一个案件中更换律师的次数不得超过一次。目前已经在公设辩护律

---

[293] Anderson, Buenaventura, and Heaton(2019).

[294] See Richardson and Goff(2013) on public defender triage.

[295] See Tague(1975);Troccoli(2002).

[296] See Schulhofer and Friedman(1993).

师机构试行的非官方措施是辩护律师之间交换代理的被告人。如果一位公设辩护律师发现其与被告人的关系正在恶化,就可能由办公室里的另一位辩护人与被告人沟通。然而,这样的交换似乎在很大程度上是普通辩护律师无法做到的,因为许多辩护律师在小型律师事务所工作或者单独执业。此外,在笔者观察到的案例中,这种交换都是从律师角度而非被告人角度出发的。被告人可能会在这段关系中感到被孤立,但律师可能无法感同身受。因此,由法官组成的法院是对律师的指派方式进行结构性改革最为合适的对象。

本书发现,弱势群体被告人的不满大多与他们被迫保持沉默有关。虽然在学者和大众眼中,被告人都是被动的,但许多弱势群体被告人实际上相当活跃。他们在监狱和社区中积极自学法律知识,对他们而言,被外界忽视是一种人格遭到贬低的经历。为此,一些学者和活动家主张让普通人更充分地参与刑事诉讼,同时减少国家和司法官员对刑事诉讼的影响。法学家、联邦第三巡回上诉法院法官斯蒂芬诺斯·毕贝斯曾写过一篇建议创设"参与式刑事诉讼制度"的文章。法学家乔斯琳·西蒙森主张刑事诉讼之中的"人民"应广泛参与其中。㉗在社区法院模式下,被告人被赋予了陈述的机会,这一试点检验了程序正义能否融入传统的庭审程序。㉘相较于刑事审判,民事审判中被告一方没有律师代理的情况较为常见。㉙研究大众法律意识的学者指出,许多普通人对法律和诉讼程序有着自己的理解,司法官员经常试图塑造、遏制或重新阐述这些观念,以实现司法制度的管理职能。㉚被告人,尤其是弱势群体,也有自己的刑法观念和法律知识,他们希望法院能够认真对待警察的不当行为,充分考虑自己具有的从宽情节。

法官可以为改革刑事诉讼程序规范提供帮助,为被告人创造更多表达自己意见的机会。提出审前动议是一种受被告人重视但又屡遭律师忽视的程序工具。诉讼参与人提出审前动议以后,法官应就动议所涉问题作出裁决,例如证据是否具备可采性、指控是否应当被驳回等。本书发现,律师常常告诉被告人,提出动议不过

㉗　Bibas(2012);Simonson(2019).

㉘　Connor(2019);Lee(2000).

㉙　See Abel(2006);Sandefur(2015).

㉚　Bertenthal(2017);DeLand(2013);Ewick and Silbey(1998);Merry(1990);Nielsen(2000);Silbey(2005);Yngvesson(1988).

是浪费时间,只会激怒法官,最终反而会弄巧成拙。据笔者所知,这些律师并没有对被告人撒谎,他们知道法官的精力和关注点是有限的,法官更关注警方收集证据的合法性或者检察机关提出的指控是否充分的问题。尽管从立法上说,被告人受无罪推定原则的保护,但不管证据有多么薄弱,法庭仍然会假设被告人很可能已经犯罪——这种有罪推定的理念奠定了美国刑事司法制度的基础。

法官仅仅意识到司法制度在种族和阶层上存在不公是不够的,必须在实践中将社会公正置于诉讼效率和案件事实之前。[300]法官可以告知辩护律师和检察官,自己将处理公诉理由和证据可采性问题。法学家大卫·斯克兰斯基认为,在当前的法律制度中,程序性权利是有"选择性的"。[302]换言之,诸如接受审判、与证人对质、就证据提出动议以及不自证其罪等程序性权利,既可以行使也可以放弃的。只有在被告人(尤其是被告人的辩护律师)要求行使该项权利时才会启动相关程序。[303]因此,法官很少认为自己有责任提醒律师没有主张程序性权利。是时候改变这种犹豫不决的态度了。注重社会公正的法官可以更为积极地贯彻社会学家阿里克斯·S.温特和笔者提出的"干预主义决策",即法官在法庭上介入当事人的行为。[304]法官不是任由检察官甚至公设辩护律师(他们出于恐惧而拒绝提出动议)自主推进诉讼,而是自行主动干预,提出某些程序性权利,并鼓励辩护律师行使这些权利。这种做法会减慢诉讼进程,为被告人创造发声的机会,还能迫使检察官和州议会选择哪些犯罪真正值得耗费社会资源来惩罚。当然,并不是所有的法官每天都会为法庭上的种族和阶层不平等所困,有些人并不认为这是不公正的,甚至一些法官做出干预行为的目的是巩固而非纠正这种不公正。因此,各司法辖区的选民在州选举中选择初审法院法官时应投出负责任的一票,上诉法院也应当作出负责任的判决,以维护被告人的宪法权利。[305]

外部问责制与监督机制是司法制度改革的重要补充。记者兼律师艾米·巴赫

---

[300] See Cole(1999).

[302] Sklansky(2018).

[303] 关于被告人如何受到律师决定的限制,即使律师放弃了被告人想要援引的程序性保护,见 Sklansky(2018,42)。

[304] Clair and Winter(2016).

[305] 关于上诉法官和初审法院法官在刑事司法制度改革中的重要作用,见 Barkow(2019)。

在《平常的不公》一书中认为,监督刑事司法制度保持健康的运行状态对于法院认识到自己的裁判错误、矛盾以及庭审缺乏对抗性至关重要。[306]具体而言,可以制定律师业绩的衡量标准,增强检察官决定的透明度,由第三方收集法院信息并在当地公布,由当地居民记录检察官和法官的行为及决定,这些"法庭观察"可能有助于追究法院的责任。[307]在纽约市,"纽约法庭观察"的使命是通过"观察审判程序,报告所见所闻,针对我们目睹的制度性司法不公开展工作……目标是让纽约的司法政策、文化和实践更加公正"。[308]此外,法庭观察还包括社区居民的日常庭审观察和社区数据的收集,这些数据可以用于揭露司法不公、提升司法文明。与法庭观察类似,"参与式辩护"不仅追究法院的责任,还希望从更高层次改变美国的刑事司法制度。社区组织者拉杰·亚德夫创造了"参与式辩护"的概念,用以形容被告人的家庭、朋友和邻里参与辩护的行为,这既能在个案中帮助被告人,又能从整体上形成一种运动,从而改变不公正的刑事司法制度在他们所在社区遗留的难题。参与式辩护以被告人及其社区为中心,让大家成为"变革推动者",参加"公开抗议和庆祝活动,揭露制度缺陷,推动制度改革,向成功的改革致敬"。[309]

　　社区活动家和批评家愈发怀疑美国的刑事司法制度及惩罚措施能否恰当应对社会问题(例如吸毒和精神疾病)及危害行为(例如暴力袭击、家庭暴力甚至谋杀)。阿姆纳·阿克巴、保罗·巴特勒、安吉拉·Y.戴维斯,露丝·威尔逊·吉尔摩和桃乐茜·罗伯茨等黑人生命运动的活动家和学者提出了一系列排除国家刑罚的激进改革措施。[310]值得强调的是,学者们认为应该废除警察和监狱。作为刑事司法制度的末端,警察和监狱在历史上与奴隶制及其他种族社会控制形式相关,在当代则对

---

[306]　Bach(2009). See the work of Measures for Justice, accessed February 27, 2020, https://measuresforjustice.org/.

[307]　See Van Cleve(2016, conclusion).

[308]　See Court Watch NYC's mission statement here: "About Court Watch NYC," Court Watch NYC, accessed January 15, 2020, https://www.courtwatchnyc.org/about.

[309]　Moore, Sandys, and Jayadev(2015, 1282—1283).

[310]　Akbar(2018); Butler(2015, 2017); Davis(2011); Gilmore(2007); Roberts(2007, 2019). See also "End the War on Black People," in A Vision for Black Lives, the Movement for Black Lives, accessed January 15, 2020, https://neweconomy. net/sites /default/files/resources/20160726-m4bl-Vision-Booklet-V3.pdf.

社会边缘群体和社区生活带来了巨大伤害。⑪怀疑论者可能认为,刑事法院的惩罚性不如警察或监禁。即便如此,法院肯定会允许监禁与合法的治安措施。一方面,法院对警察工作的合法性问题毫不在意;另一方面,法院对监禁制度大开绿灯,通过保释制度对候审被告人强制羁押,再将被告人判决有罪处以监禁。

在改变被告人与律师关系以及法庭规范的同时,我们应该认真考虑彻底改变甚至废除现有刑事法院的运行模式。毒品法庭和精神疾病法庭一直被奉为以非惩罚性和非对抗性方式处理毒品犯罪和精神病犯罪的有益方式。案件通常需要被告人同意(有时候甚至需要认罪)才能被移送至这类法院管辖。这种做法以被告人与法官和其他专业人员(如社会工作者)的沟通为中心,由社会工作者与被告人合作处理犯罪背后隐藏的深层次问题,削弱了律师在庭审程序中的影响力。部分法院依据程序正义理论,认为通过公众庆祝活动、与被告人眼神交流、允许被告人陈述及进行有意义的沟通等方式可以唤起被告人对法律的尊重。⑫然而,批评家指出,选择这种替代程序可能存在种族歧视和社会经济偏见。⑬此外,正如社会学家丽贝卡·泰格所说,这些替代法庭的康复和治疗的底层逻辑本身就带有强制性和惩罚性,迫使大众认为吸毒是一个应当治疗的医学问题,只有戒毒才能成为对社会有用的公民。⑭而且,如果人们不遵守这些替代法院的康复要求,他们可能会被送回传统的刑事法院,从而招致进一步的惩罚。在波士顿地区,毒品法庭和精神疾病法庭的审理程序是普通刑事诉讼程序的替代程序,笔者采访的公设辩护律师和社会工作者并不赞同被告人参与这类庭审,因为被告人可能不愿意或者无法遵守随后的治疗要求。

采取其他替代方案处理这些社会问题时可以将法院或其他任何政府部门排除在外。最近,全美各地选举产生所谓的“进步检察官”纷纷拒绝指控某些犯罪。⑮若要废除针对吸毒、精神疾病、性交易和无家可归等社会问题的非法入侵罪、非法露宿罪等法律条文,可以直接剥夺检察官指控此类犯罪的权力。这类法律条文可以

⑪　Roberts(2019).

⑫　Connor(2019).

⑬　Dobson(2019);McKean and Warren-Gordon(2011).

⑭　Tiger(2013). See also Hannah-Moffat and Maurutto(2012);Moore(2011);Paik(2006).

⑮　E. Bazelon(2019).

由伤害性较小的法律和政策所替代。丽贝卡·泰格提出，设置专门的吸毒室和安全注射室能保障人们安全地使用毒品。[316]还有学者指出，警方可以制定政策，要求巡警在发现瘾君子或者精神病人时将其送往社会服务机构而非法院，从而减少对这类人群的伤害。[317]诸如科罗拉多州丹佛市等地已经考虑要求 911 报警接线员将与精神疾病有关的报警电话转接给医疗机构或者精神卫生专业人员，而非直接交由警察出警处理。[318]对于伤害他人的犯罪，比如袭击罪、强奸罪和谋杀罪，即便现有法律仍然认为这些行为是犯罪的情况下，可以将这些犯罪交由社区处理，而非由法院解决。恢复性司法理论认为，犯罪"从根本上而言是对另一个人或者社区的侵权行为，其次才是犯罪行为"。因此，持该理论的学者主张将对犯罪行为的处理从法院转交给社区中的利益相关方，由受害人、被告人和其他利益方共同处理。[319]

在美国和世界各地，一些地方已经开始试点以刑事调解、社区会议和学校教育等措施践行恢复性司法理论。[320]可以将涉嫌刑事犯罪的被告人移送这些机构处理，而非由警察或者刑事法院处理。刑事司法制度的一个不公正之处在于，即便被告人认罪并弥补了对他人造成的伤害，但受害人也很少会从中受益。更糟糕的是，一些被告人即使确实有罪，但在庭审之外也会感到自己被误解，有时候会认为自己的权利受到了侵犯，所以会认为自己既然已经受到了审前羁押和监禁处罚，就不再亏欠被害人和社会。恢复性司法可以为被告人和被害人提供修复法益和发现真相的空间。许多受害人对恢复性司法的相关程序感到满意，不过也有少数受害人的满意度低于对传统刑事诉讼程序的满意程度。[321]此外，一些学者认为，如果利益相关方无法努力恢复受损的法益，恢复性司法程序就需要某种形式的外部监督问责。[322]如果社区组织召开的会议和刑事调解组织提出了暴力性或者报复性的建议，那么

---

[316]　Tiger(2013，144).

[317]　Herbert，Beckett，and Stuart(2018).

[318]　See L. J. Dawson，"Denver Looks to Take Cops out of Mental Health—Related 911 Rescues，" Denver Post，October 11，2019，https://www.denverpost.com/2019/10/11/denver-police-cahoots-mental-health/.

[319]　Miller(2008，ix).

[320]　Braithwaite(1999)；Sered(2019).

[321]　Braithwaite(1999，20—23).

[322]　Roche(2004).

外部监督问责就很有必要。从历史角度看,司法程序以外的集体"司法"一直都存在种族歧视和暴力因素,比如私刑。尽管如此,恢复性司法程序在当前仍然有着广阔前景。纽约地区的司法创新中心正在开展的两个刑事调解项目似乎就植根于恢复性司法理念。在这两个项目中,"那些牵涉纠纷的人······'坦诚相待',就恢复法益和弥补损失达成协议"。[323]然而,这些促成和解的项目是处理犯罪的选择性措施而非原则性措施。换言之,在个案中,检察官和受害者能够决定是否采取这一解决措施,社会不能直接参与。因此,决定司法程序的权力很大程度上仍然掌握在国家手中,就像任何新的制度和实践一样,"魔鬼"都藏在恢复性司法的细节中。

现有刑事审判的替代措施可能并不完美,但这些建议给我们提供了一定的想象空间,在没有警察、检察官、辩护律师、法官和监狱看守的情况下,我们将如何处理危害社会的行为。显而易见的是,刑事审判不能解决所有犯罪和不公正问题,法院在惩罚犯罪时存在司法不公现象,严厉对待弱势群体被告人而非优势群体被告人,与此同时,被告人和被害人的需求很少得到满足。过去,美国社会以非刑罚方式处理部分群体的违法犯罪行为。历史学家哈利勒·纪伯伦·穆罕默德在《黑人有罪》一书中介绍了进步时代*的改革者和社会学家在应对贫穷的白人移民造成的高犯罪率问题时提出"减少警力,增加社会干预"。[324]时至今日,法学家保罗·巴特勒也指出,许多社区和个人在伤害发生时不会报警。他写道:"这意味着,对于大多数在暴力中幸存下来的人而言,什么都不做比让国家介入更为可取。"[325]要想持久地解决犯罪及其危害,不能依靠法庭审判,而要依靠社会、政治和个人来关照社会边缘群体的福祉和尊严。用布莱恩·史蒂文森的话说,我们在生活中应当怜悯那些犯下严重罪行和伤害我们的人。[326]在社会和政治层面,应当呼吁立法为最为弱势的社会群体提供物质帮助。将物质资源从法院和监狱转移到住房和医疗,将促

---

[323] See "Peacemaking Program," Center for Court Innovation, accessed January 21, 2020, https://www.courtinnovation.org/programs/peacemaking-program.

* "进步时代"(progressive era)是美国历史上一个重要建设时期,大约是指从 19 世纪九十年代到 20 世纪二十年代。——译者注

[324] Muhammad(2019, xxii). See also Ward(2012).

[325] Butler(2017, 232).

[326] B. Stevenson(2014).

成社会学家布鲁斯·韦斯特所描述的"厚重的公共安全",即从社会层面合力预防犯罪,而非在犯罪发生后对被告人处以报复性刑罚。㉗

正义远远没有实现,也不会轻而易举地实现。美国的历史是一部保障所有人民平等和正义的奋斗史,也是一部失败史。今天,美国的种族和阶级不公突出表现在街头巷尾、法院和监狱中的大规模刑事化,这是不平等的。明天,我们可能会与社会不公展开一场完全迥异的斗争。无论未来几年会面临什么,我们都必须认真对待那些被制度压迫的社会边缘群体的批评,倾听他们的呼声。希望本书对这一艰辛努力有所贡献。

㉗ Western(2018,182—188). See also Braithwaite(1989);Cole(1999).

附录:研究方法

　　本书遵循了传统悠久的社会科学定性研究。在社会学中,学者们根据访谈和人种学观察来研究人们如何理解和驾驭自己的日常生活及人际互动。数十年来,这类学术研究详细记录了人们如何在纷繁多变的制度环境(如福利改革、移民改革和大规模监禁)下理解他人和社会机构(如学校、工作场所和社区组织)及与之互动。本书依据访谈和社会学视角的观察,描述和分析了不同刑事被告人群体在大规模刑事化时代如何驾驭被告人与律师之间的关系。

　　出于研究目的与人交谈并加以观察可谓一项艰巨而曲折的任务。笔者在开展本研究时遇到的部分困难在许多定性研究中较为常见,但有一部分困难则是在研究易受法律惩罚的人时所独有的。一般而言,人们可能会对研究者深入他们的生活而犹豫不决,当研究者带着录音机、印在大学信笺上的同意书和风险告知书出现在他们面前时更是如此。即便此人同意参与研究,接下来的访谈和观察活动也会面临不同的困难。在访谈中,研究者可能会花上几个小时询问受访者的个人问题,倾听矛盾之处,探索关键细节,当话题转向艰难的童年记忆或受社会指责的信念时,研究者会在保持职业距离和给予情感支持之间保持平衡。跟踪人们的生活可能和采访他们一样兼具艰巨性与不确定性。一想到陌生人在他们日常生活中徘徊的画面,有些人可能会"临阵脱逃",以至于约定好的会面计划临时被取消。与受访者的家人和朋友接触并征得他们的同意也可能是一件棘手的事情——这些人可能与研究者的兴趣无关,但对于了解受访者的生活至关重要。观察被告人与律师之间的互动伴随着特殊的社会和法律困境,法律赋予律师和被告人的保密特权就是其中一种。此外,研究者可能需要在前期与司法官员维持多年的私交,才能成功申请进入法院等法律机构开展研究,因为这些官员可能对研究者的动机或社会科学机构的总体情况持怀疑态度。即便研究者获得了访问权限,法律实践也可能会限制研究的开展形式。

本章内容是我在为本书收集和分析数据时遇到的困境和机会。首先,本章将讨论如何接触到法院、被告人和法院官员。本章详细介绍了在隐私权下观察律师与被告人之间的对话所面临的伦理困境以及如何应对。其次,本章将讨论如何分析这些丰富的数据。通过描述分析各类被告人的异同、其与律师的互动以及各种诉讼案件,以确定本书关于律师与被告人互动中的种族和阶级不平等的主要发现。最后,笔者分析了自己作为一个没有犯罪记录的中产阶级黑人的社会地位可能对数据收集和分析的过程产生了何种影响。

第一节　数据的采集

本研究开展于 2015 年 10 月至 2019 年 1 月之间。在此期间,我断断续续地采访和观察了波士顿地区的被告人和官员。除了向个人收集数据之外,还需要进入机构收集数据,如法院、警察局、缓刑办公室、监狱和各种涉及司法的组织及基层组织。

波士顿法院对公众开放,任何人都可以进入法院旁听成人刑事法庭的庭审。从 2015 年 10 月到 2017 年 7 月,我以普通旁听者的身份花了一百多个小时旁听庭审,每次通常持续三至六个小时。有时,法院官员会在休庭期间询问我是否在等待庭审或需要帮助,但一般情况下,并没有人留意到我,这让我可以自由地坐在旁听席上用一个小笔记本或手机(当时法庭里允许使用手机)做记录。在访谈和上课之余,我断断续续地在波士顿和剑桥的每个州级法院旁听法庭庭审,每次旁听至少持续三小时以确定各法院的司法惯例。但如本书导言所述,我的大部分时间都花在了旁听萨福克县高等法院和波士顿市政法院的刑事审判中。

之所以旁听庭审,起初是为了佐证同一时期进行的访谈中发现的动态,并招募受访者。白天,我会在访谈间隙旁听聆讯程序、预审听证会、法官和陪审团的审判。

到了晚上,我则阅读有关法院的研究报告,仔细记录白天观察到的法庭开庭情况,并与其他学者在其他司法管辖区观察到的情况进行比较。我还走访了五处警察局,一座监狱,以及一些涉及司法的基层组织(住宅区戒酒之家、非住宅区戒毒机构、吸毒者针具交换中心、无家可归者收容所和反大规模监禁组织)。我会发电子邮件或给这些组织中的权威人士打电话,告诉他们我的研究内容并预约时间见面。这些会面通常会持续半小时到一小时。虽然我没有对谈话进行录音,但做了大量的笔记。这类会议是社会科学家所说的线人访谈或关于某个组织如何运作的访谈,而不是关于人们个人态度或经历的深度访谈。[328]我还利用这些会面来招募被告人参与研究。我会把名片留给受访者,请求他们在组织周围的公共场所张贴海报。

2017年夏天,我从波士顿地区搬到了费城,以宾夕法尼亚大学夸特隆中心研究员的身份度过了研究生的最后一年。在这里,我收集了49次对被告人的采访,几次对司法官员的采访以及数百页的社会学田野笔记。紧接着,我从收集数据转为分析数据、写论文及申请学术工作。答辩委员会认为我收集的数据丰富而令人信服,但当我在工作会谈和会议上展示自己的初步研究时,同事们往往会想了解我是否实时观察到了律师和被告人的互动。在这一点上,我的观察在很大程度上少于我的访谈数据。虽然我会在法庭上旁听几小时,甚至会陪同受访的六名被告人出席庭审,但本研究的分析集中在访谈叙事之上。同事们发现采访数据新颖而有说服力,但他们想知道被告人对他们与律师互动的记忆是否能与事实相吻合。

研究者是否应该信赖受访者在访谈过程中的思维表达和行为描述?如果是的话,信赖要达到何种程度?长期以来,这些问题一直为社会学家所争论。[329]有研究者质疑,考虑到社会道德的压力(即受访者希望在采访者面前表现得合乎道德),[330]人们在表达自己的信仰、情感和价值观时是否会说实话;还有研究者质疑受访者在

---

[328] 线人访谈不同于传统的对研究参与者的访谈,因为他们不询问具体的人及其个人经历或态度。相反,它们是旨在了解组织运作方式的访谈。因此,这种访谈向研究人员提供的是有关组织规则、流程和策略的信息。通常,线人访谈提供了其他档案数据来源的详细信息,其中包含有关组织规则和政策的书面信息。一般而言,见 Weiss(1994)。

[329] See, for example, Jerolmack and Khan(2014); Pager and Quillian(2005).

[330] Bradburn(1983).

道德压力下描述自己的行为时,其描述是否具备准确性和一致性。即使他们诚实表达,也会存在遗忘重要细节的情况,或在不同的情况下做出不同的行为。[331]当然,这样的问题也存在于大规模的量化调查研究中。[332]一些人认为,社会学的观察数据使研究者能够对情景行为提出更具可靠性的主张;然而,仅凭观察并不能理解受访者的解释并洞察其意图。[333]

巴特·博尼科夫斯基教授(笔者论文答辩委员会的委员)在我的早期研究发现数年前,就已经预见到了这些极具认识论范畴的辩论和批评观点。他建议我在研究设计中加入观察成分,跟踪律师和被告人在一起处理案件时的情况。我当时拒绝了博尼科夫斯基教授的建议,称自己担心机构审查委员会以及辩护律师会犹豫是否让笔者接触律师及其代理的被告人之间的私人会见。[334]但我的答辩委员会联合主席之一、方法论先驱德瓦·佩吉尔教授经常提醒我,不能仅仅因为畏惧困难而回避收集数据,至少应该先做尝试。最终,他们的批评教诲把我再次推回了这个领域。我现在的目标是收集律师和被告人在私下互动时的深入观察数据,以补充、修改和厘清现有的访谈数据以及我从公开诉讼场合中收集的观察数据。

2018年秋天,我回到了波士顿,开始收集更多关于律师与被告人互动的数据。在此期间,我不再匿名旁听庭审,而是以公设辩护律师办公室的一名无薪实习生身份参与其中。我耗费了约120小时,在一个月的时间内观察了三名公设辩护律师的工作和三个法院的庭审程序,前文导言中已详述。在这个月里,我观察了他们与12名被告人的合作过程,并在2019年冬天通过电话跟踪了解了这些被告人案件的最终情况。通过在公设辩护人办公室观察律师与被告人的互动面临着许多挑战。虽然在与宾夕法尼亚大学的机构审查委员会和公设辩护律师委员会合作使这项研究获得批准时,我已经预见到了其中一些困难,但真正身临其境时又发现了其他问题,这让我开始仔细审视自己对包括辩护律师和被告人在内的所有受访者的道德义务。

---

[331] Jerolmack and Khan(2014).

[332] Pager and Quillian(2005).

[333] Lamont and Swidler(2014);Pugh(2013).

[334] 大学机构审查委员会是大学内部的组织,它与研究人员合作,确定如何最好地保护研究参与者的权利和福祉,并减少大学的责任。

正如本书所示,我跟踪访谈了三位公设辩护律师,分别是拉丁裔女律师赛琳娜、黑人女律师西比尔以及白人男律师汤姆。他们是我在一位美国公设辩护律师委员会官员的帮助下特意挑选出来的,他们拥有不同的种族和性别,办案经验也各有不同。在抵达办公室之前,我分别打电话给他们作自我介绍,提供知情同意书,确保他们每个人在知悉风险的情况下同意参与本研究。辩护律师面临的风险在于,如果他们被我发现在从事不道德的行为,就可能失去工作。他们每个人都在电话中同意参加研究。我抵达办公室后,再次征求了他们的同意,并让他们签署了知情同意书。向辩护律师告知参与研究的风险,可能会提高我的存在感,促进他们改变自己的行为。当我在场时,他们或许会掩饰自己私下从事法律工作时存在的违规行为,当然笔者也不能断定是否如此。不过,在汤姆律师参与本研究之前,我曾于2016年观察过他,他当时的行为与2018年我以研究者身份观察他时别无二致。我的调研笔记中描述了当时他是如何"礼貌(且大胆)"地在庭审中要求法官为他代理的被告人"免除缓刑费用"的,就像第三章中他帮助加布的那样。我还无意中听到了他与被告人关于是否接受认罪协议的讨论:"律师(汤姆)问她(被告人),是否对她的权利或她将要放弃的权利有任何疑问。律师说,他希望能在今天尽快把她从这里弄出去。"即使公设辩护律师试图在我在场时表现得更好,但第四章的调研结果显示,他们的辩护行为仍然未能符合许多弱势群体被告人的要求。

律师与被告人之间的谈话受法律保护,而我以研究者身份参与并记录这一过程,就会面临明显的法律困境。[33]为了不违背上述法律,我应聘成为无薪实习生,得以凭借工作人员的身份合法记录律师与被告人之间的谈话。当然,我同意对三位公设辩护律师及相应的被告人使用化名。除此之外,我会详细地告诉公设辩护律师如何向被告人介绍本研究,根据机构审查委员会的协议,我不能透露研究者身份,被告人可以在律师的介绍下自愿参与本研究,这就降低了我给被告人带来的压力。与此同时,被告人仍可能感受到来自律师的压力。因此,我就向被告人介绍本研究并获得其参与的口头同意的最佳方法对律师开展了培训。他们应该向被告人表明:无论其是否选择参与,均不会影响辩护工作的正常开展。如果被告人同意,

---

[33]　See Moore，Yaroshefsky，and Davies(2017)。

辩护人就会邀请我参加会见。此时,我会简单地重新告知被告人参与研究的风险,询问被告人是否有任何问题,然后再次请求他们的口头同意。如果被告人同意,那么他们的律师将会把会见记录和案件结果等信息转告给笔者。在我调研观察的一个月中,共有 13 名符合条件的被告人受邀参加研究,其中 12 人同意,1 人拒绝。

一旦被告人同意参与研究,另一个问题就出现了:如何在观察私人会见时保持举止得体。观察律师和被告人的互动需要专业谨慎和情绪表达。我不想改变他们的互动状态,所以想尽可能地"隐身"。我经常坐在房间的角落里,而非坐在办公桌旁。除了需要观察他们的面部和身体姿势外,我倾向于低着头。当辩护人或被告人讲述时,我尽量不与他们产生眼神接触。为了捕捉细节,笔者静静地坐着,在笔记本上记下他们的谈话、面部表情和身体姿势,同时让自己在多数情况下处于不显眼的状态。当然,完全"隐身"是不可能的。有时,如果被告人开了个玩笑或感到情绪不佳,他们会瞥我一眼㊲,我则会默默地微笑或关切地皱起眉头来回应。12 名被告人中没有一位向笔者寻求法律建议,我也没有提供任何建议。但法庭上的其他被告人偶尔会把我认做律师,询问去法庭或缓刑办公室的方向。尽管存在一些困难,但事实证明,对律师与被告人相互作用的直接观察让笔者的研究获益颇丰。这些观察尤其揭示了更容易抵制律师的弱势群体被告人是如何听从律师建议的。此外,这些观察清楚地表明,辩护律师的行为受到了来自检察官和法官的规范和期望的独特制约。

事实上,在担任律师助理实习生的一个月内让我有了更多机会接触其他司法官员,也更充分地意识到他们在律师与被告人关系中的地位。早在 2015 年至 2017 年,当我以普通旁听者身份出现在法庭时,会努力跟上快节奏的诉讼进程、理解官员使用的法律术语,以便做好记录,但有时候也会错过关键的细节。我曾目睹被告人在庭审中自学的法律知识如何导致其误解诉讼程序。然而,当我作为实习生观

㊲ 例如,当我跟随西比尔观察聆讯程序时,她新代理的被告人卡米拉担心她可能会因为违反缓刑规定而入狱。我们三个——西比尔、卡米拉和我——挤在走廊的长凳上,卡米拉讲述了她被捕前的经历。卡米拉一度哭了起来。她坐在我和西比尔之间,看着我们的两个方向,泪水顺着她的脸流下来。西比尔低声对她说:"哦,不,一切都会好起来的。"卡米拉看着我,我试着用紧闭的嘴唇微笑尽可能地安慰她。我低声说:"你没事了。"在我的实地考察笔记中,我想:"我之所以参与其中,是因为卡米拉时不时地看着我。我尽我最大的努力保持安静和不引人注目,同时点头,尽可能地肯定和安慰。这就像我是诉讼团队的成员一样。"

察时，这成为司法制度运行的一部分。^{⑤⑦}一开始，我对这一新的角色毫无准备，本以为即便自己是律师助理，也只能坐在旁听席上等待我跟随的公设辩护律师在会见被告人时叫我一起。实际上，担任律师助理意味着我可以随时坐在律师席的另一边，就在其他司法官员的旁边。辩护律师们热情地把我介绍给律师、法官、书记员和检察官，一周以后，我就可以像其他官员一样绕开门口的金属探测器直接进入法院。当我坐在律师席另一侧时，不仅可以听到法官、检察官和律师的声音，还能观察到赛琳娜、西比尔和汤姆在筛选法庭文件时大声抱怨检察官或他们代理的被告人。一天下午，我在从法院返回住处的路上突然发觉，自己几乎成了法院工作组的固定成员。这时，人行道上一位中年黑人妇女向我讨要零钱，但我翻遍公文包都没找到，只好说"不好意思"。她轻快地说："哦！但你看起来像个律师，年轻人。所以我才问你要钱。"

虽然上述收集数据的策略奏效了，但并非每一次我访问机构和收集数据的行为都如此顺利。例如，2015 年底，我曾考虑在这一项目中加入量化研究，计划在一到两个法院收集具有代表性的被告人样本的官方数据——一个是低收入的黑人社区、高收入的白人社区。我想实现两个目标：其一，评估每个法院内被告人的种族、教育和就业状况是否与法律结果有关（不包括各种强制措施）；其二，评估处境相似的被告人是否会在不同的法院获得不同的判决结果。在起草了一份研究提纲后，我会见了几名法院管理人员。他们同意我收集数据，但认为目前在任何数据库中都找不到这些数据。

一名法院管理人员让我联系马萨诸塞州缓刑服务局，该服务局除了为被告人提供缓刑服务外，还存储了在马萨诸塞州接受聆讯过的每一名被告人的完整档案。每个被告人的档案都存放在各法院的档案室里，其中包括警方逮捕记录，缓刑接受表（其中包括聆讯时询问的就业、收入和住所信息）以及法院活动记录。法院活动记录则包括被告人的出庭日期和每次庭审时作出的法律决定。通过这种方式，官员可以全面查阅成年被告人的州犯罪记录。2016 年春，在几位缓刑监督官的慷慨帮助下，我花了几周时间从波士顿一处市政法院调阅了 550 名被告人的档案，并将

---

^{⑤⑦}　关于调研司法制度运行的益处，见 Emmelman(2003)；Van Cleve(2016)。

他们的信息输入到电子表格中。

　　然而，由于这些数据缺乏完整性和准确性，我最终并没有在研究中引用。这些数据要么有所缺失，要么前后不一致。例如，种族/民族——对于研究起着重要作用的变量——的记录并不一致。同一个被告人，可能在警方的报告中被归类为"黑人"，在缓刑接受表上则登记为"佛得角人"＊，在法院活动记录中又写成了"西班牙裔"。通常而言，西班牙裔在警方报告和缓刑接受表之间的分类并不一致，因为警察局在表格中会填写"种族"一栏，但不总会填写"民族"一栏。此外，另外两个重要的变量——就业和收入——经常在记录表上空缺。我在观察缓刑监督官的工作后发现，这些信息往往不会被记录下来，因为缓刑监督官通常只会询问被告人是否参加了社会保障保险以确定其是否贫困，很少询问被告人的就业履历或个人财富状况。㊳我意识到，这项研究的优势在于记录了种族和阶级不平等是如何在日常互动中产生的，而不是为法律结果的差异提供统计分析。

　　进入这些不同的机构使我得以接触到本书中提及的主要人物。尽管我也采访和观察了警察、缓刑监督官、法官、检察官以及其他与司法有关的组织（戒毒之家或吸毒者针具交换中心）中的人，但本研究以被告人及其辩护律师的经历为中心。

　　从 2015 年至 2017 年，我通过各种渠道邀请被告人参与访谈。考虑到本研究所关注的种族和阶级不平等问题，受邀被告人也来自不同的种族和阶层。㊳我采用了四种邀请方式。第一，我查阅了波士顿警察局和剑桥警察局 2014 年度的所有成年人逮捕记录，根据被捕者的姓名和地址，发函给该年度所有有完整地址的因涉嫌毒品犯罪和醉驾犯罪被剑桥警察局逮捕过的成年人。此外，我还选择性地给因同样罪名被波士顿警察局逮捕的成年人发函，其中向高收入社区的被告人发函比例更大。本次邮寄信件总数为 167 封，有 47 封信件被邮局退信，原因是无法正常投递，占总数的 28％；在已投递的信件中，有 14 人回复并最终接受了访谈，回复率为11％。第二，上述类型的被告人可能因为住在收容机构、搬家或其他原因而无法收

＊　佛得角虽然是非洲岛国，但大部分为克里奥尔人（白人），占人口总数的 71％，黑人约占人口总数的 28％。——译者注

㊳　有关行政法院数据限制的其他要点，参见 Feeley（［1979］1992，147—153）。

㊳　See Weiss(1994) on sampling for range.

到信件,为了邀请他们参与访谈,笔者向戒酒之家、收容所、中途之家和律师事务所分发了传单,有19人回应了笔者的邀请。第三,为了邀请那些可能因为不信任笔者而不愿谈论自己的犯罪经历的被告人,笔者请已经同意接受访谈的被告人帮忙介绍熟人参与研究,有18人通过这一途径接受了邀请。第四,我对公设辩护律师办公室实习期间认识的被告人进行了访谈,其中1名被告人接受了笔者的深入访谈,另外11名被告人在休庭期间或在辩护人办公室会见时接受了笔者的非正式访谈。

有52人就他们作为刑事被告人的经历接受了我的半结构化深入访谈。表1显示了这些受访者的特征。接受访谈的被告人中,有45位男性、7位女性;31位白人、19位黑人、3位拉美裔和1位原住民;[340]11位是中产阶层、24位是工薪阶层、17位是贫困阶层;[341]19位出身于中产阶层家庭、25位出身于工薪阶层家庭、8位出身于贫困家庭。尽管笔者将受访者分为三个不同的组别,但在本研究中统称为优势群体或弱势群体,这一划分相对更能体现他们从各自所在种族和阶层获得的资源和经历,及其在他们与律师之间的关系中产生的影响。正如本书所描述的,优势群体和弱势群体之间的资源和经历的差异包括社区治安的性质,社会关系的影响以及获得经济支持的机会。在本研究中,对这些具体的资源和经历的研究比概括性的阶层划分更能解释优势群体和弱势群体的差异。[342]本研究的局限性在于:其一,由于样本中的女性太少,所以无法就女性被告人的性别差异、阶层差异或种族差异作比较研究。其二,由于样本中的拉丁裔和印第安原住民相对较少,亚裔样本缺失,导致本研究无法对种族差异产生的影响给出结论。实际上,对于这些群体而言,他们运用英语的熟练度、美国复杂的移民法律制度都可能使亚裔和拉美裔移民

---

[340]　种族/族裔加起来超过52个,因为少数受访者认为自己不止一个种族/族裔。

[341]　考虑到许多人在青春期中期和后期面临指控,笔者根据受访者在采访时的社会经济地位(SES)和他们青春期的SES(即家庭出身)来定义受访者。为了便于与现有社会学关于文化和机构指引的研究进行比较,笔者将受访者分为三个SES类别——中产阶层(至少有四年大学学位),工薪阶层(不到四年大学学位,但保持着相当稳定的工作或职业),以及贫困阶层(不到四年大学学位,没有稳定的工作或职业)。

[342]　笔者的分析最感兴趣的是基于阶层和种族的经验和资源,这些经验和资源影响了律师与被告人的关系。有时,对这种关系很重要的、通常与中产阶层地位相关的基于阶层的重要资源,对工薪阶层或贫困阶层来说是可用的(例如,突然获得一笔彩票钱或偶然与有权势的律师建立友谊),反之亦然。因此,认为人们在不平等的特定方面处于相对优势或相对劣势更为有用(Clair 2018)。

在司法程序中的经历复杂化。希望未来对律师与被告人关系进行分析研究时,能将更多来自这些群体的被告人纳入其中。

表1　受访被告人的基本特征(样本数:52)　　　　　　　　（单位:人）

种族/族裔*	
白人	31
黑人	19
拉美裔	3
原住民	1
性别	
男性	45
女性	7
受教育程度	
四年制本科及以上学历	11
专科学历	18
高中学历	18
高中以下学历	5
家庭出身	
中产阶层	19
工薪阶层	25
贫困阶层	8
当前社会经济地位	
中产阶层	11
工薪阶层	24
贫困阶层	17
种族/族裔在各阶层数量	
中产阶层	
白人	6
非白人	5
工薪阶层	
白人	13
非白人	11
贫困阶层	
白人	12
非白人	6

* 统计总数高于52人,因为部分受访者为混血者。

我与受访者的访谈时长中位数为 75 分钟，访谈重点是被告人的日常生活及庭审经历。我会在访谈之前做一项简短的调查，以评估被告人的收入、职业、教育、父母的教育程度、对法律和司法部门的态度以及是否有抑郁症状。之所以要在访谈开始前调查，是为了确保受访者不会受到访谈中话题的影响。访谈提纲遵循半结构化的形式，询问受访者关于他们在青春期与父母、学校和朋友的经历；他们现在与朋友和家人的关系；他们与警察的互动；以及他们对犯罪和不平等的看法等内容。访谈的一个环节是与受访者深入讨论至少一个法庭案件，探寻案件中从逮捕或收到传票的那一刻起到宣判的最后时刻的种种细节。访谈的问题包括：

　　　首先，让我们从头开始。

　　　你被抓的时候在哪里？

　　　你是怎么被抓到的？

　　　你是被逮捕了，还是被传唤出庭？

　　　你在哪里被带走/被传唤的？

　　　这段经历是怎样的？

　　　当你被传唤/逮捕时，你有什么感觉？

　　　你当时在想什么？

　　　在你被带进来/传唤后，发生了什么？

　　　你进过监狱吗？

　　　如果进过，你被拘留了多久？

　　　你什么时候请的律师？/第一次见到你的律师是什么时候？

　　　让我们谈谈你在法庭上的经历。

　　　你还记得你第一次出庭的情景吗？

　　　第一次出庭是什么感觉？

　　　有什么事让你担心吗？

　　　你上过几次法庭？

　　　那几次有什么不同吗？

　　　怎么会这样？

　　　你的开庭日期相隔多久？

你在休庭期间做什么？

你在这段时间有什么感觉？

你当时在想什么？

你的案子结果如何？

你是去受审了还是接受了认罪协议？

你为什么决定去庭审/接受认罪协议？

如果你被判有罪，你的刑期是什么？

你有什么胜诉策略吗？

告诉我更多关于你的思维过程/为什么你认为某些策略可能奏效。

它们起作用了吗？

除了你的律师，还有其他人帮你吗？

家人？

朋友？

怎么会这样？

在庭审过程中，你认为自己受到了公平的对待吗？

你认为你的案件结果公平吗？

总的来说，你觉得你的律师做得怎么样？㉞

如果换作是你，你会做出什么改变？

在他们详细描述了亲身经历的一起案件后，我会追问他们心中另一起具有重要意义的案件，并提出与上面相同的问题。受访者通常愿意分享第二起案件的经历，有的人甚至会多讲一些。有一半受访者与我讨论了两起案件，如下文所述，受访者讲述的案件及笔者旁听的案件总量达到了150起。

为了防止访谈受到社会道德压力的影响或者其他限制，我在受访者回忆案件经历时会追问许多问题，比如他们对案件的解释，以及他们在诉讼程序和日常生活

㉞　在后来的采访中，我修改了面试过程，问了一些关于律师的其他问题，包括："在这些法庭经历中，他/她是否帮助了你？怎么会这样？你信任他/她吗？你为什么信任或不信任他/她？你能举个例子说明你的律师做了什么对你有帮助的事吗？你能举个例子说明你的律师做了什么对你没有帮助的事吗？你的律师听取了你关于案件策略的想法吗？你听取了你律师的建议了吗？你能给我举几个例子，说明你什么时候采纳了律师的建议，什么时候没有采纳？"

中的具体情况等。通过按顺序询问具体步骤,能够引导受访者讲述丰富的细节,这让受访者很难混淆真相或者遗漏重要事件。此外,为了尽量防止社会道德偏见带来的压力,在被告人回答关于公平和不平等的更主观的问题时,我会努力以肯定和同情的态度与他们谈话。㉞我不予置评的策略意外地奏效,受访者会无所顾忌地发表种族主义言论或仇视同性恋的言论。下文将会讨论到这一点。

除了上述 52 次访谈,18 位被告人同意让我旁听庭审及观察其和辩护律师的私下会见。其中有 7 位被告人同意与我进行正式的深度访谈,有 11 位被告人同意我以旁听庭审或观察会见来代替访谈,辅之以在法院走廊内或空闲时间接受非正式访谈。表 2 总结了这些人的基本情况,18 位受访者中有 11 位男性、7 位女性,5 名白人、10 名黑人、5 名拉美裔和 1 名原住民,其中,2 位属于中产阶层、11 位属于工薪阶层、5 位属于贫困阶层。我未能了解到他们的家庭出身状况,因此本表中没有这类信息。

表 2　接受旁听的被告人的基本特征 　　　　　　　　　　　（单位:人）

种族/族裔*	
白人	5
黑人	10
拉美裔	5
原住民	1
性别	
男性	11
女性	7
教育程度	
四年制本科及以上学历	2
专科学历	4
高中学历	9
高中以下学历	3
当前社会经济地位	
中产阶层	2
工薪阶层	11
贫困阶层	5

＊统计总数高于 52 人,因为部分受访者为混血者。

㉞　See Jiménez and Orozco(2020).

表 3　所有受访被告人的姓名及基本信息（样本数：63）

姓 名	出生年代	种族	性别	家庭出身	当前社会经济地位	首次被捕年龄	数据来源
亚历杭德罗	1980	拉美裔	男性	不明	贫困阶层	14	旁听庭审；参与律师会见；查阅档案
阿曼达	1980	白人	女性	中产阶层	工薪阶层	19	深度访谈
阿诺德	1980	黑人	男性	工薪阶层	中产阶层	20	深度访谈；旁听庭审；听取律师介绍
布里安娜	1970	白人	女性	中产阶层	工薪阶层	24	深度访谈；旁听庭审；听取律师介绍
卡勒布	1980	黑人	男性	中产阶层	中产阶层	27	深度访谈
卡米拉	1990	黑人/拉美裔	女性	不明	工薪阶层	15	旁听庭审；参与律师会见；查阅档案
卡洛斯	1990	黑人/拉美裔	男性	不明	工薪阶层	28	旁听庭审；参与律师会见；查阅档案
查尔斯	1950	白人	男性	工薪阶层	中产阶层	18	深度访谈
克里斯托弗	1970	白人	男性	中产阶层	贫困阶层	16	深度访谈
康纳	1990	白人	男性	不明	工薪阶层	不明	旁听庭审；参与律师会见；查阅档案
德文	1980	白人	男性	中产阶层	工薪阶层	21	深度访谈（与其父亲）
迪亚哥	1990	拉美裔	男性	工薪阶层	中产阶层	21	深度访谈
唐	1960	黑人	男性	中产阶层	工薪阶层	20	深度访谈；旁听庭审
唐娜	1970	白人	女性	贫困阶层	贫困阶层	14	深度访谈
德鲁	1980	黑人	男性	不明	工薪阶层	不明	旁听庭审；参与律师会见；查阅档案
埃斯特	1980	黑人	女性	不明	工薪阶层	不明	旁听庭审；参与律师会见；查阅档案
弗里德里克·M.	1970	白人	男性	工薪阶层	贫困阶层	12	深度访谈
加布	1970	拉美裔	男性	不明	工薪阶层	45	旁听庭审；参与律师会见；查阅档案
格拉西亚斯	1950	黑人	男性	工薪阶层	中产阶层	13	深度访谈
格雷戈里	1960	黑人/拉美裔	男性	贫困阶层	贫困阶层	17	深度访谈

姓　名	出生年代	种族	性别	家庭出身	当前社会经济地位	首次被捕年龄	数据来源
伊万	1970	黑人	男性	不明	贫困阶层	不明	旁听庭审;参与律师会见;查阅档案
J.M.	1960	白人	男性	中产阶层	中产阶层	12	深度访谈
杰克逊	1990	黑人	男性	工薪阶层	工薪阶层	16	深度访谈
杰德	1990	黑人	不明	工薪阶层	工薪阶层	16	旁听庭审;参与律师会见;查阅档案
詹姆斯·P.	1980	白人	男性	工薪阶层	贫困阶层	22	深度访谈
简	1990	白人	女性	中产阶层	中产阶层	24	深度访谈
杰森	1980	白人	男性	中产阶层	中产阶层	19	深度访谈
杰兰	1990	黑人	男性	不明	贫困阶层	16	旁听庭审;参与律师会见;查阅档案
杰弗里	1960	黑人	男性	工薪阶层	贫困阶层	15	深度访谈
吉米	1990	黑人	男性	中产阶层	工薪阶层	16	深度访谈
乔	1990	白人	男性	中产阶层	工薪阶层	15	深度访谈
约翰·布雷泽	1980	白人	男性	工薪阶层	工薪阶层	18	深度访谈
约翰什	1960	黑人	男性	中产阶层	工薪阶层	16	深度访谈
乔什	1970	黑人	男性	工薪阶层	贫困阶层	16	深度访谈
贾斯蒂斯	1950	白人	男性	工薪阶层	工薪阶层	14	深度访谈
贾斯汀	1960	白人	男性	工薪阶层	贫困阶层	18	深度访谈
卡里姆	1970	黑人	男性	工薪阶层	工薪阶层	16	深度访谈
基思	1950	黑人	男性	中产阶层	贫困阶层	14	深度访谈
科玛	1960	白人	女性	中产阶层	中产阶层	19	深度访谈
肯	1960	白人	男性	工薪阶层	工薪阶层	12	深度访谈
凯文	1970	白人	男性	工薪阶层	工薪阶层	15	深度访谈
丽萨	1980	黑人	女性	不明	工薪阶层	20	旁听庭审;参与律师会见;查阅档案

姓名	出生年代	种族	性别	家庭出身	当前社会经济地位	首次被捕年龄	数据来源
玛丽	1990	拉美裔	女性	工薪阶层	工薪阶层	19	深度访谈;旁听庭审
麦克	1970	白人	男性	贫困阶层	贫困阶层	15	深度访谈
米切尔	1980	白人	男性	中产阶层	工薪阶层	18	深度访谈
尼古拉斯	1980	白人	男性	工薪阶层	贫困阶层	24	深度访谈;旁听庭审;参与律师会见;
欧文	1970	白人	男性	贫困阶层	贫困阶层	12	查阅档案
保罗	1960	白人	男性	中产阶层	工薪阶层	16	深度访谈
瑞德	1980	白人	男性	贫困阶层	工薪阶层	11	深度访谈
理查德	1970	黑人	男性	工薪阶层	工薪阶层	15	深度访谈
罗伯特	1970	白人	男性	工薪阶层	工薪阶层	17	深度访谈
罗亚尔	1980	黑人	男性	工薪阶层	工薪阶层	14	深度访谈
瑞安	1980	白人	男性	中产阶层	工薪阶层	19	深度访谈;旁听庭审
斯科特	1960	白人	男性	贫困阶层	贫困阶层	18	深度访谈
斯莱塞	1970	黑人	男性	工薪阶层	工薪阶层	37	深度访谈
史蒂芬·道格拉斯	1970	白人	男性	贫困阶层	贫困阶层	17	深度访谈;旁听庭审
蒂姆	1970	黑人	男性	贫困阶层	贫困阶层	19	深度访谈
托尼娅	1960	白人/原住民	女性	贫困阶层	贫困阶层	32	深度访谈;旁听庭审
特洛伊	1980	白人	男性	贫困阶层	贫困阶层	25	深度访谈
特威迪·伯德	1950	黑人	男性	工薪阶层	工薪阶层	20	深度访谈
韦恩	1970	白人	男性	工薪阶层	工薪阶层	15	深度访谈
威廉	1960	黑人	男性	工薪阶层	中产阶层	29	深度访谈
沃夫	1970	白人	男性	工薪阶层	工薪阶层	14	深度访谈

表 3 列出了本研究中访谈和/或观察到的所有 63 名被告人。本表记录了他们的出生年代、种族、性别、家庭出身(社会经济地位)、第一次被捕的年龄以及数据出处,以及我收集他们生活和诉讼经历的数据来源。

除了倾听被告人的观点,我还收集了 150 多名司法官员和法律工作者的意见。其中,39 位司法官员和法律工作者接受了访谈,其中包括 1 位法官、3 位检察官、2 位公设辩护律师、9 位普通辩护律师,9 位缓刑监督官、8 位警察和 7 位来自其他组织的工作人员。在这 39 人中,有 6 位黑人、4 位拉美裔、1 位亚裔,28 位白人;14 位女性,25 位男性。除了上述访谈外,我还在一个月调研期的开始及结束时,与赛琳娜律师、西比尔律师和汤姆律师进行过两次半结构化访谈。在第一次访谈中,我询问了他们的个人背景、公设辩护律师经历,他们对波士顿刑事司法制度的信念以及与被告人间积极或消极的诉讼经历。在第二次访谈中,我询问了许多关于这个月观察的特定被告人的问题以及这几位律师的职业目标问题。

最后,我与艾利克斯·S.温特在读研究生期间的早期研究中与美国东北部地区全州司法系统内就职的司法官员进行过半结构化深入访谈。[34]由于该法院系统在许多方面与波士顿法院相似,我依靠这些访谈资料为本研究中记录的诉讼程序及其他事项提供参考。我们总共采访了 111 名司法官员及法律工作者,其中包括59 名法官、25 名检察官和 27 名公设辩护律师。我们询问了他们在法庭审理的不同阶段作出专业决策的情况以及他们对被告人的看法。

第二节 数据的分析

我对这些数据的分析是迭代的,但一般以两种方式进行。首先,我会以备忘录的形式记载每位被告人讲述的内容及观点,密切关注他们的日常生活经历如何生成并被种族、阶级不平等塑造或影响。这一分析在很大程度上依赖于访谈和调查的结果。其次,我分析了被告人分享的每个案例及其中律师与被告人关系的性质。如前文所述,被告人经常在访谈中分享两起或者多起刑事审判的经历,我在社会学

---

[34] 有关这些访谈和更广泛研究的详细信息,参见 Winter and Clair(2020)。作为这项研究的一部分,我们同意不透露审判法院的名称或我们进行采访的州。

田野调查笔记中记录了更多的案件庭审情况。在分析这些案件及其中蕴含的律师与委托人的关系时,我查阅了被告人对每个案件中律师的陈述,并将其与我观察到的律师与被告人在庭审内外的互动,以及对官员的深入访谈进行了比较。这种三角测量的过程——或曰利用多个数据源和视角来分析同一现象——使我能够更全面地描述律师和被告人之间的互动。[346]

在研究期间,类别划分是遵循案例分析法的逻辑逐渐浮现的。案例分析法是通过将相似的社会现象相互比较来发展有关社会运行机制的逻辑理论。[347]例如,在本研究中,发展了关于被告人的资源如何影响他们与律师的互动方式的理论。每一个新的案件都会完善这一理论,在系统性地比较前后两组被告人及律师与被告人的两种关系后,我完善了自己的理论,即信任、资源和其他社会实体如何影响以及为什么会影响被告人及其与律师的关系。随着时间的推移,本书界定了被告人与律师关系的两种主要表现形式:抵制关系(表现为被告人的积极抵抗和消极抵制)及委托关系(表现为被告人的积极合作、承认自身缺乏经验、参与诉讼及顺从安排)。这一划分是通过对我数据的归纳阅读和对现有文献的演绎推理而产生的。[348]在最后几轮划分类别时,我对访谈和调研笔记进行了系统地编码,涉及的主题包括被告人的抵制与委托、青少年的犯罪和吸毒经历、青少年受家庭与学校的疏离、躲避警察及谈判、对司法官员的信任和猜疑、法律知识的培养、法律偏好的形成,以及法院官员对被告人抵制和委托行为的反应。

在每次访谈开始时的调查中,受访者除了告知个人基本信息之外,还会叙述自己与警察和律师的互动经历及看法。表 4 至表 7 总结了受访者关于逮捕、治安和律师等问题的回答。这些统计数据概括性体现了人们对警察和律师的看法,但没有完整捕捉到笔者在访谈和观察数据时发现的复杂性和细微差别。每个表格中的总数略有不同,这是因为 52 位受访者并非都回答了每一个问题。

表 4 显示了访谈样本中依据种族和家庭出身划分的被告人首次被捕年龄时的中位数。正如本表所示,白人的首次被捕年龄比黑人和其他族裔的要大;在被告人家

---

[346] Mathison(1988).

[347] M. L. Small(2009);Weiss(1994).

[348] 关于归纳研究设计逻辑,见 Glaser and Strauss(1967)。关于基于现有文献和理论的部分演绎定性分析,见 Tavory and Timmermans(2013)。

庭出身方面,中产阶层出身的被告人首次被捕年龄比工薪阶层出身或贫困阶层出身的要大。不过,工薪阶层出身的被告人首次被捕年龄比贫困阶层出身的被告人年龄要小。

表4 以家庭出身和种族划分的被告人首次被捕年龄中位数

种族	
白人	18 岁
黑人	16 岁
非白人	16.5 岁
家庭出身	
中产阶层	19 岁
工薪阶层	16 岁
贫困阶层	17 岁

表5 显示了根据种族、家庭出身和当前社会地位划分的被告人的全部逮捕次数的中位数。令人惊讶的是,本研究记录的白人被告人的平均逮捕次数更高。究其原因,可能是本研究中的白人被告人比其他族裔被告人的社会地位更为弱势,而其他族裔人口涉嫌犯罪的比例本来就过高。相较于表4 而言,表5 进一步表明,一旦白人被警察逮捕(即便年龄更大),他们今后将更容易被卷入刑事诉讼。以上都是我的推测,另一种解释是研究样本中有色人种比例过大,他们恰好在社会地位上具有优势。表5 还显示出被告人的阶层对其逮捕次数的影响符合我们的预判。

表5 以种族、家庭出身和当前社会地位划分的被告人的全部逮捕次数的中位数

种族	
白人	10.5 次
黑人	8 次
非白人	8 次
家庭出身	
中产阶层	5 次
工薪阶层	10 次
贫困阶层	12 次
当前社会地位	
中产阶层	5 次
工薪阶层	7 次
贫困阶层	15 次

表6 反映了被告人对"警察(在最近一次逮捕我时)对我公平对待"的认同度。根据当前社会地位和种族的划分,工薪阶层被告人对这一问题的认同感比中产阶

层和贫困阶层的要低。在所有阶层内部,持不同意见的人的比例大致相同。除此之外,白人对这一问题的认同感比黑人和其他族裔的更高。

表 6　被告人对"警察(在最近一次逮捕我时)对我公平对待"的认同度

	同意/非常同意(%)	中立(%)	不同意/非常不同意(%)
白人(30 人)	50	23	27
黑人(19 人)	32	16	53
非白人(22 人)	27	18	55
中产阶层(11 人)	55	9	36
工薪阶层(23 人)	30	35	35
贫困阶层(17 人)	47	12	41

　　受访者被问及他们在多大程度上同意以下说法:"警察(在最近一次逮捕我时)对我公平对待"。
　　由于计算中四舍五入的原因,每个子组的百分比总和可能略高于或小于 100%。

　　表 7 反映了被告人对"律师(在我最新一起案件中)尽最大努力为我辩护"的认同度。根据当前社会地位和种族来划分,不管被告人属于何种社会地位或种族,获得了何种形式的律师辩护,弱势群体被告人对这一问题的认同感都最低,而特权群体对这一问题的认同感则最高,自费聘请私人律师的被告人都认同其律师在辩护时尽了最大努力。这与本书的内容一致。

表 7　被告人对"律师(在我最新一起案件中)尽最大努力为我辩护"的认同度

	同意/非常同意(%)	中立(%)	不同意/非常不同意(%)
中产阶层(12 人)	82	18	0
工薪阶层(22 人)	59	23	18
贫困阶层(17 人)	35	12	53
白人(29 人)	62	21	17
黑人(19 人)	42	16	42
非白人(22 人)	45	18	36
自行聘请律师(10 人)	90	10	0
法院指派律师(40 人)	48	20	33

　　受访者被问及他们在多大程度上同意以下说法:"我的律师(在我最新一起案件中)尽最大努力为我辩护。"
　　由于四舍五入的原因,每个子组的百分比总和可能略高于或小于 100%。

通过采访和观察,我收集了 63 位被告人亲历的 150 个刑事案件的相关数据,下表总结了这些案件的特征,包括案件类型、被告人与律师关系的类型以及这些类型与被告人类型的关系。本表与上述总结被告人看法的表格非常相似,不能完全反映定性数据的复杂性和细微差别。当然,本书的主要章节就是要实现这一目的。

表 8 显示了以犯罪类型、被告人种族或族裔以及被告人犯罪时的社会经济地位为标准划分的案件数量及特征。例如,如果一位被告人描述自己的一个案件发生在其青少年时期,当时他属于中产阶层,另一个案件发生在成年之后,当时他属于工薪阶层,那么第一个案件将会归类为中产阶层被告人的案件,第二个案件则将归类为工薪阶层被告人的案件。本书中约有一半的案件涉及毒品犯罪或酗酒犯罪。大多数案件都涉及工薪阶层被告人,今后的研究可能会关注贫困阶层或中产阶层的被告人,以更好了解社会经济地位处于两极的被告人的状况。大多数案件涉及的被告人是白人,今后的研究可以更多地关注有色人种被告人,尤其是拉美裔、亚裔和原住民。

表 8　以犯罪类型、被告人种族/族裔以及被告人犯罪时的社会经济地位为标准划分的案件特征(样本数:150)

	案件数量
案件类型 *	
毒品案件	58
醉驾案件	23
其他非暴力犯罪	48
其他暴力犯罪	21
被告人犯罪时的社会经济地位	
中产阶层	28
工薪阶层	82
贫困阶层	40
被告人的种族/族裔	
白人	88
黑人	57
拉美裔	9
原住民	2

＊按最严重的罪行分类。

总数超过样本数 150,因为部分被告人是混血者。

表 9　所有案件中律师与被告人关系的类型(样本数:150)

委托关系	61%(69/114)
抵制关系	39%(45/114)
主动抵抗	55%(25/45)
被动抵制	45%(20/45)
不明*	36

* 没有足够的信息来归类的案件数量。

表 9 至表 14 显示的是以被告人与律师的抵制关系和委托关系为划分标准的案件数量。并非所有在访谈中涉及的案件都具有充分的信息来对被告人与律师的关系作出明确的划分。因此,有 36 起案件归类为"不明"。在本书中,约 60% 的案件体现了被告人与律师的委托关系,有约 40% 的案件体现了被告人与律师的抵制关系。委托关系的发生率更高,可能是因为样本中,中产阶层和工薪阶层白人的数量居多,而他们通常属于特权群体被告人。相对而言,在属于弱势群体的有色人种工薪阶层被告人和贫困阶层被告人中,被告人与律师的抵制关系就更为常见。

表 10　以被告人社会经济地位划分的律师与被告人关系类型

	中产阶层 28 件	工薪阶层 82 件	贫困阶层 40 件
委托关系	92%(22/24)	66%(40/61)	24%(7/29)
抵制关系	8%(2/24)	34%(21/61)	76%(22/29)
不明*	4	21	11

* 没有足够的信息来归类的案件数量。

表 11　以种族为标准划分的律师与被告人关系类型

	白人 88 件	黑人 57 件	非白人 64 件
委托关系	63%(41/65)	57%(25/44)	55%(28/51)
抵制关系	37%(24/65)	43%(19/44)	45%(23/51)
不明*	23	13	13

* 没有足够的信息来归类的案件数量。

表 12　不同种族中产阶层被告人的律师与被告人关系类型

	白人中产阶层 16 件	黑人中产阶层 11 件	非白人种族中产阶层 12 件
委托关系	93%(14/15)	88%(7/8)	89%(8/9)
抵制关系	7%(1/15)	12%(1/8)	11%(1/9)
不明*	1	3	3

＊没有足够的信息来归类的案件数量。

表 13　不同种族工薪阶层被告人的律师与被告人关系类型

	白人工薪阶层 42 件	黑人工薪阶层 37 件	非白人工薪阶层 40 件
委托关系	70%(21/30)	61%(17/28)	61%(19/31)
抵制关系	30%(9/30)	39%(11/28)	39%(12/31)
不明*	12	9	9

＊没有足够的信息来归类的案件数量。

表 14　不同种族贫困阶层被告人的律师与被告人关系类型

	白人贫困阶层 30 件	黑人贫困阶层 9 件	非白人贫困阶层 12 件
委托关系	30%(6/20)	12%(1/8)	9%(1/11)
抵制关系	70%(14/20)	88%(7/8)	91%(10/11)
不明*	10	1	1

＊没有足够的信息来归类的案件数量。

在本书中,90%的贫困阶层有色人种被告人与律师的关系属于抵制关系。由于贫困阶层和有色人种在刑事诉讼中的比例过高,我们可以推测,在具有代表性的样本研究中,与律师间的关系呈现抵制特征的被告人比例比本书更高。

第三节　关系结构

本书中参与者的种族和阶层对其生活的影响很大,与之类似,我的社会地位也必然影响着我的研究。整个学术领域都在关注和探究社会科学家的社会身份对学术成果的影响。社会科学家的身份可以影响他们收集的数据类型、通过数据呈现或者发现的令人震惊的模式。此外,他们在调研和写作时也会对研究的参与者产生影响。我以不同的方式在本书和附录中触及了其中一些问题,但仍需在此加以总结。

我在田纳西州纳什维尔以白人为主的郊区长大,父母都是黑人医生。哥哥和我就读于私立学校,我们是那里为数不多的黑人学生。我们在周末会投入几小时做社区服务工作,有时也会和当地的"杰克吉尔"分会的孩子们一起过夜。"杰克吉尔"是一个为富裕的黑人儿童设立的社会组织。在寒假期间,我们会去加拿大或犹他州的帕克城滑雪。当我们的父母在医院值夜班时,互助会成员和保姆会确保我们睡前刷牙和完成作业。然而,即便是身处经济和文化特权中的家庭,我们也无法避免种族主义的伤害。我永远不会忘记,一位高中老师假扮吉姆·克罗时代的南方参议员,认为在历史课上称我为"黑鬼"("the Negro")是个好主意。对我而言,杰克吉尔既是我在学校避免经历种族主义时的避难所,也是上流中产阶层特权社会奇怪的专属飞地。因此,我从小就敏锐地意识到这个国家的种族和阶层存在的特权和危险。[349]

我对社会不平等的认知促使我在哈佛大学读本科时从事政府和非裔美国人的研究。我的毕业论文主题是"黑人精英对种族不平等的政治信仰"。尽管当时我还是一名政治学专业的学生,但我的论文受到了一位社会学家的影响。E.富兰克林·弗雷泽1957年出版的《黑人资产阶级》一书中,他批评黑人中产阶层肤浅,渴望成为白人,却对贫困黑人的斗争漠不关心。[350]他嘲笑黑人的社会组织是无聊的消遣,无助于提升社会地位。我的童年给我提供了一个不同的视角,我想知道弗雷泽的批评在当代社会是否仍然适用。我开始撰写论文进行研究的那个夏天是巴拉克·奥巴马当选美国首位黑人总统的前一年夏天。就在奥巴马获得民主党提名后,我回到纳什维尔的家中,采访和调查了纳什维尔的黑人中产阶层群体。我发现,与没有参与这些组织的中产阶层同龄人相比,参与这些组织的中产阶层黑人似乎更致力于通过传统的政治途径(如投票和给国会议员写信)和非传统的政治途径

---

[349] 参见 Pattillo(2013)关于在黑人中产阶层社区长大的"危险"一文。尽管我们的社区主要是白人和中产阶层,但黑人中产阶层地位的许多危险都存在于笔者的童年。另见 Lacy(2004),关于有多少像笔者一样的黑人中产阶层家庭在日常生活中通过社交活动和住所选择享受并寻求与其他黑人的亲近。

[350] Frazier(1957).

（如抗议和集会）来对抗种族歧视或阶级不平等。弗雷泽批评的正是这些精英黑人社会组织。

后来，在哈佛大学读研究生时，我的研究兴趣从政治领域的种族不平等问题转向了刑事司法制度中的种族和阶层不平等问题。特雷沃恩·马丁遇害事件*深深地影响了我，我怀着十分焦虑的心情旁听了齐默曼的庭审，在他被无罪释放后，我与数百名关注此案的人一起参加了波士顿达德利车站的集会。那场集会以及随后的其他抗议活动，让我感到有必要深入理解当代美国的刑事司法制度——美国的法律制度既允许一个人仅仅出于对黑人的恐惧就可以杀害一个男孩，又时常轻易地将年轻的黑人男子送进监狱。我之所以开始研究刑事法庭，主要是受到走上街头的新一代年轻黑人活动家的启发。后来，当我在芝加哥的法庭上碰到我的堂兄时，这一想法更加坚定。正是看到家庭成员经历了逮捕、诉讼和坐牢，才让我发现这些问题不仅源于种族主义，而且蕴含着严重的阶层不平等。

我的经历和身份除了能激励我的工作和为分析提供信息外，还可能影响数据的收集过程。哈佛大学的研究生身份对我而言有利有弊。在法院行政办公室等机构进行调研时，哈佛大学的关系能激励我回复持续不断的陌生电话和电子邮件。我写信邀请陌生的被告人参与研究时，使用的是哈佛大学的信笺。根据机构审查委员会的规定，我散发的传单上提到了我的大学背景。或许我所在的大学表明了本研究的合法性，能够激励一些人回复我的邀请。不过，也许有些人对哈佛大学存在负面看法，因此决定不回复我的邀请。但这只是我的猜测。

当然，我不仅是一名哈佛大学的学生，更重要的是，我是一名研究不平等现象的黑人学生。我担心受邀的受访者可能会在决定是否参与这项研究之前在网上搜索我的信息。我担心如果他们这样做的话可能对我进行预判，影响他们的决定，或许还会影响访谈本身。因此，在开展研究的大部分时间里，我选择将自己的推特（Twitter）和照片墙（Instagram）等社交媒体账户设置为私密不可见，同时删除了脸书（Facebook）账号。除此之外，我还删除了我在专业网站上的大部分"传记"内容，隐藏了我对种族和阶级不平等的研究兴趣。我希望这些举动可以尽量避免受访者

---

* 特雷沃恩·马丁是一位 17 岁的黑人男孩，在与社区保安乔治·齐默曼发生口角后被枪杀。——译者注

在接受访谈时有所准备，这样他们就可以对我敞开心扉，讲述自己的亲身经历，而非只告诉我他们认为我想听到的东西。不过，大多数受访者似乎并没有在网上搜索过我。在见面访谈前，他们往往不知道我长什么样子；我可以看出，一些白人受访者相当惊讶地发现，进行这项研究的哈佛研究生原来是一个精瘦的黑人。

在访谈中，当我同非黑人受访者以及与我不在相同社会阶层的受访者交谈时，我会努力缓和日常的种族和阶层冲突。总体而言，我尽力让所有受访者都能自由发言，而不是害怕受到我的评判。我开朗、细心、友好，即使有人说了一些冒犯的话，我仍然会保持友善，经常对受访者关于"贫民区的婴儿妈妈"㉛"拉美毒贩"㉜和"基佬"㉝的言论一笑置之。我的童年是在老师和同龄人的种族歧视中度过的，这起到了一定抵御歧视的作用。尽管如此，抛开这些歧视言论，我还是需要控制情绪才能保持微笑。在日常生活中，我不会对这些歧视言论置之不理，但在访谈的环境下，我不得不控制情绪，闭上嘴巴。我的努力似乎得到了回报。

如果我说我和每个受访者都很投缘，那肯定是假话。有几次对被告人的访谈很简短，其中最短的两次访谈分别为 25 分钟和 31 分钟。这是我进行的第一次和第三次访谈。这些简短访谈可能更多地反映了我的情况——我在研究初期的犹豫踌躇——并非受访者不愿意讲述他们的经历。我与辩护律师和其他法院官员的一些访谈也很匆忙。当我观察公设辩护律师时，曾担心如果我选择的三位公设辩护律师不喜欢我或者不愿意让我跟随其工作，我该如何处理。幸运的是，赛琳娜、西比尔和汤姆都是热情、体贴和乐于助人的参与者。我与他们分享了这本书中与他

㉛ 简是一名中产阶层白人女性，她在描述缓刑期间接受的戒毒课程时，参加这门课程的人是跨阶层的。她说："有一个［专业芭蕾舞组织］的家伙来自［欧洲国家］，一名工程师，有一位护士，好像有个建筑工人。有一位，嗯，一位真正的贫民区宝宝妈妈。我不知道！这就像是一个很好的跨阶层集体。"

㉜ 乔是一位从小在中产阶层长大的工薪阶层白人，他告诉我，当他从西班牙人（指拉美裔）毒贩那里购买毒品时，他会歧视和抢劫他们。他说："我们只会抢劫西班牙毒贩。和我打交道的人都是这里的人。他们就像我打交道的黑人。我不抢他们的东西。我抢劫来自布莱顿或类似地方的西班牙人，你知道我的意思吗？"

㉝ 保罗从小在中产阶层家庭长大，他向我描述了他的高中经历。他告诉我："是的，基本上是管理学校，但我不是书呆子们的霸王，因为书呆子，你知道，我会照顾他们，这样他们就会做我的作业，他们会辅导我。我只是……基本上，我欺负运动员之类的人，因为他们会欺负书呆子，而书呆子会说，如果你让这家伙别再打我，我就给你做代数作业……当然，我有一群曾经一起出去玩的大麻头，我们是大麻头，还有运动员，大麻头，流行的雅皮士，基佬。"

们相关的内容的草稿。赛琳娜没有回复我的电子邮件，但汤姆和西比尔似乎一致认为我忠实地描写了他们的情况。汤姆写道："（读起来）我很享受，马特！你的写作通俗易懂，我迫不及待地想要读这本书。"西比尔写道："这本书读起来太棒了！它唤起了我的回忆，也很有趣。写得真的很好。我没有看到任何不准确的地方。再次感谢您允许我成为您书中的一部分！"他们可能不同意书中的一些结论，但我确信，他们认为书中描述的内容是准确的。

最后，被告人和司法官员都以难以想象的方式向我敞开了心扉。被告人不仅叙述了他们的受审经历，还告诉我他们与毒瘾斗争的经历、出轨行为以及其他敏感内容。我对被告人进行的最长的一次访谈是对白人工薪阶层男子沃尔夫的访谈，有关他的内容在本书第一章和第三章中。这次访谈时间惊人地持续了282分钟，近5个小时。沃尔夫一度告诉我："我喜欢交谈。"在每次访谈结束时，我会让被告人回答为什么决定参与这项研究。有时他们会说是为了20美元的酬金，我希望这笔钱正好足以补偿人们的时间，但又不会太高，不至于让他们在讲述自己经历时受到不适当的影响。比起提到钱，被告们更常见的回答是，他们之所以参与研究是为了帮助我揭露他们在刑事司法制度中遇到的问题。第二章中提到的工薪阶层黑人被告人理查德说："我决定接受采访是因为，你知道，我看到一个年轻的兄弟想做正确的事情，想帮助我们解决问题。20美元绝对没有什么坏处……我觉得这是一个双赢的局面。"

致　谢

此刻我正坐在斯坦福大学的办公室里写着本书的结束语。很多人为我和我的工作提供了帮助,才让我今天得以坐在这里。社会科学研究有赖于研究参与者愿意承担风险,分享他们的个人经验,从而造福于更广泛的社会。我最要深切感谢的是这些参与研究的人:他们是为我慷慨分享时间的被告人和司法官员,以及一路上帮助过我的法院管理人员和工作人员。

本书源于我的博士论文,由米歇尔·拉蒙特教授和德瓦·佩格教授作为答辩委员会主席指导。从进入哈佛大学研究生院的第一天起,米歇尔教授就对我的学业倾注了心血,她不仅与我分享无与伦比的社会科学知识,还为我提供似乎无穷无尽的文章。我把它们全部阅读完毕,取得了很大长进。在我们的讨论中,她教会了我像知识分子一样思考,在我们的写作中,她为我理解文化和不平等奠定了基础。我非常感谢米歇尔教授与我之间的师生情谊。德瓦教授从一开始就看到了我的学术研究潜力。我们关于研究设计的对话经常让我又迸发出新的灵感火花,这促使我不仅在学术经验上更加丰富,而且在思考问题时也不再循规蹈矩。我们的对话启迪了我质疑文化社会学现有理论的核心观点。我很感激她给我的时间,我也非常想念她。

答辩委员会其他老师在关键时刻为我提供了支持。拉里·波波在大学时向我介绍了社会学,为我思考种族主义、政治和不平等的方式奠定了基础。从研究生生涯直至现在,拉里一直是我的导师。巴特·博尼科夫斯基总是让我保持微笑和乐观,即使在我面临收集数据的困难时也是如此。巴特鼓励我在法庭上观察被告人,而不是简单地询问他们的经历,这一建议让我收集到了最令人信服的证据。与布鲁斯·韦斯特的对话促使我深入思考被告人在日常生活中经历的苦难和伤害，而非仅局限在法庭上的遭遇。布鲁斯鼓励我将被告人复杂的生活史与法庭内外的社会不公之间建立联系。

研究生院和其他学院为我提供了与其他教职员工和学者接触的诸多机会，他们与我的交流不仅对我有所助益，而且颇具洞察力。在哈佛，我感谢张保罗、菲利帕·冲、安德鲁·克里索、玛吉·弗莱、菲利兹·加里普、阿德里安·兰尼、罗恩·沙利文、布兰登·特里、乔斯琳·维特娜、比尔·威尔逊和克里斯·温希普。我要特别感谢克劳丁·盖伊，她为我的大学论文的撰写提供了建议，无论是在查尔斯河边慢跑，还是在威廉·詹姆斯音乐厅附近散步，我都很乐于跟她碰面。多年来，我在参加会议或探访部门时遇到过很多同事，这些学术会议让我对这本书的看法更为清晰。感谢沃尔特·艾伦、莎拉·布赖恩、杰斯·库珀、安德鲁·戴维斯、弗兰克·爱德华兹、亚历克西斯·哈里斯、金伯利·凯·黄、大卫·胡劳、莫娜·林奇、德文·马格利奥齐、迈克尔·佩林、米歇尔·菲尔普斯、贾斯汀·皮克特、维克托·雷、詹妮弗·赖克、马克·苏奇曼、妮可·冈萨雷斯·范·克莱夫、罗伯特·瓦格斯、泰迪·威尔逊和凯蒂·杨，感谢他们与我在会议酒店、咖啡厅、餐馆和出租车后座上有意义的交谈。

纽约大学斯特恩商学院的彼得·布莱尔·亨利在我走上学术的道路上发挥了不可或缺的作用。许多年前，当他写第一本书时，我曾担任他的研究助理。他的工作既鼓舞人心，又具有教育意义。从那时起，几乎每个夏天，彼得和纽约大学卓越博士计划的其他成员——特别是桑德尔·赫拉特韦奥、康拉德·米勒、达蒙·琼斯、柯蒂斯·詹姆斯、姆巴鲁·卡马拉、布兰登·恩里克斯和布兰迪·埃德蒙森——都会提供一个有益环境来让我分享工作。作为经济学家，他们的观点鼓励我思考自己的工作如何超越社会学的意义。

本书的初稿是我在宾夕法尼亚大学法学院夸特隆中心担任研究员期间撰写的。在宾夕法尼亚大学的第一年，我和阿曼达·伍格共用一间办公室，她的法律背景强化了这本书的观点，她对纠正不公正现象的热情拓展了我对这本书可能产生的影响的看法。我在夸特隆中心工作期间的其他同事，包括阿斯利·巴希尔、阿曼达·伯戈尔德、雷切尔·格林斯潘和布莱恩·默里，都让我受益匪浅。中心主任约翰·霍尔韦和保罗·希顿为我提供了坚定不移的智力和财力支持，包括资助我在波士顿收集更多数据以及组织图书研讨会。感谢安娜·加文帮助组织了研讨会,并让中心运行得如此之好。我非常感谢研讨会的主要与会者:保罗·希顿,伊萨·科勒-豪斯曼,朱迪斯·莱文,约翰·麦克唐纳,瑞恩·萨科达和帕特·夏基拨冗参会并提出宝贵意见。他们的意见帮助我在诸多层面加强了分析论证,他们教会了我如何将一篇论文写成书。此外,阿斯利·巴希尔,迪伦·法雷尔-布莱恩,布莱尔·萨基特和汤姆·伍顿出席了全部或部分研讨会;他们颇具智慧的反馈令我振奋鼓舞。在宾夕法尼亚大学期间,我还结识了卡米尔·祖布林斯基·查尔斯、查尔斯·卢弗勒、罗斯·米勒和多萝西·罗伯茨。我感谢他们的莅临交流和欢声笑语。

我特别感谢安妮特·拉劳,在我来费城的第一个月,她就邀请我共进午餐。安妮特阅读了手稿的多个章节,提供了详尽且具有建设性的意见。她对我素来坦诚相待,真诚地与我交换看法,我对此感激不尽。她和她的写作小组成员——谢丽尔·弗格森、彼得·弗朗西斯·哈维、曹惠静和布莱尔·萨克特——让我成为一名更严谨的思考者和写作者。

当我到达斯坦福大学时,也就是我在这里成为教授的前一个夏天,我开始对这本书进行第二稿修改。我在社会学系的同事热情地欢迎我来到帕洛阿尔托;那年夏天,许多人带我去吃午饭、喝咖啡,一起晚餐。我也感谢许多研究生、本科生和工作人员来到我的办公室,分享关于校园生活的小贴士。我无法说出每一位给我带来乐趣的人的名字,但我想特别感谢福雷斯特·斯图尔特,他不仅对本书的引言提供了宝贵的意见,而且是一位值得信赖的导师。大卫·佩杜拉,他为图书出版过程提供了宝贵的见解,他也是我出色的网球球友。我还要感谢玛丽埃特·康威、西拉·库普和兰迪·米肖,他们帮助我准备好了办公室,并在我第二次和第三次修改这本书时协助我访问了各种资源。我们系主任迈克尔·罗森菲尔德为我和系里的其他初级教员有时间和资源专注于我们的工作提供了保障;我感谢他的领导。在法学院,黛比·穆卡迈尔,大卫·斯克兰斯基和鲍勃·韦斯伯格帮助我组织了2019年秋季在大卫家里举行的第二次图书研讨会。除了鲍勃和大卫,研讨会的与会者还包括拉比亚·贝尔特,杰夫·费舍和阿玛利亚·凯斯勒。他们从法律学者的角度对我的研究提出了重要的思考。

我有幸与普林斯顿大学出版社的梅根·莱文森合作,从我向她推荐这部作品的那一刻起,她就意识到了这部作品的重要性。她一直是一位热情而有爱心的编辑,为各个阶段的修改提供了建议,并指导我完成从校对到出版的全过程。感谢本书的两位匿名审阅人,以及为本书进行推荐的两位匿名审阅人。我感谢他们对文稿的欣赏以及鼓励。我还要感谢我迄今收到的关于第二章所载部分分析的纸质版本的十五篇匿名评审意见的专家,其中一些评审意见可谓真知灼见。所有这些因素都在书中留下了不可磨灭的印记,他们促使我进一步厘清、修改和强化我的论点。在最后一段写作中,我有幸与大卫·洛本斯汀共事。他多次对稿件提出了深思熟虑、细致入微的全面意见。他们让我的作品熠熠生辉。

用于进行数据收集和分析的财力资助由国家科学基金会研究生研究奖学金、哈佛大学肯尼迪学院刑事司法政策和管理补助金、美国政治研究中心研究生新苗补助金、哈佛大学非裔和非裔美国人研究系补助金、哈佛大学社会学系补助金、法律和社会协会研究生旅费津贴、露丝·D.彼得森种族和族裔多样性研究基金、宾夕法尼亚大学博士后研究生多样化研究基金、夸特隆中心研究奖学金、美国社会学学生论坛奖以及斯坦福大学人文和科学学院提供。

如果没有我在大学和研究生院的朋友,我的生活将会很枯燥。他们慷慨地为我的工作提供灵感;有时也"肆无忌惮"地让我的工作分心;还有一些朋友二者皆有之。你们所有人都让我脚踏实地地展开研究工作。我深深地感谢我生命中的所有朋友,尤其想郑重感谢其中的几个。卢蒙巴·西格斯,我该从何说起?我们从大学时代起就是最好的朋友,回忆起我们在一起度过的所有美好时光,我都快哭了——从邓斯特之家到亚特兰大,再到纽约,又到研究生院。谢谢你的幽默,共情和乐观。艾力克斯·温特,我非常珍视我们的友谊。感谢你成为我的旅行伙伴,我的知己,以及众所周知的最佳研究合作者。无数次与你的对话都在这些书稿中留下了印记。托尼·杰克,您一直是我的学长。感谢您在我职业生涯早期的每个阶段给我的建议。如果没有您的指导和友谊,这本书就不会是今天的样子。感谢莫妮卡·贝尔、克林特·史密斯和阿尔巴·维拉米尔在这本书的不同阶段——通常是在吃饭或喝酒的时候——对书中的核心思想提供了宝贵的意见。也感谢其他经常来访的朋友,他们拓展了我对世界的理解:莎拉·阿诺克、斯蒂凡·贝尔让、波西亚·博奇威、拉尔夫·布凯、凯拉·丹尼尔斯、安迪·多米尼茨、斯科特·迪亚洛、加布·

福辛、尼娜·盖赫曼、布兰登·格雷、布里亚娜·格雷、贾斯敏·休利、内内·伊吉塞米、扬尼斯·利纳雷斯、阿贝纳·麦考尔、阿穆利亚·曼达瓦、米格汉·明戈、凯蒂·莫里斯、布列塔尼·诺斯克里斯、菲利克斯·奥乌苏、阿奇·佩吉、凯尔西·帕尔德、卢克·帕尔德、泰勒·佩恩、海林·普莱斯、特里普·雷布罗维克、贾斯敏·桑德尔森、迈克尔·塞拉-阿雷瓦洛、塞隆·特斯法鲁、蒂姆·特纳、杰夫·乌格巴和内特·威尔默斯。

我对家人亏欠太多。阿萨德，几年前我们决定在一起生活。每天早上，我都会回忆，很高兴一次又一次地选择你。感谢你教会我为你想要的世界而战意味着什么，感谢你成为我的中心。阿姆贾德，谢谢你的幽默和机智。你不断地提醒我，永远不要把自己看得太严肃，要时不时地沐浴在日常生活的奇思妙想之中。布莱恩，谢谢你一直是我的守望者，我的朋友，也是我有生以来最大的支持者。从我记事起，你就一直是我在这个世界上的榜样。查里蒂，谢谢你，自从我在剑桥的那个冬天见到你的那一刻起，你就一直是关心和体贴我的姐姐。我们关于伙伴关系和工作与生活平衡的交流让我想起了生活中重要的事情。多年来，你和布莱恩为我们家带来了如此多的快乐和冒险，最引人注目的是大家最喜欢的小男孩大卫。大卫，我非常爱你。我只能希望当你长大到可以读这本书的时候，我记录的不公正现象已经成为了"过去式"。

对于我的大家庭，感谢你们一直以来对我的爱和支持。奶奶、梅尔阿姨、韦恩叔叔、约翰叔叔、米歇尔阿姨和达琳阿姨都向我传授了宝贵的人生经验，我每天都牢记在心。梅莉、妮可和乔丹，感谢你们在我成长过程中带来的欢声笑语，以及我们随着年龄的增长而继续分享生活点滴的时刻。还要感谢曾经抚养我、帮助我的家人朋友们：克劳迪娅阿姨、辛西娅阿姨和迈克叔叔、道恩迈克和史蒂夫·萨宾迈克以及莱斯利·费尔-佩奇。

本书要献给我的父母沃尔特·克莱尔医生和黛博拉·韦伯斯特-克莱尔医生。爸爸妈妈，我无法想象还有人的童年比你们给我的童年更幸福、更有意义。我在撰写这本书和收集其中所有数据时的经历一次又一次地提醒我，能作为二老的儿子有多么幸运。你们为我沐浴，拥抱我，教育我，保护我。没有你们坚定不移的爱，就没有我的今天。我会永远心怀感恩。

译后记

《特权与惩罚：美国司法的阴影》聚焦美国刑事辩护制度在司法实践中的运行情况，从被告人视角审视了不同阶层的被告人与律师之间的互动关系，指出了优势群体被告人会获得优待，弱势群体被告人则会受到惩罚，进而反思了美国的公设辩护律师制度究竟能否让被告人获得公正审判。

这本书是我翻译的第三本书，也是翻译时间最长的一本书。之所以选择翻译这本书，是源于上海人民出版社编辑冯静老师的推荐。我在阅读了本书概要后觉得这一选题非常契合我国当前刑事诉讼中认罪认罚从宽制度改革与法律援助制度，很快就着手开始翻译。了解美国刑事辩护制度的现状及问题既能为我国的刑事诉讼学术研究提供参考，更能为当前的刑事辩护制度及法律援助制度提供镜鉴。所以，我在这里首先感谢冯静老师慧眼识珠，从众多外文著作中发现了最贴近我国当前刑事司法实践所需的书，也要感谢冯老师对我一如既往的支持与信任。

这并不是一本普通的论述美国刑事辩护制度的书，因为作者马修·克莱尔博士并非出身传统的法学学科，而是从事法律社会学的研究。这就意味着，本书的研究方法和研究思路都是从法律社会学的角度来展开的。得益于此，本书描述了数十个生动而鲜活的案例，为我们展示了被告人及律师视角下美国刑事辩护制度的真实运行样态。我也在翻译本书的过程中领略了法律社会学的魅力。从这个角度讲，我应当感谢作者克莱尔博士为我们提供了这样一本将法律社会学与刑事诉讼法学紧密融合的好书。

2023年初夏，我把翻译好的初稿送到法学院院长陈柏峰教授的办公室，邀请他为本书作序。陈柏峰教授是国内从事法律社会学研究的著名学者,他不仅欣然应允,而且在百忙之中多次与我讨论初稿中的细节,例如建议将书中的"享有特权"译为"获得优待",将"特权群体"译为"优势群体"等。除此之外,他还特意赠送了几本法律社会学领域的著作给我参考学习。陈柏峰教授的鼓励、指导与帮助让我受益匪浅。

为了更好地翻译本书,我在2022年暑期旁听了中南财经政法大学法学院开设的法律社会学研究生创新课程,这门课由中南财经政法大学法学院特聘教授贺欣老师主讲。感谢贺欣教授深入浅出的讲解与分析,让我从这门课中初步领略了法律社会学的魅力,为本书的翻译工作打下了基础。

在书稿翻译过程中,我校经济学实验班本科生刘栩志同学耗时两个月完成了最初的文字排版工作。我的硕士研究生田漫、向欣雨负责第一版校对工作,她们作为本书的第一批读者认真对照阅读了英文原文和中文译文,与我多次开会讨论并提出了大量修改意见,她们付出的辛勤劳动体现在本书的每一句话之中。在我完成第一版校对之后,我的硕士研究生张蔚然负责第二版校对工作。她用朗读的方式逐句校对完了整本书,标注出了翻译得生涩拗口的地方,协助我对部分用词和语序加以润色。此外,我的爱人胡煜博士和研究生好友帅标、李慧芸、周航、徐梦磊是我随时叨扰的对象,每每在翻译中遇到了困难,我都会征求他们的意见,而他们总会第一时间给我无私的帮助。感谢他们对我的帮助,他们付出的心血和智慧默默隐藏在我的名字之后。

在翻译完本书以后,我并没有如释重负的感觉。虽然我尽了最大努力想呈现出一本符合"信达雅"标准的译著,但我深知当书稿变成铅字放在读者们面前时,一切不足和问题都会显现出来。所以我还是要声明,本书文责自负,希望大家能给我提出宝贵意见与建议,帮助我改正错误、成长进步,争取在下一本译著工作中做得更好!

郭 航

2023 年 12 月 26 日于武汉

图书在版编目(CIP)数据

特权与惩罚:美国司法的阴影/(美)马修·克莱
尔(Matthew Clair)著;郭航译.—上海:上海人民
出版社,2024
书名原文:Privilege and Punishment：How Race
and Class Matter in Criminal Court
ISBN 978-7-208-18670-5

Ⅰ.①特… Ⅱ.①马… ②郭… Ⅲ.①司法制度-研
究-美国 Ⅳ.①D971.26

中国国家版本馆 CIP 数据核字(2023)第 241935 号

责任编辑 冯　静
封面设计 苗庆东

特权与惩罚:美国司法的阴影
[美]马修·克莱尔 著
郭　航 译

出　　版　上海人民出版社
　　　　　(201101　上海市闵行区号景路 159 弄 C 座)
发　　行　上海人民出版社发行中心
印　　刷　上海商务联西印刷有限公司
开　　本　720×1000　1/16
印　　张　15
插　　页　3
字　　数　230,000
版　　次　2024 年 1 月第 1 版
印　　次　2024 年 1 月第 1 次印刷
ISBN 978-7-208-18670-5/D·4246
定　　价　72.00 元

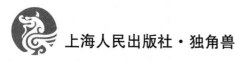

上海人民出版社·独角兽

阅读,不止于法律,更多精彩书讯,敬请关注:

微信公众号　　　微博号　　　视频号